¡QUÉ ESTRÉS!

¡QUÉ ESTRÉS!

El mejor plan de alivio del estrés para mujeres

STEPHANIE McCLELLAN, M.D.
y BETH HAMILTON, M.D.
con DIANE REVERAND

Traducción de
Lina Bojanini

GRUPO
EDITORIAL
norma

Bogotá, Barcelona, Buenos Aires, Caracas, Guatemala,
Lima, México, Panamá, Quito, San José,
San Juan, Santiago de Chile, Santo Domingo

McClellan, Stephanie.
    ¡Qué estrés! : el mejor plan de alivio del estrés para mujeres /
Stephanie McClellan, Beth Hamilton y Diane Reverand ; traductora
Lina Bojanini. -- Bogotá : Grupo Editorial Norma, 2010.
    336 p. ; 23 cm.
    Incluye bibliografía.
    Título original : So Stressed. The Ultimate Stress-Relief Plan for Women.
    ISBN 978-958-45-2453-9
    1. Estrés (Fisiología) 2. Psicología de la mujer 3. Salud de la mujer
4. Salud mental de la mujer I. Hamilton, Beth II. Reverand, Diane
III. Bojanini, Lina, tr. IV. Tít.
616.98 cd 21 ed.
A1245124

CEP-Banco de la República-Biblioteca Luis Ángel Arango

Título original:
SO STRESSED
The Ultimate Stress-Relief Plan for Women
de Stephanie McClellan, M.D. y Beth Hamilton, M.D.
con Diane Reverand
Publicado por Free Press
una división de Simon & Schuster, Inc.
1230 Avenue of the Americas, New York, NY 10020
Copyright © 2010 por Stephanie McClellan, M.D. y Beth Hamilton, M.D.
con Diane Reverand

Copyright © 2010 para Latinoamérica
por Editorial Norma S. A.
Avenida Eldorado No. 90-10, Bogotá, Colombia.

www.librerianorma.com

Impreso por Worldcolor
Impreso en Colombia — Printed in Colombia
Febrero 2010

Edición, Natalia García Calvo
Diseño de cubierta, Alejandro Amaya Rubiano
Diagramación, Andrea Rincón Granados

Este libro se compuso en caracteres Bembo

ISBN: 978-958-45-2453-9

Para nuestras madres, hermanas, queridas amigas y pacientes;

para nuestros hombres preferidos

Bob, Michael, Tyler y Gunnar

SNMCC

Jeff, Jake y Asher

BH

CONTENIDO

ESTAMOS PARADAS EN LA BRECHA
(O POR QUÉ ESCRIBIMOS ESTE LIBRO)

Como ginecólogas, presenciamos a diario los efectos devastadores del estrés en la salud y el bienestar de nuestras pacientes. El estrés altera el complejo equilibrio corporal de mujeres de todas las edades y les genera enfermedades, sean ellas conscientes o no de esto. Sin lugar a duda, el estrés es la raíz de muchos de los problemas físicos que tratamos.

La decisión de escribir este libro se fue dando sin pensar. Desde que comenzamos la práctica médica nos dimos cuenta de que el estrés estaba detrás de muchos, si no la mayoría, de los problemas de salud. A lo largo de años de práctica clínica, a medida que intentábamos corregir las afecciones y problemas que el estrés causa, evidenciábamos aun con mayor claridad la relación directa entre el estrés que las pacientes experimentan y las enfermedades que desarrollan. Como nos manteníamos actualizadas, leímos estudios que asocian el estrés a la hipertensión y a las enfermedades cardiacas, relación ampliamente conocida hoy en día. Sin embargo, sospechábamos que el estrés estaba relacionado de manera menos obvia con otras enfermedades y trastornos como dolor crónico, aumento de peso, alergias, diabetes, disminución de la libido y enfermedades autoinmunes como la artritis reumatoidea.

En ocasiones nos llegan pacientes con síntomas inquietantes cuyo diagnóstico constituye un verdadero desafío. Les ordenamos exámenes y de ser necesario las remitimos a otros especialistas para ayudarles a manejar los síntomas, pero aun así es posible que no reciban un diagnóstico claro. En muchos casos, los síntomas mejoran de forma notoria solo después de que ellas mismas llevan a cabo cambios sustanciales en su vida. Por ejemplo, una adolescente con una madre dominante llevaba años sufriendo de dolor pélvico debilitante, incluso se había sometido a dos cirugías que le brindaron muy poca mejoría. El dolor solo desapareció cuando dejó la casa materna para ir a la universidad. Una médica brillante, madre de tres hijos, comenzó a presentar temblor en las manos y jaquecas muy fuertes, temía que le estuviera empezando la enfermedad de Parkinson o una esclerosis múltiple. Tras una serie de exámenes que arrojaron resultados negativos, se vio obligada a examinar su ritmo de vida. Hizo algunos cambios sencillos en su estilo de vida para reducir el estrés y en muy poco tiempo regresó a la normalidad.

Después de haber visto innumerables casos como este, decidimos profundizar más para dejar al descubierto las raíces del estrés y comprender de qué manera causa tantos y tan diversos problemas físicos. Durante el proceso de hallar relaciones directas con distintos trastornos, además de las enfermedades cardiovasculares, cambiamos la forma en que practicábamos la medicina. Como siempre les hacemos a nuestras pacientes un interrogatorio sobre su vida y salud, nos formamos de manera sistemática una visión completa de ellas como mujeres e individuos integrales y no simplemente como un montón de síntomas. Además, ahora hemos incorporado en los programas de tratamiento y recomendaciones sobre nutrición, ejercicio y técnicas de restablecimiento, todos ellos diseñados a la medida de cada paciente y de sus condiciones de vida. Cuando evidenciamos la cantidad de efectos concretos del estrés, fuimos incapaces de seguir aceptándolos como inevitables e ineludibles. Nos vimos en la obligación de informarles a las pacientes sobre los hallazgos de nuestra investigación y de proporcionarles nuevas formas de romper el vínculo estrés-enfermedad con el fin de curar y prevenir los problemas relacionados con el estrés. **Nuestro objetivo al escribir este libro es brindarle a usted una mayor comprensión sobre cómo funciona el estrés en su cuerpo y recomendarle maneras efectivas para superar los efectos destructivos de este y recuperar la salud.**

Hace algunos años perfeccionamos un procedimiento de histerectomía "ambulatorio", mínimamente invasivo, por laparoscopia. Esta técnica le permite a la paciente una recuperación más rápida que una histerectomía tradicional y le permite restablecerse en la comodidad de su hogar. No solo la recuperación es más rápida, sino que el dolor se disminuye de manera significativa porque se minimizan el estrés y la ansiedad que el procedimiento quirúrgico genera. Este gran avance en el tratamiento y en una mejor recuperación fue para nosotras otro indicio importante del grado de profundidad con que el estrés afecta a las pacientes y cómo la disminución de este les mejora la calidad de vida.

Como mujer, usted quiere ser responsable de tener una buena salud. Lee revistas y libros, recurre a la Internet si tiene preguntas médicas y se entera a través de programas televisivos o radiales de las "curas milagrosas" más recientes. Se ve inundada de consejos contradictorios y de información errónea que resultan abrumadores y que la dejan confundida, indefensa y sin esperanza. Nuestra misión es ayudarle a formular las preguntas correctas para que pueda comprender mejor su cuerpo, con sus fortalezas y puntos vulnerables. Por ejemplo, ¿por qué durante las vacaciones sufre un colapso, se enferma y retrae y es incapaz de divertirse con su pareja o su familia? ¿Por qué de repente se deprime y presenta hipertensión? Estos altibajos pueden ser consecuencia del estrés crónico que afecta el cuerpo y la mente de maneras que podemos aprender a predecir, bloquear y manejar.

En las conversaciones con nuestras pacientes siempre surge el mismo tema: **casi todas las mujeres que atendemos expresan en mayor o menor grado la sensación de que su vida y salud no son como deberían ser**. A menudo empiezan la conversación diciendo: "Estoy tan estresada…" o "Últimamente he estado sometida a mucho estrés". Están presionadas, apuradas, tensas o exhaustas por completo. El estrés les está arrebatando a las mujeres la alegría y la idea de tener un propósito en la vida. A diario en el consultorio vemos sus efectos en las mujeres: el tono de piel ceniciento, las bolsas debajo de los ojos, el cabello opaco y seco, problemas de sueño, depresión y dolor. Algunas relatan síntomas físicos como articulaciones dolorosas o aumento de peso, sin ser conscientes de la relación directa entre estos y el estrés. Otras, sobre todo mujeres entre los cuarenta y sesenta años, ni siquiera quieren admitir que el estrés las afecta, como si estar estresadas fuera una muestra de debilidad o fracaso. Siempre le explicamos a cada paciente la cantidad de efectos que el estrés tiene sobre el cuerpo y el cerebro; por esto a veces tenemos la sensación de que este es el único asunto del que hablamos.

Como mujeres y médicas, comprendemos muy bien este tema, pues estamos íntimamente familiarizadas con él. Cada una de nosotras tiene una familia, entre ambas sumamos cinco hijos, y tenemos jornadas de trabajo largas e intensas que incluyen dos días de cirugía semanales. Si no siguiéramos nuestros propios consejos, seríamos la personificación del estrés.

Como médicas especializadas en ginecología (y antes también en obstetricia), nos dedicamos a brindar asistencia médica de la más alta calidad. En nuestra práctica llamada OC Gyn, ubicada en Newport Beach, California, tratamos miles de mujeres al año, muchas de ellas vienen de otras partes de los Estados Unidos e incluso desde lugares tan lejanos como Asia y Europa. Nos hemos ganado una reputación internacional porque les ofrecemos a nuestras pacientes explicaciones claras y científicas sobre las causas de la enfermedad y sobre las condiciones que generan la salud. De este modo actuamos como promotoras de salud para ellas y les posibilitamos tomar decisiones bien fundadas sobre su cuidado, conjuntamente con nosotras.

En *¡Qué estrés!*, nuestro objetivo es hacer accesible la ciencia pertinente de la salud y de la enfermedad, responder preguntas y recomendar soluciones.

Cuando nos dispusimos a cubrir los últimos avances científicos con respecto a las mujeres y el estrés, encontramos investigaciones incluso más fascinantes de lo que esperábamos. Cada día se hacen muchísimos descubrimientos nuevos. Visitamos o nos comunicamos con los más destacados investigadores de los efectos del estrés en la salud, en Alemania, Suecia y en el Instituto Rockefeller de Nueva York. Nos sumergimos en montañas de artículos científicos. A medida que leíamos, hablábamos con expertos y tratábamos pacientes, nos dimos cuenta de que estamos paradas en la brecha existente entre las investigaciones brillantes que se hacen hoy en día en laboratorios alrededor del mundo, y la aplicación real de esos hallazgos en la práctica clínica, en los consultorios médicos. Al llenar la brecha entre la mesa de trabajo del laboratorio y la cabecera de la cama en nuestra práctica, y ahora en un libro, nuestro propósito es traducir los últimos hallazgos científicos en técnicas para ayudarles a las mujeres a enfrentar el estrés en la vida cotidiana.

En la atención de nuestras pacientes tenemos que tomar en cuenta los asuntos físicos y psicológicos, las hormonas, la neurociencia y otra gran cantidad de factores con el fin de crear un tratamiento integrado y completo para problemas de salud individuales. Dado que muchas mujeres solo visitan un médico para el examen ginecológico anual, terminamos siendo la médica de cabecera de muchas de ellas. Tratamos de manera personalizada a mujeres que necesitan ayuda con una amplia variedad de dolencias; nuestra experiencia conjunta de casi cuarenta años nos ha llevado a desarrollar un enfoque firme y práctico de resolución de problemas. No estamos investigando en un laboratorio, ni estamos dando clases en una universidad. **Todos los días tratamos mujeres reales con problemas reales de salud y les ofrecemos soluciones reales.**

Además de la brecha entre la mesa de trabajo del laboratorio y la práctica médica, también estamos paradas en otra brecha: la que existe entre el sistema actual de asistencia médica y la necesidad real de las mujeres de recibir la mejor atención personalizada posible. Todos los médicos enfrentan verdaderos desafíos al tratar de brindar esta clase de atención. Nuestro sistema médico tiene muy poco que ver con el bienestar general; su fortaleza es cuidar personas que ya están enfermas. Pero para ofrecer la mejor atención posible, la medicina y aquellos que la ejercen deben empezar a prevenir la enfermedad y a educar a los pacientes sobre las causas de esta. En la actualidad, cuando un paciente presenta una serie de problemas de salud simultáneos, el sistema le trata cada enfermedad en forma aislada; no consolida un tratamiento ni identifica las causas que tienen en común los diversos trastornos. Por esta razón, hay que consultar varios especialistas para encontrarles respuestas a las enfermedades; no existe un enfoque integral de la salud.

La asistencia médica que se les ofrece a las mujeres es en particular ineficiente. El sistema de atención médica tiende a verlas en forma condescendiente o a ignorarlas; tradicionalmente las ha tratado como ciudadanas de segunda clase. Hasta hace poco, las investigaciones científicas médicas rara vez incluían mujeres en estudios por la influencia de los ciclos hormonales en la fisiología femenina. Las excluían de estudios que conformaban la base de los tratamientos más comunes administrados tanto en hombres como en mujeres, inclusive de medicamentos que se prescriben en dosis iguales para ambos sexos. Esto significa que una mujer delgada, de 1,62 m de estatura, a menudo recibe el mismo medicamento para la tiroides, el corazón o la presión arterial que un hombre que tiene 20 centímetros más de estatura y 45 kilos más de peso que ella. Con razón la Asociación Americana del Corazón estableció un nuevo campo de estudio que se enfoca en la enfermedad cardiaca en mujeres. Apenas hace poco los científicos descubrieron qué tan diferente es la enfermedad cardiovascular en mujeres que en hombres; y esta es solo una de las áreas principales que tiene avances recientes importantes.

Sin embargo, en el transcurso de nuestra investigación para escribir este libro, nos complació descubrir que en la actualidad los estudios están incluyendo mujeres con mayor frecuencia. Las cosas están cambiando porque ellas controlan más dinero, esto les da más poder y obliga a las entidades prestadoras de servicio a escucharlas, a ser más responsables y a brindarles una mejor atención médica. Hasta la Iniciativa de Salud de las Mujeres en 2001, no se había realizado ningún estudio significativo, doble ciego y controlado sobre los efectos multisistémicos de la terapia hormonal, a pesar de que desde hacía más de cincuenta años se recetaba en forma rutinaria. Históricamente se ha gastado más dinero en mercadearles servicios de salud a las mujeres que en financiar investigaciones médicas importantes sobre la salud femenina; esto se debe a que en casi todas las familias son ellas las encargadas de tomar las decisiones médicas: seleccionan el médico, el hospital y a veces la empresa aseguradora. En otras palabras, **el sistema que administra la salud prefiere apelar al poder adquisitivo de la mujer, más bien que a sus necesidades de salud**.

Creemos que las mujeres, como individuos y como la base de la familia, merecen la atención de la comunidad encargada de dar asistencia en salud. Mujeres fuertes y saludables conforman sociedades fuertes y saludables.

En los últimos cien años, la esperanza de vida tanto para hombres como para mujeres cambió de manera radical, pero hubo un cambio aún más significativo en la forma en que viven las personas. Las mujeres, en particular, están sometidas más que nunca a un estrés mayor porque tienen que equilibrar muchos roles: ser esposas y madres afectuosas; propiciar un ambiente familiar estimulante; encargarse de llevar la casa; trabajar fuera del hogar y administrar empresas; participar en servicio y actividades comunitarias y a menudo cuidar a los padres ancianos que viven cerca o lejos. **El cuerpo es incapaz de controlar los efectos insidiosos de este estrés permanente porque nuestro sistema biológico no ha cambiado para adaptarse a las nuevas exigencias de esta multiplicidad de roles**. Al mismo tiempo, la vida moderna redujo el apoyo social cotidiano que no solo es una necesidad humana básica, sino también una forma de prevenir y de curar el estrés. Los últimos avances en las comunicaciones han hecho que estemos más disponibles para cualquier persona en cualquier momento, así perturban nuestra paz y nos aíslan cada vez más.

Queremos ayudarle a darse cuenta de la forma como el estrés afecta cada célula de su organismo y de la forma como su mente percibe el mundo y le transmite sensaciones al cuerpo, así podrá tomar medidas para conservar la salud o para recuperarla. Queremos que sea capaz de identificar de qué manera acostumbra responder al estrés. Con este fin hemos descrito cuatro tipos de estrés para ayudarle a establecer cuál es el suyo. La ponemos sobre aviso sobre las señales de peligro que surgen cuando el estrés se vuelve destructivo, y le ofrecemos un programa de reducción del estrés basado en su tipo específico.

A medida que le hacemos recomendaciones para volverse saludable y disminuir el estrés en su vida, también le revelamos la asombrosa interacción de los intrincados sistemas internos corporales. La investigación que realizamos para escribir este libro aumentó nuestra admiración por la fuerza, belleza y poder de recuperación del cuerpo femenino; queremos transmitir el asombro que sentimos ante los complejos sistemas que manejan el cuerpo y que nos sirven de manera tan maravillosa. Esperamos que nuestros informes acerca de las últimas investigaciones científicas sobre las mujeres y el estrés le den nuevas claridades sobre sus propias fortalezas y capacidad de recuperación. Queremos ayudarle a asumir el control de su reacción frente al enorme estrés que enfrenta hoy, para que pueda sentirse en su mejor estado físico, mental y emocional.

Stephanie McClellan, M.D. y Beth Hamilton, M.D.

¿POR QUÉ ESTÁN TAN ESTRESADAS LAS MUJERES?

Con todo lo que sucede en el mundo no es de extrañar que haya una epidemia de estrés. Es hora de conocer la forma en que el estrés afecta el bienestar. Las investigaciones han demostrado que los efectos del estrés son más intensos en mujeres que en hombres: las mujeres liberan más de las sustancias químicas que desencadenan el estrés. Además, estas hormonas permanecen más tiempo en su cuerpo que en el de los hombres. Las hormonas femeninas influyen de manera directa sobre la respuesta al estrés. Las mujeres también parecen ser más susceptibles a los síntomas físicos del estrés debido a diferencias genéricas en la forma del procesamiento cerebral (esto lo explicaremos más adelante). Estas diferencias biológicas hacen que ellas tiendan a ser más sensibles al estrés y que la respuesta al estrés dure más en el cuerpo femenino que en el masculino.

REALIZAR VARIAS TAREAS A LA VEZ: LA VÍA AL AGOTAMIENTO

Pese a que las mujeres estamos equipadas biológicamente para hacer muchas cosas a la vez, parece que nunca tenemos tiempo suficiente para llevar a cabo todo lo que necesitamos hacer. Nuestro cerebro realmente está estructurado para permitirnos realizar varias tareas a la vez; entonces, como lo hacemos bien, abusamos pensando que podemos manejar tan solo una cosa más. Pero cuando tratamos de hacer demasiadas cosas (¿y qué mujer no lo hace?) tenemos una molesta sensación de apremio y de que nunca seremos capaces de estar al día. Nos apresuramos de una actividad o de un quehacer a otro, nos exigimos hasta el límite y rara vez sacamos tiempo para relajarnos. Las mujeres también estamos condicionadas para responsabilizarnos por el bienestar de los demás y para tratar de agradar. Esta tendencia a cuidar de los demás nos hace susceptibles a niveles mayores de estrés cuando asumimos una carga excesiva.

La mayoría de las mujeres cumplimos numerosos roles; se espera que asumamos algunos o todos los siguientes:

Esposa	Chofer
Madre	Tutora
Hija	Mediadora
Encargada de la salud de uno de los padres	Encargada de planear fiestas
	Consejera de vida
Hermana	Voluntaria
Amiga	Decoradora de interiores
Empleada	Estilista
Administradora del hogar	Entrenadora y paseadora de perros
Cocinera y nutricionista	Enfermera
Asistente personal de compras	Lavandera
Encargada del manejo de crisis	Promotora de acondicionamiento físico y nutrición
Porrista	Gerente financiera y encargada de pagar las cuentas
Directora social	
Ama de llaves	Jardinera

Algunos creen que lo que más contribuye a la epidemia de estrés en las mujeres en la actualidad es que ellas están trabajando fuera de casa en cifras sin precedentes. A finales del siglo XX solo el 12 por ciento de las mujeres recibían un salario por su trabajo; hoy en día, conforman el 46 por ciento de la fuerza laboral. Ahora, el 70 por ciento de las madres con hijos menores de dieciocho años trabajan. Tanto la crianza de los hijos como el trabajo exigen mucho más de la mitad de nuestra atención, sumado a esto, las mujeres que trabajan siguen siendo las principales responsables del cuidado de los niños y de los quehaceres domésticos. **Un estudio a nivel mundial de población femenina entre los trece y los sesenta y cinco años encontró que las mujeres que trabajan tiempo completo y tienen hijos menores de trece años presentan el mayor nivel de estrés.**

Las mujeres que trabajan se pueden estresar porque se sienten culpables de dejar a sus hijos. Sin embargo, las mujeres que eligen quedarse en casa para criarlos a menudo se sienten aisladas y estresadas porque no aportan económicamente al hogar. Sus esposos con frecuencia tienen que trabajar más horas por ser la única fuente de ingresos y este hecho también puede desencadenar discordias. Las mujeres casadas que nunca han trabajado fuera de casa, o que enviudan, o pierden la seguridad económica después de un divorcio, tienen mucho estrés financiero y por lo general su calidad de vida desciende de manera notoria.

Una encuesta reciente de la Asociación Americana de Psicología (2007) encontró que el 48 por ciento de los estadounidenses dicen estar más estresados ahora que hace cinco años. El dinero y el trabajo encabezan la lista de razones por las cuales se preocupan el 75 por ciento de los estadounidenses, un gran salto con respecto al 59 por ciento, dos años atrás. La encuesta se hizo antes de la crisis económica global de otoño de 2008. El impacto de este estrés permanente es asombroso:

- El 44 por ciento de todos los adultos sufren efectos adversos sobre la salud a causa del estrés.
- El 95 por ciento de las consultas médicas se deben a enfermedades relacionadas con el estrés.
- El estrés se asocia a las seis principales causas de muerte: enfermedades cardiacas, cáncer, afecciones pulmonares, accidentes, enfermedad del hígado y suicidio.

Hay dos tipos de estrés que actúan sobre todos nosotros a diario: el crónico y el agudo. El estrés crónico es de larga duración, constante y aparentemente ineludible; agota el cuerpo, la mente y el espíritu. El estrés agudo, provocado por sucesos traumáticos y por situaciones que constituyen un enorme reto en la vida, también pueden elevar los niveles de estrés muy por encima de lo normal.

LAS DOS RESPUESTAS BÁSICAS AL ESTRÉS CRÓNICO

Después de atender a miles de pacientes en el OC Gyn hemos visto que las mujeres presentan dos respuestas básicas ante el estrés: hiperactiva e hipoactiva. Con la respuesta hiperactiva al estrés uno trata de luchar en forma desesperada y simultánea con todo lo que lo perturba; la respuesta hipoactiva al estrés se da cuando uno está demasiado agotado para enfrentar incluso los problemas más urgentes. Por supuesto, la línea entre hiperactivo e hipoactivo es dinámica y los síntomas de las pacientes varían en situaciones diferentes; a menudo oscilan en la escala entre ambas respuestas. Independiente del punto de la escala de la respuesta hiperactiva al estrés o de la respuesta hipoactiva al estrés en que uno se encuentre, no se está sintiendo bien.

Las dos respuestas básicas se dividen en cuatro tipos diferentes de desequilibrio causado por estrés, cuya intensidad puede variar de moderada a extrema. Cada tipo manifiesta síntomas propios y tiene diferentes tendencias a desarrollar ciertas enfermedades. Llevar una dieta específica, practicar ejercicio y técnicas de relajación producen efectos fisiológicos que acercan el cuerpo al equilibrio. Lo que importa es el punto en el que se empieza. Las diferentes formas de desequilibrio responden a técnicas de relajación específicas para cada tipo, y a una dieta y ejercicios que se adaptan a las necesidades individuales.

En la actualidad, la mayoría de las personas esperan, e incluso a veces exigen, que los médicos les ayuden recetándoles una tableta que las haga sentir mejor. Pero en OC Gyn no recurrimos al recetario con tanta facilidad. Preferimos instruir a las pacientes sobre las consecuencias del estrés de larga duración y luego desarrollar programas personalizados de alivio del estrés para abordar sus desequilibrios.

Los cuatro programas específicos que diseñamos para calmar el estrés en cada tipo son mucho más potentes que cualquier pastilla disponible; además, los efectos secundarios que producen son benéficos. Si usted aprende a desactivar el estrés de una manera efectiva, puede tomar el control de su salud y prevenir la aparición de enfermedades más graves. Si ya tiene una enfermedad, disminuir el estrés le ayudará a su cuerpo a enfrentar la enfermedad y a sanar.

Primero, le diremos qué aspecto tiene el estrés y cuáles son sus signos externos, y le daremos una idea de cómo afecta el comportamiento, las emociones y la salud. En el capítulo 2, *Psicología del estrés*, analizamos de qué manera la percepción que se tiene de este y ciertos patrones de pensamiento a menudo suscitan la respuesta al estrés. Luego, en el capítulo 3, describimos la "anatomía del estrés" y la forma en que el cuerpo está estructurado para responder. Le ayudamos a identificar cuál de los cuatro tipos de respuesta al estrés es el suyo y le mostramos cómo atenuar el estrés utilizando técnicas saludables y sostenibles.

Analizaremos los efectos negativos del estrés e incluiremos las quejas que más escuchamos y las afecciones que observamos: aumento de peso, fatiga, dolor crónico, enfermedades cardiovasculares y síndrome metabólico; un grupo de factores de riesgo entre los cuales están el aumento de peso alrededor del abdomen, el colesterol elevado, la hipertensión y una alta respuesta inflamatoria. Le enseñaremos a combatir todo esto y más en la segunda parte, *Programas de desintoxicación del estrés*, en la que describimos la anatomía de la relajación, métodos para cambiar las respuestas psicológica y fisiológica ante situaciones potencialmente estresantes y recomendaciones específicas sobre dieta, ejercicio y técnicas de relajación para ayudarle a evitar los efectos negativos del estrés o para revertir cualquier daño que ya se haya producido. Le damos una hoja de registro para el programa del estrés en la que puede hacerle seguimiento a su compromiso y progreso en estas áreas. También le sugerimos llevar un "Diario de estrés" para que a medida que avanza en la lectura del libro anote la información relacionada específicamente con usted. Con los sencillos métodos, basados en la ciencia, explicados en los *Programas de desintoxicación del estrés,* usted podrá enfrentar de manera efectiva la forma en que su cuerpo responde al estrés.

Una vez que tenga claridad acerca de lo que el estrés sin control le hace a uno, esperamos que se sienta motivada para confiar en su propio poder para resistirlo y para hacer elecciones que promuevan la buena salud, la capacidad de recuperación y el placer.

PRIMERA PARTE

IDENTIFIQUE SU TIPO DE ESTRÉS

CAPÍTULO UNO

ASPECTO DEL ESTRÉS

S ally, una mujer de veinticinco años y madre de un niño pequeño, se sentó con rigidez en la camilla de examen, se veía delgada y frágil. Tenía los ojos hinchados y la piel opaca. Había pedido otra vez cita con Stephanie porque el dolor y el flujo vaginal que tenía desde hacía varios meses no respondieron a varios tratamientos. Estaba aterrorizada, convencida de que tenía un cáncer terminal.

El examen mostraba hinchazón y enrojecimiento. Bajo el microscopio se observaban en la muestra enormes cantidades de células inflamatorias y ninguna bacteria u hongo atacante evidente. Sally encajaba en un diagnóstico de vaginitis inflamatoria descamativa que es causada por un sistema inmune activado en exceso. Su sistema inmune estaba atacando las células de la vagina como si fueran extrañas, esto provocaba intenso dolor, abundante secreción vaginal y dificultades en el coito. Stephanie le aseguró que había un tratamiento que probablemente aliviaría por completo su enfermedad, pero Sally no pareció tranquilizarse. Todavía estaba convencida de padecer una enfermedad grave, se sentía abatida y que había empeorado.

La experiencia clínica en OC Gyn nos ha demostrado que esta es una enfermedad relacionada con el estrés, pero Sally no había establecido ninguna conexión entre el estrés que experimentaba y su problema físico persistente. Stephanie le preguntó directamente si sentía más estrés que de costumbre, entonces Sally se derrumbó y comenzó a llorar. Le confió que su hijo era rebelde y exigía demasiada atención. Su esposo nunca estaba en casa, trabajaba muchísimo con la esperanza de que lo ascendieran. No contaba con ninguna ayuda porque a su marido le parecía un gasto innecesario y estaban ahorrando para comprar una casa nueva con espacio para más niños. Ningún miembro de la familia vivía cerca para darle una mano; ella tenía que encargarse de todo y se sentía solitaria. Cuando su esposo llegaba a casa, la encontraba exhausta e irritable. Sally no quería crear problemas, máxime si él trabajaba tan duro, pero lo único que hacían era discutir.

El estrés de Sally estaba tan reprimido en su interior que simplemente no podía parar de llorar ahora que admitía lo difíciles que eran las cosas. Stephanie la escuchó, le permitió desahogarse y la consoló lo mejor que pudo. Finalmente se calmó y discutieron un plan de tratamiento para la vaginitis, Stephanie le explicó que no mejoraría hasta que solucionara su nivel de estrés. Le explicó lo importante que era esto, no tanto por la incomodidad física que padecía, sino porque era evidente que el estrés estaba afectando su función inmunológica y podría traerle consecuencias más graves para su salud. Stephanie le sugirió buscar terapia profesional y sacar tiempo para ella.

Unas pocas semanas después, en la cita de revisión de Sally, su dolencia física presentaba mejoría porque había acatado la toma del medicamento, pero no había efectuado ningún cambio para modificar su calidad de vida. Rompió en llanto de nuevo, todavía convencida de tener una enfermedad grave. Stephanie le explicó una vez más que la gravedad de esta enfermedad tenía que ver con su estrés desmedido y le advirtió que, si no hacía algo para atenuarlo, podría desarrollar realmente una enfermedad que pusiera en riesgo su vida.

Un mes después, en la siguiente cita, Sally sonrió cuando Stephanie entró en la habitación: era obvio que las cosas habían cambiado. Estaba llena de energía. Tenía la piel brillante y suave, el cabello cepillado y bien arreglado. Los síntomas por los que consultó inicialmente habían desaparecido. Sally discutió con su esposo el consejo de Stephanie de disminuir su nivel excesivo de estrés y él estuvo de acuerdo en contratar una niñera algunas veces a la semana para darle un respiro. Se inscribió en una clase de *spinning* y se incorporó a un grupo de madres en el centro comunitario. Había recuperado su carácter vivaz.

Susan, de treinta y dos años, es demasiado consciente de la forma en que el estrés la afecta, pues las infecciones crónicas de vejiga que padece tienden a recrudecerse cuando está estresada. Durante la última consulta le habló a Beth sobre la relación entre las infecciones y la cantidad de presión en su vida. Le estaban pasando muchas cosas: estaba cuidando a su madre que se recuperaba de una mastectomía; tenía un nuevo compañero, y se había mudado de casa. Estos son tres de los principales factores estresantes en la vida. Había estado tan ocupada con su madre que inclusive no había tenido tiempo de desempacar y establecerse en el nuevo lugar y todavía vivía sacando las cosas de las cajas de cartón.

El estrés puede afectar el sistema inmune y esto hace que el cuerpo tenga dificultades para combatir las infecciones. Como Beth ya había tratado a Susan por otras infecciones crónicas del tracto urinario, le sugirió que incorporara probióticos en la dieta, estos son suplementos dietéticos o alimentos que se asemejan a los microorganismos beneficiosos que hay en el sistema digestivo. Beth le hizo recomendaciones sobre la forma en que podía disminuir el estrés y la animó a sacar tiempo para desempacar e instalarse en su nuevo hogar, y con los aportes de Susan le diseñó un programa de ejercicio y nutrición. Le aconsejó también que se diera momentos de descanso y que escuchara música cuando ocuparse de la enfermedad de su madre se volviera agobiante. Susan estaba feliz de saber que estaba en lo cierto con respecto a la raíz de su problema y se sentía motivada para hacer estos cambios en su vida con el fin de mejorar la salud.

SU RESPUESTA AL ESTRÉS ES ÚNICA

El estrés tiene aspectos diferentes en cada persona. **La reacción de uno al estrés es polifacética y está determinada por su psicología, fisiología, composición genética y entorno.** La respuesta de cada mujer al estrés es única, así que es lógico que cada mujer necesite formas individuales para manejar el estrés.

Factores que determinan la respuesta al estrés:

- Edad
- Estado de salud
- Tipo de factor estresante
- Duración de la exposición
- Genética
- Experiencia en la niñez
- Estado nutricional
- Alcohol, drogas y algunos medicamentos
- Apoyo social
- Creencias

LO QUE VEN LOS MÉDICOS

En nuestra práctica nos hemos vuelto tan sensibles a las consecuencias del estrés que reconocemos una amplia gama de signos reveladores que indican que una paciente tiene dificultades para afrontar las presiones en su vida. Las mujeres afectadas por el estrés pueden estar delgadas u obesas; pueden tener una postura rígida o encorvada; pueden estar vigilantes y ansiosas o sumisas y pasivas y muchas tiemblan. A medida que describamos muchas otras manifestaciones del estrés podrá reconocer algunos de esos rasgos en sí misma.

Las quejas que las pacientes presentan son variadas, pero hay un puñado que escuchamos de modo recurrente: pérdida de cabello y de la tonalidad de la piel, falta de resultados en las rutinas de ejercicio y acumulación de grasa alrededor del abdomen. Todos estos cambios físicos son consecuencia directa del estrés crónico.

EL ESTRÉS Y LA PIEL

La piel, el órgano más grande del cuerpo, refleja la salud física y mental de un modo bastante directo. El estrés causa eczema, urticaria, rosácea, psoriasis, alopecia y vitiligo. También existe una correspondencia entre el estrés y el acné. De hecho, hay una conexión tan fuerte entre el cerebro y la piel que hay un campo de estudio científico denominado "psicodermatología".

Si el estrés altera la homeostasis o el equilibrio del cuerpo, puede haber una disfunción hormonal que afecta el rejuvenecimiento de la piel. La piel está siempre en un proceso de renovación que tarda veintiocho días cuando se es joven, y que se lentifica a medida que se envejece. El estrés emocional retarda la renovación celular, destruye fibras de colágeno en la piel y descompone la elastina. Esto es sinónimo de una piel colgada y arrugada. Las pruebas también sugieren que el estrés genera una descomposición de la barrera protectora de la piel con lo cual la hidratación y la función inmune normal de esta resultan afectadas. Dicha descomposición explica en parte por qué con frecuencia uno se enferma en épocas de estrés.

EL CABELLO Y EL ESTRÉS

Un estrés permanente puede adelgazar el cabello y quitarle el brillo. Muchas de las pacientes que se encuentran bajo estrés crónico se quejan de pérdida del cabello. Las preocupa la cantidad de cabello que encuentran en la ducha después de lavarse la cabeza. Por fortuna, el adelgazamiento del cabello asociado al estrés por lo general se detiene cuando este se resuelve o cuando uno aprende a manejarlo.

En casos extremos, el estrés puede provocar una pérdida considerable de cabello de dos maneras diferentes. Puede hacer que el cabello deje de crecer, esta enfermedad se llama telogen effluvium. En este caso, algunos folículos pilosos entran en una fase de descanso y el cabello se cae dos o tres meses más tarde. Por lo general, el cabello vuelve a crecer de seis a nueve meses después. La segunda enfermedad se conoce como alopecia, es una respuesta más inflamatoria. En esta los folículos pilosos son atacados por células inmunes y esto produce pérdida del cabello en parches o en todo el cuero cabelludo. Atenuar el estrés también sirve de ayuda en estas enfermedades.

EL ESTRÉS HACE ENVEJECER

El estrés puede acelerar el proceso de envejecimiento porque daña el ADN. Elissa Epel, psicóloga, y Elizabeth Blackburn, premio Nobel en biología celular, descubrieron esto en una investigación que marcó un hito, en la Universidad de California en San Francisco. El estudio comparó a treinta y nueve madres saludables que cuidaban a un niño que padecía una enfermedad crónica, con diecinueve mujeres que criaban a un niño sano. Decidieron trabajar con madres de niños pequeños porque las madres experimentan estrés crónico desde la juventud; las personas que cuidan enfermos tiempo completo tienden a tener poco tiempo para ellas mismas y hacen enormes sacrificios personales.

Este estudio tuvo dos niveles de evaluación: fisiológico y psicológico. Con un análisis sanguíneo de glóbulos blancos se medía el daño en el ADN, específicamente el daño en el telómero, la parte más frágil del cromosoma. Las cápsulas protectoras en los extremos de los telómeros llevan información genética. Los telómeros juegan un papel decisivo en la determinación de la salud y duración de las células. La doctora Blackburn los compara con las puntas de los cordones de zapatos; si estas se estropean, el cordón comienza a deshilacharse. Los telómeros protegen el ADN y favorecen la estabilidad genética del mismo modo al evitar que los filamentos de ADN se desenvuelvan.

La enzima telomerasa restaura la longitud de los telómeros que se desgastan y repone una porción de estos, así permite que la célula se repare a sí misma. A medida que uno envejece, la producción de telomerasa disminuye y, por consiguiente, el cuerpo envejece. Mientras más células se mueran, los efectos de la vejez como disminución de la vista y del oído, piel arrugada y pérdida muscular se hacen visibles.

Los hallazgos de este estudio demuestran que mientras más tiempo lleven las madres cuidando al hijo que padece una enfermedad crónica, menor es la actividad reparativa de la telomerasa y peor es el estado del ADN. **Las células de mujeres con niveles altos de estrés aparentan ser de nueve a diecisiete años más viejas que las células de mujeres con niveles bajos de estrés.**

En la evaluación psicológica, las madres tomaron un examen escrito para medir la percepción que tenían de la intensidad del estrés en su vida. De nuevo, el estudio halló que **aquellas mujeres que tenían una mayor percepción del estrés presentaban un mayor envejecimiento celular**. Ambos grupos de madres mostraron la misma relación entre el estrés percibido y el daño en el ADN, pero las madres que sobrellevaban bien el estrés, como lo revelaba la evaluación psicológica y que no dejaban que este se apoderara de ellas, no sufrían el mismo grado de daño en los telómeros.

Aunque el estudio de la relación entre estrés y envejecimiento probó que la percepción del estrés puede afectar el cuerpo a nivel celular, es posible que no se tenga conciencia de estos efectos o que se tengan síntomas sin una causa fisiológica. A esto lo denominamos desconexión mente-cuerpo, es decir, cuando una paciente tiene un trastorno asociado al estrés a pesar de no manifestar que se siente estresada o de no sentir que el estrés la está enfermando, pues su cuerpo no presenta evidencias de enfermedad.

La desconexión mente-cuerpo, también conocida como "covarianza faltante", complica el diagnóstico y el manejo del estrés crónico. Las señales externas del estrés varían de una persona a otra, así que trate de ser consciente de cualquier cambio en la forma como se siente y se comporta. El estrés a veces aparece sin ser percibido; entonces uno empieza a acomodarse a él. Por ejemplo, deja de ir al gimnasio con tanta frecuencia como suele hacerlo porque tiene plazos que cumplir en el trabajo; comienza a tomar más café en el día y un par de copas de vino al anochecer porque no logra conciliar el sueño y tampoco se despierta renovada, o compra comida rápida entre citas para usted y sus hijos, en vez de una ensalada. Pronto el estrés se habrá aumentado y será tan implacable que le afectará el cuerpo de manera negativa a menos que tome medidas para aplacar su respuesta física y mental ante él. Le enseñaremos a tomar conciencia de cuándo la está desgastando el estrés y de cómo le informa el cuerpo que esto está sucediendo a través de síntomas como cambios en la piel, el cabello, el peso y el estado de ánimo. Le daremos las herramientas para detener los efectos destructivos antes de que su salud se deteriore.

La lista de síntomas que encontrará a continuación no es completa, pero le dará una idea de la clase de señales que debe buscar.

Síntomas y signos de alerta de un nivel elevado de estrés

- Nerviosismo o ansiedad
- Tristeza o depresión
- Enojo
- Fatiga
- Trastornos del sueño
- Falta de interés, motivación o energía
- Incapacidad para concentrarse
- Dolores de cabeza
- Tensión muscular, sobre todo en el cuello y los hombros
- Malestar estomacal, distensión abdominal y cambios en el apetito
- Mareos o desvanecimientos
- Opresión en el pecho
- Disminución del apetito sexual
- Problemas en la piel como sarpullido, acné o urticaria
- Achaques y dolores
- Irregularidades menstruales
- Estreñimiento o diarrea
- Pérdida de cabello o falta de brillo

Si alguna vez ha tenido cualquiera de estos síntomas, sería aconsejable que empezara a llevar un diario. Si tiene alguno de estos síntomas con regularidad o si puede asociarlos a acontecimientos o presiones en su vida como el cumplimiento de un plazo, desavenencias con su compañero o esposo, tome nota. Observar cómo se siente y cómo se comporta cuando está estresada le ayudará a identificar su tipo de estrés, cosa que discutiremos en el capítulo 4, *Identifique su tipo: los cuatro patrones de respuesta al estrés*.

Las consecuencias del estrés persistente en las mujeres

- Las mujeres son más dadas que los hombres a referir el estrés (51 por ciento contra 43 por ciento, respectivamente) y refieren una gama más amplia de factores estresantes que incluyen limitaciones de tiempo, las expectativas de los demás, las relaciones conyugales, los hijos y la salud de la familia.

- Las mujeres son 2,7 veces más susceptibles que los hombres a sufrir enfermedades autoinmunes, que son una consecuencia directa del estrés, entre ellas: diabetes tipo 1, esclerosis múltiple, lupus, artritis reumatoidea, trastornos de la tiroides y síndrome de colon irritable.
- Las enfermedades cardiacas inducidas por estrés son la principal causa de muerte en mujeres, pero solo el 13 por ciento de la población femenina considera estas enfermedades como una amenaza para la salud.
- El 64 por ciento de las mujeres que mueren en forma repentina por enfermedades cardiacas no presentaron síntomas previos.
- Los accidentes cerebrovasculares producen más muertes en mujeres que en hombres; las mujeres representan el 61 por ciento de las muertes por esta causa.
- Alrededor de un tercio de las mujeres entre los dieciocho y cincuenta y nueve años sufre pérdida de interés en el sexo.
- Las mujeres tienen una mayor prevalencia de dolor que los hombres, y sufren más dolores osteomusculares en la vejez que ellos.
- Los eventos estresantes, entre los que se incluyen la pérdida de un ser querido, se asocian a un aumento de cáncer de seno en mujeres, en los dos años siguientes a la pérdida.
- Las mujeres con un diagnóstico de cáncer de seno que se consideren a sí mismas estresadas en extremo son más susceptibles de sufrir una recurrencia.

El estrés crónico enferma. La buena noticia es que usted puede manejar e incluso cambiar su respuesta ante las presiones de la vida. Si lo hace se verá mejor, se sentirá mejor, lentificará el proceso de envejecimiento y disminuirá el riesgo de enfermarse.

El capítulo siguiente le permitirá comprender la forma en que los pensamientos, emociones y percepciones determinan su respuesta al estrés.

CAPÍTULO DOS

PSICOLOGÍA DEL ESTRÉS

Aunque no somos psicólogas, hemos encontrado que si una paciente comprende la relación entre el estrés y las emociones le queda más fácil hallar métodos para detener la respuesta al estrés antes de que esta ocurra. Las emociones pueden desencadenar una respuesta física poderosa que altera el equilibrio de muchos de los sistemas corporales. El hecho es que la forma en que uno interpreta los acontecimientos, sumada a las emociones que sus juicios de valor generan, es parte fundamental de la respuesta al estrés. Es uno quien decide si algo es estresante, para que sea y se sienta como tal. Los patrones habituales de pensamiento y el discurso interior negativo y sentencioso —esa pequeña voz interior que hace comentarios sobre lo que uno es, lo que hace y sobre todo lo que lo rodea— son responsables de gran parte del estrés en la vida. Tal como se lo aconsejamos a nuestras pacientes, después de aprender a reconocer sus pensamientos y sentimientos automáticos usted puede aprender a cambiarlos, con esto habrá avanzado muchísimo en el manejo del estrés.

En este capítulo le daremos un curso intensivo de psicología que podrá aplicar de inmediato en su vida. Aprenderá algunas teorías sencillas que aclaran muchísimo cómo ciertas percepciones que uno tiene del mundo pueden generarle estrés. Por ejemplo, una mujer se siente emocionada y honrada porque le piden que haga una presentación en una conferencia; mientras que otra, a la que se le ofrece esta misma oportunidad, se paraliza de terror ante la sola idea. Una mujer se sienta con paciencia en la sala de espera del médico porque este está retrasado, aprovecha este tiempo para hojear una revista; mientras que otra, en la misma situación, echa chispas, mira el reloj y piensa en todas las cosas que tiene para hacer. La diferencia básica entre las experiencias de estas mujeres es la forma en que perciben la situación.

Independientemente de cuál sea su tipo de estrés, entender cómo contribuye la mente a generar estrés le ayudará a enfrentar las presiones internas y externas de un modo más sano. Le proporcionaremos una técnica para analizar lo que piensa y lo que siente de una forma que les restará fuerza a las emociones negativas y a los patrones de pensamiento estresantes y le permitirá cambiar su respuesta.

Hoy en día los psicólogos dividen las funciones de la mente en cognición, motivación y emoción. Las investigaciones han confirmado que la mente, las emociones y las percepciones que se tienen del estrés están entrelazadas de manera compleja. **La interpretación de una situación y el significado que se le confiera a la fuente de estrés son los responsables del grado e intensidad de la respuesta**. Los sentidos se ven bombardeados por una infinidad de cosas que suceden alrededor. Hay que asimilar tantas cosas que esto hace que uno responda de manera rápida y a menudo automática, porque la propia supervivencia depende de saber si una situación es peligrosa o no. La mente nunca deja de cribar las experiencias para establecer si son perjudiciales, amenazantes, desafiantes o provechosas. Richard S. Lazarus, uno de los líderes en investigación de estrés psicológico, enseña que el estrés no se encuentra en la situación o en la persona, sino que es una transacción entre ambas; esto es lo que él denomina la teoría transaccional del estrés. La idea es que para que se produzca una reacción de estrés se requiere tanto una circunstancia estresante como una persona vulnerable.

Piense en ello durante un segundo. No todo el estrés es negativo y dañino. El estrés no es necesariamente una cosa mala. De hecho, percibir y reaccionar ante el estrés es esencial para sobrevivir. Un poco de estrés produce un grado de excitación que resulta estimulante y que lo reta a uno a lograr cosas importantes. Se necesita cierta cantidad de estrés para vivir y desempeñarse bien; este motiva, aumenta la alerta y la productividad y da vitalidad. En situaciones críticas, genera un estado de vigilancia extrema. El estrés agudo puede aumentar la memoria, la coordinación entre los ojos y las manos e incluso la fuerza para manejar situaciones extraordinarias. El estrés hace posible que un competidor nade más rápido, que un cirujano sea más preciso, un orador más fascinante o que una madre se convierta en superhéroe si sus hijos corren peligro.

Cuando uno siente que es capaz de enfrentar un desafío, el estrés puede generar un sentimiento de logro. Responder a los factores estresantes de manera apropiada juega un papel decisivo en el buen desempeño de tareas y también es fundamental para el bienestar. Sin embargo, si uno siempre está estresado, es difícil tener interacciones sociales gratificantes y, a veces, inclusive funcionales.

La forma en que se percibe una situación particular determina si es o no estresante para uno. Todos los días, las personas enfrentan el estrés de un modo diferente dentro del mismo contexto. Aunque la realidad objetiva no es por naturaleza estresante, casi todas las situaciones tienen el potencial para serlo; la forma en que se perciben determina si uno es la mujer que hojea la revista o la que echa chispas en la sala de espera. Una respuesta estresada —las reacciones emocionales, conductuales y físicas— es el resultado de un juicio mental que se hizo, ya sea que se haya evaluado un hecho como una amenaza o como algo que es posible enfrentar.

La percepción de una situación está basada en las creencias, suposiciones, valores o condicionamientos que se tengan; en el sentido más amplio, **la respuesta al estrés es producto de la experiencia pasada, la predisposición genética, personalidad, estilo de vida y cultura de cada individuo**. No es un proceso sencillo de causa y efecto, ya que participan muchos factores complejos que interactúan; por eso experimentar el estrés es algo único para cada persona.

QUÉ LA HACE A USTED DIFERENTE

Todas las experiencias pasadas de la vida influyen en los procesos de pensamiento y en la percepción: la salud, la calidad de las relaciones, las responsabilidades, los sistemas de apoyo, los éxitos, las desilusiones, las conmociones, los cambios y las pruebas difíciles. Todo esto se combina para promover la cantidad de estrés que se siente en diferentes circunstancias y para determinar la forma en que uno responde. A veces, se desarrollan estrategias por ensayo y error para manejarlo; cuando se encuentra una manera acertada de enfrentar un problema, se tiende a repetirla. Sin embargo, el problema es que con el tiempo es posible caer en la repetición de un método que ya no resulta efectivo. Muchas personas hacen esto porque creen que una respuesta rápida es preferible a una respuesta nueva que quizá tarden más en aprender. A la larga, las mismas viejas soluciones por lo general dejan de funcionar y en ese punto generan más estrés y no menos.

La manera como se responde al estrés está influenciada por factores determinados antes del nacimiento. Algunos estudios han demostrado que en una mujer embarazada, un nivel alto de cortisol inducido por estrés puede afectar el desarrollo del feto. Si la madre tiene niveles elevados de cortisol, el bebé también los tendrá. Esta elevación puede alterar los receptores de sustancias relacionadas con el estrés en el cerebro del feto y hacerlos más sensibles por el resto de su vida. Muchas enfermedades que aparecen en la edad madura, como la diabetes y la hipertensión son más comunes en adultos que experimentaron estrés en el vientre o en los primeros días después del nacimiento. Saber que el estrés puede moldear a un niño que aún no ha nacido debe servir de motivación para aprender a resolverlo incluso antes de pensar en tener un bebé. Quizá usted también desea ayudar a las mujeres embarazadas que conoce, como amigas, hijas, nueras o colegas, a relajarse. El futuro del mundo depende de madres y mujeres sanas.

La educación también tiene un efecto importante en la forma en que uno responde al estrés. En la niñez, las estrategias de supervivencia se aprenden de los padres; se observa cómo se comportan ellos en circunstancias estresantes y de manera inconsciente el comportamiento se moldea con base en lo observado. Sin embargo, en algunos casos, hay niños que ven a los padres enfrentar el mundo de un modo disfuncional y hacen todo lo posible para evitar actuar como ellos. Tomemos el caso de un padre de temperamento airado y explosivo. A una niña la puede aterrorizar tanto ese carácter violento del padre que evita cualquier conflicto. Esto también es perjudicial si ella no se defiende por sí misma o si no hace valer sus puntos de vista.

Además, la predisposición genética desempeña un papel importante en la determinación de la respuesta al estrés. El Proyecto del Genoma

Humano analizó cuarenta y cinco marcadores relacionados con el estrés y varios interruptores genómicos importantes que activan la respuesta de estrés en el cuerpo. Aunque estos científicos esperaban hallar diferencias individuales significativas entre los sujetos, no habían previsto la amplia variedad que encontraron.

El doctor Barry Bittman, el principal investigador en uno de los estudios sobre estrés del Proyecto del Genoma Humano, suponía que cada sujeto en el estudio tenía una huella genómica particular para la respuesta al estrés. Dos estadísticos pusieron a prueba esta teoría desde diversas perspectivas matemáticas y llegaron a las mismas conclusiones. El doctor Bittman y sus colegas acuñaron el término *signaturas genómicas individualizadas de inducción de estrés* para describir la respuesta única fisiológica y psicológica al estrés, que cada persona tiene. Nosotras preferimos llamarla huella genética.

En este momento, no sabemos qué porcentaje de la respuesta al estrés está determinada por los genes, pero los científicos están de acuerdo en que cada persona posee una química personal genéticamente determinada que es la responsable de su temperamento innato. La herencia genética y la experiencia crean la personalidad: la forma de sentir, pensar y comportarse de cada quien. A su vez, los valores, las metas y las creencias sobre sí mismo y el mundo contribuyen a la forma en que se manejan posibles adversidades y el estrés.

LAS EMOCIONES DEL ESTRÉS

Según el psicólogo Daniel Goleman, las emociones son impulsos para actuar, "planes instantáneos para manejar la vida". Las emociones ayudan a enfrentar una situación amenazante cortando camino en el intelecto; el cuerpo actúa para dar protección más rápido que si uno se tomara el tiempo de reflexionar sobre una situación. Al experimentar una emoción de estrés, por lo general se sabe de inmediato que hay que prestarle atención a la situación, inclusive si se elige racionalmente no actuar, o si se tiene tiempo para intentar abordar la situación por medio de la inteligencia. El psicólogo Richard Lazarus esbozó seis situaciones generales que producen emociones que generan estrés:

- La situación debe ser relevante para lo que uno quiere. Mientras más importante sea una meta, más intensa será la emoción.
- La situación pone en riesgo lograr lo que se desea. Si una meta se ve frustrada, surgen emociones negativas.
- Algo que tiene importancia para uno está siendo amenazado. Si la autoestima, la opinión positiva de los demás, los ideales, los valores morales o creencias, las personas queridas o los objetos valorados están siendo amenazados, se sentirá estrés.
- Culparse uno mismo o a otros por una circunstancia adversa. Si uno asume la culpa experimentará culpabilidad, vergüenza y enojo contra sí mismo. Si culpa a otras personas, sentirá enojo.
- Sentir que una situación adversa se sale de control o que uno es incapaz de afrontarla. Sentirse impotente o abrumado siempre produce estrés.
- Sentir que las cosas no resultarán a favor de uno. La expectativa de que una situación terminará de manera desfavorable obviamente genera emociones negativas.

Estas situaciones producen emociones que pueden desencadenar una respuesta física de estrés y poner el cuerpo en un estado desmedido de excitación. Sentir rabia, ansiedad, miedo, culpa, vergüenza, tristeza, pena, envidia o celos puede alterar en forma radical el equilibrio del cuerpo, según la intensidad de las emociones. Las personas que tienen una respuesta hiperactiva al estrés, que siempre son intensas, son más proclives a la cólera, la ansiedad, la envidia, los celos y el optimismo; mientras que las personas que tienen una respuesta hipoactiva al estrés son más dadas a interiorizar sus emociones y son más proclives a la tristeza, el miedo, la culpa, la vergüenza, la desesperanza y el pesimismo.

Otra cosa que debe recordar, que quizá le sirva de ayuda si se encuentra en una situación estresante, es que cuando hay estrés crónico el pensamiento puede distorsionarse y se pueden juzgar los factores estresantes como amenazas mayores de lo que en realidad son. **De hecho, es posible generar estrés solo con anticiparse a una situación estresante.**

Supongamos que a usted se le pegan las cobijas una mañana en la que tenía programada una reunión de departamento y no hay manera de que logre llegar a tiempo. Tiene que decidir si llama para decir que está enferma; o si se apresura y entra a la sala de conferencias en mitad de la reunión, llamando la atención de todos, o si simplemente entra a hurtadillas a la oficina y no asiste a la reunión. La decisión y el nivel de estrés se basan en lo esencial que sea su asistencia a la reunión; en que se sienta segura en su empleo; en que el ambiente laboral en su oficina sea informal o corporativo o en la relación que tenga con su jefe y colegas.

Si en la primera apreciación decidir si está en una situación que la perjudicará o la beneficiará se encuentra que la circunstancia es estresante, usted pasa automáticamente a una segunda apreciación en la que define si se puede hacer algo para alterar la situación. En este proceso considera si una estrategia para enfrentarla sería efectiva. Luego debe decidir si cuenta con los recursos para producir el resultado que desea. Esos recursos incluyen destrezas sociales y de solución de problemas, energía, educación y dinero, para nombrar solo unos cuantos.

Regresemos al dilema de la reunión, usted debe sentirse confiada de la posición que ocupa en la empresa y saber que, cuando llegue, su jefe entenderá y aceptará la disculpa. Podría llamar a la asistente del jefe y pedirle que le comunique a este que usted está retrasada y que llegará cuanto antes. En caso de que el ambiente en la oficina sea formal y su relación con el jefe no sea muy buena, quizá sería más conveniente evitar atraer la atención por haber llegado tarde, entonces entre directamente a la oficina, falte a la reunión y discúlpese más tarde.

Si juzga que los mecanismos que tiene para hacerle frente a una amenaza son más fuertes que esta, entonces se prepara para eliminar o resolver el desafío. Pero si juzga que la amenaza es mayor que su habilidad para enfrentarla, puede escapar de ella o evitarla, o quedarse inmóvil por un momento para prepararse y enfrentar la situación después. En ese caso, simplemente puede tirar la toalla y llamar para avisar que no irá a trabajar porque está enferma.

Un reto se vuelve estresante si...

- Las exigencias de una situación exceden la capacidad que se tiene para hacerle frente.
- La situación se evalúa de una manera imprecisa, ya sea porque se sobreestima lo que esta exige o porque se subestima la capacidad para enfrentarla.
- Se exageran las consecuencias de no ser capaz de enfrentar una situación.
- Las expectativas, creencias o miedos impiden que se utilicen las capacidades que se tienen para enfrentar una situación.
- Se carece de un sistema adecuado de apoyo.
- Las inhibiciones y temores impiden hacer uso del sistema de apoyo.

Para reducir el estrés hay que entender la causa de las emociones negativas que influyen en la forma como uno ve las cosas. Para hacerlo debe tomar distancia de lo que está experimentando y analizar lo que siente de un modo racional. Por supuesto, no siempre es fácil separar la mente de una emoción fuerte. En este capítulo le damos herramientas para analizar sus sentimientos y para acallar esas emociones desgastadoras, que generan estrés. Queremos mostrarle cómo empezar a reconocer sus sentimientos y a descomponer sus hábitos de pensamiento en partes más pequeñas que le permitirán controlar la reacción al estrés.

OPTIMISMO *VERSUS* PESIMISMO

La forma en que uno interpreta los hechos —la raíz de sus expectativas— se conoce como "estilo explicativo". Uno juzga lo que le sucede en la vida como bueno o malo, positivo o negativo. Los optimistas y los pesimistas se diferencian en la forma como responden a la adversidad. ¿Es usted uno u otro, o una mezcla de ambos? Los optimistas son alegres y confían en que pueden encarar casi todos los retos; los pesimistas ven el lado oscuro y siempre se imaginan las peores situaciones. Un sentido realista de optimismo es energizante; sin embargo, un optimismo excesivo puede negar la realidad y volverse contraproducente o una forma de sabotearse a sí mismo. Un poco de pesimismo sirve como un buen control de la realidad; sin embargo, el enfoque negativo del pesimismo extremo puede ser deprimente. Antes de hacer un viaje riesgoso o asumir un proyecto peligroso es provechoso hacer una evaluación pesimista acompañada de una actitud optimista. Siempre es preferible evitar los extremos.

Las personas que tienen una visión pesimista del mundo tienden a creer que sus problemas son generalizados y duraderos y que minarán todo lo que hagan, y tienden a culparse de estos. En las mismas circunstancias, los optimistas consideran un problema como un contratiempo pasajero, específico de esa situación y no se culpan por ello. Al conocer esta dinámica, es posible ver cómo las actitudes optimistas y pesimistas pueden convertirse en profecías que se hacen realidad. Si desde el principio hay un sentimiento de derrota, es probable que no se adopte una forma de actuar constructiva, entonces las expectativas negativas se convierten en realidad. Si se considera que un contratiempo es pasajero se tendrá una mayor disposición a hacer algo al respecto; al tomar acción, la situación de hecho pasa. Saque unos minutos para reflexionar en su diario de estrés sobre la actitud que predomina en usted y si lo que prevalece en todas las situaciones es el optimismo o el pesimismo, o si usted es optimista por ejemplo en el trabajo, pero pesimista en la familia.

El impacto que una visión optimista o pesimista tiene en el estilo de vida de cada individuo es profundo. Varios experimentos controlados, realizados a gran escala y a largo plazo, comprobaron que los optimistas son más exitosos que los pesimistas; los vendedores optimistas ganan más dinero; los estudiantes optimistas obtienen mejores notas y los atletas optimistas ganan más eventos competitivos. Durante la típica agitación de final de semestre se realizaron dos estudios en estudiantes universitarios, ambos encontraron que los optimistas referían menos síntomas físicos como dolores de cabeza y resfriados que los pesimistas. Si las expectativas de una persona son negativas, a menudo la consecuencia es una mala salud. Muchos estudios han demostrado que las personas que suelen responder al estrés cotidiano con depresión, ansiedad, hostilidad y otras manifestaciones de pensamiento negativo son muchísimo

Desde el laboratorio

EL PESIMISMO Y LA SALUD

El doctor Martin Seligman, psicólogo clínico de Harvard y autor del libro *Optimismo aprendido,* condujo un estudio longitudinal entre los egresados de dicha universidad, que ahora es famoso. Él y sus colegas encontraron que los hombres que a los veinticinco años tenían un estilo explicativo pesimista, al ser evaluados veinte a treinta y cinco años después, tenían una salud considerablemente más mala, o era más probable que ya hubieran muerto.

menos saludables. Un metaanálisis de 101 estudios confirmó que la ansiedad crónica, el pesimismo, el cinismo, la suspicacia y la hostilidad son tóxicos. Las personas que experimentaron cualquiera de estas emociones durante un tiempo prolongado presentaron el doble de riesgo de sufrir enfermedades como artritis, asma, cefaleas, úlceras gástricas y enfermedades cardiacas.

Uno de los efectos psicológicos secundarios del estrés crónico es el aumento de la negatividad, la desesperanza y el pesimismo. Mientras mayor sea el estrés al que uno esté sometido, más negativo es su pensamiento, lo que por supuesto genera más estrés. El pesimismo excesivo estresa el cuerpo internamente porque la respuesta al estrés de un pesimista se activa más a menudo y se queda encendida más tiempo que la de un optimista. La desesperanza disminuye la resistencia al estrés y aumenta la vulnerabilidad mental y física. Cuando las personas creen que son impotentes para influir en los acontecimientos no actúan para mejorar las situaciones, porque están seguras de que fracasarán antes de empezar. **El pensamiento negativo mina la confianza en uno mismo y la calidad de vida.**

Por favor tómese un minuto para ponerse en contacto consigo misma en su diario de estrés y anotar situaciones en las que tuvo pensamientos negativos. Escriba el tipo de situaciones y pensamientos y lo que sucedió.

CREENCIAS FUNDAMENTALES ESTRESANTES Y "PENSAMIENTOS DISTORSIONADOS"

Cada individuo utiliza un conjunto de creencias para interpretar todo lo que le pasa. Estas creencias fundamentales se desarrollan a medida que se interactúa con el mundo y se aprende de los padres, amigos, el colegio, la cultura, la religión, los medios y las artes. Las creencias lo definen a uno aunque su influencia muchas veces sea inconsciente e incluso si **ellas no reflejan la realidad necesariamente**. Las creencias son opiniones, no hechos. Es esencial examinar los pensamientos y creencias para ver si se basan en la realidad. Las creencias que generan estrés casi siempre incluyen las palabras "*debe*" o "*tiene*". El psicólogo Albert Ellis se refirió a este tipo de pensamiento como "deber-ización": *Mi casa tiene que estar inmaculada; Él debería ser más amable conmigo; Tengo que ganarme un salario más alto; Debo terminar todo lo que tengo que hacer*. La deber-ización genera una enorme cantidad de estrés y de culpa. En 1975, Albert Ellis hizo una lista de las ideas falsas y de las creencias fundamentales más comunes que pueden provocar una respuesta de estrés, y esa lista se amplió con los años. Estas creencias e ideas irracionales pueden limitar la experiencia de vida y posiblemente producen frustración y negatividad.

Las distorsiones cognitivas en los procesos de pensamiento o "pensamientos distorsionados", como los denominó Albert Ellis, contribuyen a la percepción que se tenga de una situación estresante. El solo hecho de reconocer estos modos irracionales de pensamiento como distorsiones automáticas de la realidad en la mentalidad de uno ayuda a disminuir el estrés. Se puede responder a una situación con niveles elevados de estrés porque se hacen suposiciones incorrectas y porque las respuestas de uno están controladas, de un modo inadecuado, por falsas interpretaciones.

A continuación aparece una lista de las creencias fundamentales y de las formas de "pensamiento distorsionado" más comunes que pueden generar una respuesta física de estrés. A medida que vaya leyendo la lista, sea consciente de su propia voz interior. Identifique las creencias y patrones de pensamiento que determinan su reacción ante las personas y el mundo que la rodea, o en pocas palabras, la realidad. Por favor registre sus propias creencias fundamentales restrictivas y sus distorsiones cognitivas en el diario de estrés que está llevando. Las retomaremos más adelante cuando le enseñemos las técnicas para controlar la respuesta al estrés.

Exigencia de aprobación: mide el propio valor por la forma en que la tratan los demás. Necesita el amor y la aprobación permanente de las personas que le importan.

Expectativas elevadas de sí misma: está orientada al logro y debe ser exitosa en todo lo que hace. Se exige demasiado y le da dificultad perdonarse si hace algo que no alcanza a ser excelente.

Control emocional: es demasiado sensible a las opiniones y juicios de los demás. Permite que lo que se imagina que los demás piensan de usted guíe sus decisiones, incluso si eso implica no hacer o no ir tras lo que quiere.

Dependencia: cree que es incapaz de hacerle frente a la vida por sí sola y que debe depender de alguien más listo o fuerte. Se siente impotente para solucionar sus propios problemas y depende de otros para que se hagan cargo de ellos.

Impotencia: piensa que es imposible hacer algo para solucionar sus problemas, ya sean creados por usted misma o por una situación externa, y no ha aceptado que todos somos capaces de cambiar.

Falacia de justicia: cree que el mundo y todos sus habitantes deben ser equitativos y justos.

Evasión: en lugar de afrontar las dificultades y las responsabilidades en forma directa, evita encararlas.

Ansiedad ante una amenaza de incomodidad: cree en cambiar una situación o en exigirse a sí misma, porque no está dispuesta a correr el riesgo de sentir dolor y ansiedad. Esta actitud restrictiva le impide hacer cosas por fuera de su zona de comodidad, que podrían beneficiarla.

Perfeccionismo: cree que existe una solución perfecta para cada problema y que todo debe funcionar mejor o avanzar sin tanto tropiezo. Juzga a los demás con estándares muy rígidos.

Temor a perder el control: si está estresada cree que "está perdiendo el control" o que se está volviendo loca. Teme sufrir un colapso nervioso y no se imagina cómo volverá a recomponerse.

Pensamiento todo o nada: con este tipo de pensamiento no existe una posición intermedia. Las situaciones son buenas o malas, las opiniones son correctas o incorrectas y sus esfuerzos dan como resultado éxitos o fracasos absolutos.

Hacer de todo una tragedia: la suposición de que siempre va a pasar lo peor la llena de miedo y la hace dudar de su habilidad para enfrentar las cosas.

Quedarse solo con lo negativo: solo percibe los aspectos negativos de una situación e ignora los aspectos positivos. Se obsesiona con los comentarios negativos y los desaires que percibe.

Magnificar o minimizar: tiende a perder el sentido de la proporción. Magnifica la importancia de cosas triviales. Exagera sus debilidades y minimiza sus fortalezas.

Personalizar: si algo sale mal, siente que es completamente responsable de ello.

Sacar conclusiones a la ligera: este tipo de pensamiento distorsionado asume dos formas:
    Adivinación: está segura de cómo van a resultar las cosas incluso si no tiene hechos para sustentar su predicción.
    Leer la mente: cree saber lo que otras personas están pensando y por lo general es algo negativo acerca de usted.

Razonamiento emocional: las interpretaciones que hace están dominadas más por sus sentimientos que por hechos.

Comprensión retrospectiva: aunque mirar atrás para aprender de los propios errores sea parte normal del proceso de aprendizaje, está preocupada por los errores que cometió en el pasado y esto le limita el pensamiento y el comportamiento presentes y le genera estrés ante nuevas situaciones.

Qué tal si: enfocarse en el peor resultado posible le impide evaluar una situación de manera acertada y establecer una forma práctica de proceder. Tomar en consideración posibilidades es importante, pero si esto se lleva al extremo, enturbia el pensamiento e impide actuar en forma apropiada.

Pensamiento egocéntrico: piensa que es necesario convencer a los demás de creer lo que usted cree. Quiere tener influencia sobre el pensamiento de los otros.

Controlar el error: se siente responsable de todo o se siente impotente para cambiar cualquier cosa.

Pensamiento de recompensa en el cielo: antepone las necesidades de los demás a las propias, porque piensa que recibirá una recompensa en el futuro.

Comparaciones poco realistas: se compara con otros y automáticamente juzga que ellos son más listos, exitosos y felices.

Todas estas actitudes y suposiciones erróneas lo predisponen a uno a la frustración crónica. Están garantizadas para quitarle la alegría a la vida. ¿Reconoce usted algunas de sus creencias y formas de interactuar con el mundo? Dé un paso atrás y piense en lo que esa vocecita dentro de su cabeza realmente hace por usted: ¿esta voz interior está articulando una creencia falsa? ¿Qué tan automáticamente aparece esta creencia falsa en su mente? Piense en cómo la hace sentir y si en verdad le es útil en el momento de tomar una decisión. Si es capaz de entender que esa creencia la hace reaccionar de manera exagerada y le genera estrés, podrá impedir que su cuerpo empiece a funcionar en la modalidad de estrés.

El primer paso para disminuir el estrés es este ejercicio de reconocer de qué manera los supuestos y reacciones de uno contribuyen al estrés, o inclusive son la causa de este. Cuando un acontecimiento acciona estos patrones de pensamiento y estas creencias fundamentales generadoras de estrés, se sienten emociones negativas como cólera, ansiedad, miedo, culpa, vergüenza y tristeza, y todas ellas pueden llevar a una mayor sensación de estrés. Pero una vez que se toma conciencia de estas respuestas automáticas, también es posible aprender a detenerlas.

DESAFIAR LAS CREENCIAS FUNDAMENTALES Y LOS PENSAMIENTOS DISTORSIONADOS

Las creencias irracionales caen dentro de cuatro categorías generales:

- Los absolutos: debo y tengo que
- Lo horripilante: negatividad exagerada
- Los "no lo soporto"
- La crítica excesiva de sí mismo o de los demás

Si usted reconoce algunas de estas creencias en sus propios patrones de pensamiento, cuando escuche esa vocecita dentro de la cabeza haga un esfuerzo por detenerse. ¿Su voz interior está expresando una creencia verdadera? Tómese unos minutos para observar qué tan automática es esa respuesta. Piense en cómo la hace sentir esa creencia; finalmente, juzgue si es realista o demasiado rígida en una situación particular. Si entiende y acepta de qué manera esta creencia la hace reaccionar en forma exagerada ante un hecho, generándole estrés, estará en posición de desactivar la respuesta al estrés. Si puede desafiar una creencia fundamental, será capaz de cambiarla conscientemente para poder responder de manera productiva a las contrariedades de la vida.

Lista de comprobación de creencias fundamentales

¿Cuál es la evidencia en el mundo real?

¿Me equivoco con respecto a la causa de algo?

¿Estoy confundiendo un pensamiento con un hecho?

¿Utilizo absolutos como *debo* y *tengo que*?

¿Saco los ejemplos de contexto?

¿Estoy siendo sincera conmigo misma?

¿Cuál es la fuente de la información?

¿Evalúo muy alto o muy bajo el riesgo de que algo pase?

¿Estoy suponiendo que todas las situaciones son iguales?

¿Me estoy enfocando en factores irrelevantes?

¿Paso por alto mis fortalezas?

¿Me concentro solo en mis debilidades?

¿Qué quiero?

¿Qué puedo hacer para solucionar el problema?

¿Cómo vería esto desde el punto de vista de otra persona?

¿Me hago preguntas que no tienen respuestas, como "¿por qué me pasó esto a mí"?

¿Cuáles son las ventajas de pensar de este modo?

¿Cuáles son las desventajas de pensar de este modo?

¿Qué importancia tendrá esto dentro de una semana, un año, diez años?

Adaptado de Getting Undepressed (Salir de la depresión) de Gary Emery, Ph.D.

EL MODELO ABC

Además de la lista de "pensamientos distorsionados", el doctor Albert Ellis también creó la Terapia Racional Emotiva Conductual que utiliza la comprensión racional de las emociones para ayudar a cambiar el comportamiento. Es un nombre largo para una manera sencilla de ayudar a identificar el rol que las creencias, los pensamientos y las emociones desempeñan en la activación de una respuesta al estrés. Él denomina este proceso la ecuación A + B = C.

Acontecimiento activador (A) + Creencias (B) * = Consecuencias (C)

Con un poco de práctica usted será capaz de descomponer, desde una perspectiva racional, su reacción frente a una situación. Para comenzar, le sugerimos que registre en el diario de estrés cuál es el factor desencadenante, qué botones se activan con ese acontecimiento y qué emociones siente. Este registro le ayudará a comprender la forma en que sus pensamientos y creencias son responsables de las emociones negativas que desencadenan la respuesta al estrés.

A Acontecimiento activador	B Creencias	C Consecuencias
Anote un acontecimiento o situación que esté activando o haya activado el estrés.	*Registre los pensamientos que estén pasando o hayan pasado por su cabeza.*	*Haga una lista de los sentimientos que esté experimentando o haya experimentado.*
Perderse en el camino a una entrevista.	Todo siempre sale mal. Siempre me pierdo. Tengo un pésimo sentido de orientación. Las indicaciones que me dieron no eran lo suficientemente claras. Si llego tarde, nunca me darán ese trabajo.	Ansiedad Frustración Preocupación Enojo

---

* N. de la T.: la B corresponde a *beliefs,* que en inglés significa creencias, se conservó para no alterar el nombre original del modelo.

Cocinar demasiado un plato para una cena con invitados.	Soy una pésima cocinera y nunca debí probar esa receta tan difícil. Si para variar mi esposo hubiera ayudado en algo, esto no habría ocurrido. No puedo enfrentarlo, ¿qué les decimos a los invitados? Nuestros invitados van a pasarla muy mal y van a pensar que soy una anfitriona terrible.	Frustración Culpa Enojo Ansiedad Bochorno Vergüenza
Su hijo se retrasa para llegar a casa después de una cita.	¿Qué tal que haya sufrido un horrible accidente en el auto? Es muy desconsiderado de su parte no llamar para informarme dónde está. Tal vez solo está haciendo caso omiso de su hora de llegada. No soy lo suficientemente estricta. ¿Qué tal que haya bebido en la fiesta y esté demasiado ebrio para llamar a decir que no puede conducir? ¿Él no se subiría al auto en esas condiciones, cierto?	Miedo Ansiedad Enojo Preocupación

A **Acontecimiento activador** *Anote un acontecimiento o situación que esté activando o haya activado el estrés.*	B **Creencias** *Registre los pensamientos que estén pasando o hayan pasado por su cabeza.*	C **Consecuencias** *Haga una lista de los sentimientos que esté experimentando o haya experimentado.*
No la citan a una reunión en la oficina.	Ser excluida es desastroso. No soy lo suficientemente importante. El supervisor me debe odiar. Simplemente no doy la talla. Esto debe significar que me van a despedir.	Ansiedad Vergüenza Temor Preocupación

ES SU DECISIÓN

Al descomponer la reacción frente a una situación con el "abecé emocional", básicamente usted está reorganizando su forma de pensar; esto le ayudará muchísimo a moderar la respuesta al estrés. Ahora, la llevaremos paso a paso a través de un método denominado "reestructuración cognitiva" con el que podrá desarrollar un estilo de pensamiento flexible y acertado que le va a permitir disminuir el estrés aún más.

Como la respuesta al estrés es generada por la forma en que se interpretan los acontecimientos, la reestructuración alivia el estrés porque enseña a evaluar si las interpretaciones que se hacen son válidas o no. Las reacciones emocionales generadoras de estrés se replantean; se establece si la reacción está justificada y luego se rompe el hábito de pensar en forma negativa. Los patrones de pensamiento que producen estrés se cambian y se reemplazan por un punto de vista equilibrado, que también es más sano y más positivo. Se elige aplicarles racionalidad a las emociones que se desencadenan a partir de situaciones estresantes. Podría parecer que le estuviéramos pidiendo llevar a cabo un cambio fundamental en su pensamiento, pero con algo de práctica es sorprendentemente fácil alterar los patrones de respuesta propios para incorporar este método de reducción del estrés. La reestructuración cognitiva ayuda a analizar una situación con precisión.

Reestructuración cognitiva

1. Tomar conciencia de las creencias fundamentales perjudiciales y de los patrones negativos de pensamiento.
2. Desafiar los modos de pensar que generan estrés.
3. Reemplazar estos por pensamientos y creencias sanos, afirmativos y equilibrados.

LA REESTRUCTURACIÓN COGNITIVA FUNCIONA

Algunos investigadores de la Universidad de Stanford estudiaron imágenes cerebrales por resonancia magnética de dos grupos de personas que veían una película de terror, con el objetivo de comparar dos métodos de regular las emociones: la reestructuración cognitiva y la supresión emocional. La reestructuración cognitiva redujo la intensidad de las emociones negativas, en cambio la supresión emocional de hecho aumentó la intensidad de la respuesta cerebral. En otras palabras, el estudio revela que, si uno no se ocupa de las emociones negativas, la intensidad de estas aumenta. Aprender a reestructurar el pensamiento ayuda a regular las emociones negativas y a disminuir el estrés.

En otro estudio en Suiza, un grupo de hombres y mujeres que se sometieron durante cuatro meses a un entrenamiento cognitivo conductual de manejo del estrés mostraron una reducción considerable en las respuestas de cortisol al estrés; de nuevo, reestructurar reduce el estrés.

REESTRUCTURACIÓN COGNITIVA ABCDE

Agregarle dos pasos más al proceso de análisis de las reacciones de uno frente a los acontecimientos le ayuda a establecer si sus pensamientos son acertados y si hay algo que pueda hacer para cambiar el evento desencadenante o su reacción a él. En esta fase del proceso es posible darse cuenta de que las creencias fundamentales y los patrones de pensamiento que se tienen no son necesariamente confiables y que pueden llevar a interpretar una situación de manera incorrecta o a manejarla de un modo ineficiente. Después de comprender por qué se experimenta una emoción específica hay que refutar (paso **D***) los pensamientos negativos automáticos y considerar una alternativa positiva. Luego hay que pensar en nuevos enfoques efectivos (paso **E)** para hacerle frente a la situación. Hacer esto permite reestructurar el pensamiento y desarrollar mejores estrategias de enfrentamiento. Este proceso está diseñado para hacer que uno cobre conciencia de sus creencias y modos de pensar disfuncionales y para ayudarle a corregirlos. La terapia cognitiva está orientada a la acción para resolver problemas, lo que a su vez alivia el estrés. Usted puede trabajar en la reestructuración durante el tiempo que tenga programado para llevar su diario. Con el tiempo sabrá qué alternativas y soluciones le dan mejor resultado para resolver sus problemas y reducir el estrés.

Apliquemos estos pasos adicionales a la muestra de registro ABC.

---

* N. de la T.: la D corresponde a *dispute*, que en inglés significa refutar, para no cambiar el nombre de la técnica se conservó la D.

A Acontecimiento activador	B Creencias	C Consecuencias	D Refutar	E Energícese con nuevos enfoques efectivos
Anote un acontecimiento o situación que esté activando o haya activado el estrés.	*Registre los pensamientos que estén pasando o hayan pasado por su cabeza.*	*Haga una lista de los sentimientos que esté experimentando o que haya experimentado.*	*Alternativa positiva a un pensamiento negativo automático.*	
Perderse en el camino a una entrevista.	Todo siempre sale mal. Siempre me pierdo. Tengo un pésimo sentido de orientación. Las indicaciones que me dieron no eran lo suficientemente claras. Si llego tarde, nunca me darán el trabajo.	Ansiosa Frustrada Preocupada Enojada	Las cosas no siempre salen mal. Todo el mundo se pierde de vez en cuando, inclusive el entrevistador. Aun si llegar tarde es un punto en mi contra, tendré que esforzarme por impresionar más. La empresa les da estas indicaciones a muchas personas, así que lo más probable es que sean correctas. Me detendré y las leeré con atención. Quizá el entrevistador esté retrasado.	Si se me está haciendo tarde, detendré el auto y llamaré para informarle a la persona con la que voy a reunirme que me retrasaré. Si tengo que ir a una cita importante haré antes una prueba para asegurarme de que sé cómo llegar. Ahorraré para comprar un sistema GPS. Tener uno hará que desaparezca una fuente grande de estrés en mi vida.

A Acontecimiento activador *Anote un acontecimiento o situación que esté activando o haya activado el estrés.*	B Creencias *Registre los pensamientos que estén pasando o hayan pasado por su cabeza.*	C Consecuencias *Haga una lista de los sentimientos que esté experimentando o que haya experimentado.*	D Refutar *Alternativa positiva a un pensamiento negativo automático.*	E Energícese con nuevos enfoques efectivos
Cocinar demasiado un plato complicado para una cena con invitados.	Soy una pésima cocinera. Nunca debí probar esa receta tan difícil. Si para variar mi esposo hubiera ayudado en algo, esto no habría ocurrido. No puedo enfrentarlo, ¿qué les decimos a los invitados? Nuestros invitados van a pasarla mal y van a pensar que soy una anfitriona terrible.	Frustrada Culpable Enojada Ansiosa Abochornada Avergonzada	Usted ha hecho algunas cenas magníficas. ¿Está siendo perfeccionista? ¿El plato está presentable? Si no cuenta con ayuda, debe manejar mejor el tiempo. Todo el mundo ha tenido fracasos en la cocina. Los invitados comprenderán y la mayoría ni se darán cuenta de que el plato no está bien. Este plato es solo una parte de la cena, el resto está delicioso.	Pruebe una receta nueva antes de usarla para una cena con invitados. Pida ayuda con anticipación o maneje mejor el tiempo. Sea lo suficientemente flexible como para improvisar algo sencillo si un plato se arruinó. Conserve el sentido del humor; los invitados están ahí no solo por la comida.

Su hijo se retrasa para llegar a casa después de una cita.	¿Qué tal que haya sufrido un terrible accidente en el auto?	Asustada	Se ha retrasado en otras ocasiones sin haber sufrido ningún accidente.	Establezca reglas para que él le informe cuándo va a llegar tarde, y consecuencias si se pasa de la hora de llegada sin avisar.
		Ansiosa		
		Enojada		
	Si no ha llamado es porque está herido.	Preocupada	Si estuviera herido, la policía habría llamado.	
	Tal vez solo está haciendo caso omiso de su hora de llegada. No soy lo suficientemente estricta.		Todos los jóvenes a veces llegan tarde a casa.	Lleguen a un acuerdo de que debe quedarse donde esté y no conducir si todavía está ebrio, y avisarle que llegará tarde.
	O quizá bebió en la fiesta y está demasiado ebrio para llamar a decir que es incapaz de conducir.		Quizá solo está divirtiéndose.	
	¿Él no se subiría al auto en esas condiciones, cierto?		Si bebió es mejor que se quede en la fiesta hasta que esté más sobrio.	

A Acontecimiento activador	B Creencias	C Consecuencias	D Refutar	E Energícese con nuevos enfoques efectivos
Anote un acontecimiento o situación que esté activando o haya activado el estrés.	*Registre los pensamientos que estén pasando o hayan pasado por su cabeza.*	*Haga una lista de los sentimientos que esté experimentando o que haya experimentado.*	*Alternativa positiva a un pensamiento negativo automático.*	
No la citan a una reunión en la oficina.	Ser excluida es desastroso. No soy suficientemente importante. El supervisor me debe odiar. Simplemente no doy la talla. Esto debe significar que me van a despedir.	Ansiosa Avergonzada Asustada Preocupada	¿Todo el mundo asiste siempre a todas las reuniones? Hay tantas reuniones que perderse una no es ningún problema grave. ¿Citaron a otras personas que están en su mismo nivel? La reunión quizá no tiene nada que ver con su área de especialidad. El no haber sido incluida no necesariamente refleja la opinión que el supervisor tiene de usted.	Considere el no haber tenido que asistir a la reunión como tiempo extra para ponerse al día. Pregúntele a su supervisor si puede asistir a la reunión u ofrézcase a tomar notas. Pregúntele a su supervisor si es apropiado que usted le eche un vistazo a las notas de la reunión.

El proceso es muy sencillo. Si descubre que una situación la estresa, tómese el tiempo para analizar qué la está molestando. Formúlese estas preguntas:

Preguntas ABCDE

¿Cómo me siento?	Emoción
¿Qué estoy pensando?	Monólogo interior
¿Qué creencias fundamentales influyen sobre mi percepción de lo ocurrido?	Creencias fundamentales
¿Hay algunas distorsiones cognitivas que contribuyan a mi respuesta de estrés?	Pensamiento distorsionado
¿Mis suposiciones reflejan de manera acertada lo que sucedió?	Desafío
¿Los hechos sustentan mi interpretación?	Desafío
¿Existe una forma más positiva de interpretar el acontecimiento?	Revaluación
¿Si estoy en lo cierto, qué es lo peor que puede ocurrir?	Revaluación
¿Subestimo mi capacidad para manejar las consecuencias del acontecimiento?	Revaluación
¿Qué puedo hacer para mejorar la situación?	Enfrentar

Al emplear la reestructuración cognitiva, se gana claridad con respecto a la forma en que el pensamiento se pone en marcha y exacerba la respuesta al estrés. El pensamiento racional es el primer paso. Se requiere perseverancia y práctica, pero este método permite reemplazar pensamientos negativos y formas de sabotearse a sí mismo por pensamientos afirmativos y sanos que aumentan el bienestar. Si le da mucha dificultad poner esto en práctica, quizá sea aconsejable que hable con una amiga cercana sobre un problema utilizando estas técnicas; tener otro punto de vista puede darle claridad y sacarla de sí misma y de su perspectiva. Una red de apoyo de amigos y familiares solidarios facilitará el proceso. Resolver los problemas con una persona amiga además satisfará la respuesta "cuidar y entablar amistades". En el próximo capítulo hablaremos de esta reacción básica de estrés, que es importante sobre todo para las mujeres. Se puede retribuir el favor ayudándole a una amiga a reestructurar sus reacciones.

La aplicación de la reestructuración cognitiva evita que los intercambios se conviertan en desvaríos emocionales que logran muy poco. Si el estrés y los problemas que usted tiene parecen insuperables, sería aconsejable que trabajara con un especialista en terapia cognitiva. Un terapeuta profesional puede ayudarle a cualquier persona a hacer que el proceso de cambio sea más eficiente y duradero.

RESISTENCIA AL ESTRÉS

El solo hecho de tomar conciencia de las creencias negativas que se tienen es un buen comienzo para aminorar el estrés, pero a menudo no es suficiente. Estas creencias y patrones de pensamiento están profundamente arraigados y cambiarlos por lo general exige esfuerzo, a no ser que usted sea una de esas pocas mujeres que hemos conocido que parecen resistentes al estrés, que se adaptan al cambio con facilidad y que responden a situaciones estresantes de una forma efectiva y adaptativa. La doctora Suzanne Kobasa, psicóloga, identifica este estilo de hacerle frente a las cosas como "resistencia". La resistencia al estrés no consiste en evadirlo, sino que es una respuesta positiva a situaciones estresantes y una confianza en sí mismo que minimiza los efectos negativos. La buena noticia es que en cualquier época de la vida es posible aprender a volverse resistente al estrés. Ganar esta actitud y esta adaptabilidad cambia la relación entre el estrés y la enfermedad.

COMPONENTES DE LA ADAPTABILIDAD Y DE LA RESISTENCIA AL ESTRÉS

La doctora Kobasa estudió a algunos ejecutivos de negocios durante un periodo de ocho años y halló tres rasgos de personalidad en aquellos individuos que conservaban el mejor estado de salud cuando la empresa fue sometida a una reestructuración de gran magnitud. Encontró que estos rasgos protegían a algunos de los ejecutivos y gerentes de los efectos fisiológicos del estrés. La doctora Kobasa midió la respuesta emocional frente a situaciones estresantes como estados de ánimo depresivos, ansiedad, descontento y enojo. Estudió también respuestas cognitivas y conductuales: inseguridad, desconfianza, desesperación, preocupación, deseos poco realistas, inactividad, retraimiento e impaciencia. Descubrió tres componentes en la resistencia. Como es de esperar, las personas que poseen estos rasgos tienen menos respuestas negativas al estrés. Para darle una idea de lo que se requiere para enfrentar el estrés de una manera sana, le diremos cuáles son esos tres rasgos de la resistencia al estrés.

COMPROMISO

Compromiso significa tener un propósito que justifica por qué uno hace lo que hace. Significa estar involucrado en la familia, el trabajo y tener una red social. Quizá también signifique tener una fe religiosa y tener arraigo en valores personales fuertes. Estar involucrado en este tipo de cosas le brinda a uno apoyo para solucionar los problemas sin permitir que el estrés afecte las metas que tiene. El compromiso también significa dedicarse a una labor y creer que es alcanzable.

CONTROL

La necesidad de tener demasiado control puede ser una fuente de estrés. Hay dos tipos de control, interno y externo. Las personas que tienen un centro interno de control saben que no pueden tener influencia sobre todos los hechos externos que ocurren en su vida, pero saben que sí pueden elegir cómo reaccionar frente a esos factores estresantes.

Las que tienen un centro externo de control creen que tienen poco control sobre lo que les sucede y que la suerte y el destino dictan las circunstancias de su vida.

Si uno tiene una perspectiva sana sobre el control, concentra sus esfuerzos en acontecimientos en los que puede influir y no se preocupa por las cosas que están fuera de su alcance. Cree que puede trazar de manera activa el rumbo de su vida porque resuelve los problemas que se presentan y toma decisiones. Inclusive si las cosas no resultan como las había planeado, por lo menos no aceptó de manera pasiva algo que lo hacía infeliz. Saber que no es posible controlar todos los detalles de la vida y tener conciencia de aquello que sí es posible controlar son importantes reductores de estrés. La oración de la serenidad, adaptada por Alcohólicos Anónimos y otros programas de doce pasos, captura con elocuencia el estado mental ideal:

La oración de la serenidad

Señor, concédenos serenidad para aceptar las cosas que no podemos cambiar, valor para cambiar las que sí podemos, y sabiduría para reconocer la diferencia.

DESAFÍO

El desafío en realidad es una actitud mental sobre el cambio. A las personas resistentes al estrés no las atemoriza el cambio porque lo consideran una oportunidad de aprender y crecer. Lo conciben como un desafío que desean enfrentar y controlar y no como un estrés que hay que evitar. Están dispuestas a trabajar en circunstancias difíciles, e inclusive esperan con ansias la oportunidad de pensar de manera creativa.

Al fin de cuentas, el estrés no se puede evitar, pero sí se puede aprender a responder a él de la manera más positiva posible para minimizar sus efectos negativos.

Ahora que entiende la forma en que las percepciones influyen sobre la respuesta al estrés, puede aprovechar su reserva de adaptabilidad. El siguiente paso es analizar más de cerca lo que en realidad pasa en el cuerpo como respuesta al estrés. El capítulo 3, *Anatomía del estrés*, le explicará el antiguo mecanismo corporal de supervivencia que se activa cuando se percibe una amenaza, y también la forma en que el estrés crónico lo desequilibra a uno.

Retrato de una mujer resistente al estrés

- Su vida está animada por un sentido de significado, dirección y propósito.

- La guían sus valores, más que las emociones. Ve las emociones como una fuente de energía y motivación, pero sabe que no son una guía confiable.

- Sabe cómo motivarse para tomar iniciativas y se concentra en lo que ella quiere, no en lo que no quiere.

- Tiene una red social fuerte y depende del apoyo de los demás de un modo razonable.

- Si las cosas salen mal no se juzga a sí misma ni a los demás con dureza.

- Tiene sentido del humor y un optimismo moderado. No se toma demasiado en serio.

- Evalúa sus formas de pensar y de comportarse y les hace cambios si no están funcionando.

- Considera la adversidad un desafío, más que una amenaza. Sabe que cualquier cosa que pase será una oportunidad de crecer y aprender.

- Busca soluciones que funcionen para todo el mundo.

- Sabe cómo hacer el duelo y aceptar las pérdidas inevitables de la vida.

- Es capaz de no prestarle atención a aquello que no puede controlar.

- Se siente agradecida por las cosas buenas que tiene en la vida.

Adaptado de una compilación de Jean Browman,
stresstoppower.com, cheerfulmonk.com

CAPÍTULO TRES

ANATOMÍA DEL ESTRÉS

Como mujeres, a menudo pensamos que todo irá sobre ruedas en nuestra vida cuando terminemos esa última labor, redimamos la hipoteca, nos den ese ascenso, tengamos suficiente dinero en el banco, veamos a nuestros hijos solucionar sus problemas y prosperar, o perdamos esos últimos cinco kilos. Sin embargo, estas expectativas son poco realistas. La paz y la satisfacción son estados pasajeros. La vida le lanza a uno nuevos desafíos casi a diario. Vivir es simplemente toparse con estos desafíos y hacerles frente.

La misma dinámica, este proceso de adaptación, se da en el cerebro y en el cuerpo de una forma muy compleja para permitirle a uno evaluar y responder a los innumerables desafíos externos e internos que se le presentan todos los días. El cerebro dirige los ajustes, tanto sutiles como radicales, necesarios para mantener la homeostasis o un estado interno estable. Dado que las circunstancias cambian a cada momento, los diversos sistemas corporales cooperan para conservar el equilibrio y funcionar dentro de un rango aceptable de parámetros. Las respuestas adaptativas que da el cuerpo para mantener el ambiente interno estable ocurren a nivel sistémico y celular. La temperatura corporal, la frecuencia de los latidos del corazón y la cantidad de oxígeno en la sangre son reguladas por una red integrada de sistemas que trabajan en un continuo equilibrio dinámico con ajustes mínimos e innumerables correcciones para seguir adelante.

En este capítulo le damos una visión general de cómo funcionan y se comunican estos complejos sistemas para protegerlo a uno de lastimarse y para garantizarle la supervivencia. Como médicas, hemos llegado a ver el cuerpo y la biología femenina como obras maestras, obras de arte vivientes. El equilibrio dinámico que somos capaces de mantener supera hasta el instante más vívido plasmado en un lienzo, que siempre es estático. Cada una de nosotras es la curadora de una obra de arte de valor inestimable, responsable tanto del cuidado como de la restauración de la misma. Ser conscientes de esto no deja de asombrarnos. Queremos que usted sienta lo mismo.

El estrés crónico obliga al cuerpo a reaccionar en forma desmedida, agota las reservas de este y altera el equilibrio existente entre los sistemas interconectados diseñados para protegerlo a uno. En términos muy amplios, el estrés le impone mucho desgaste al cuerpo y esto puede ser dañino. El estrés crónico puede afectar el crecimiento y el desarrollo y generar desórdenes metabólicos, inmunológicos, hormonales y psiquiátricos. La aparición de estas enfermedades depende de la vulnerabilidad genética de cada individuo, del tipo de estrés al que haya estado expuesto, la duración de los factores estresantes y la época de la vida en la que estos se presentan. Todos somos más vulnerables a los factores estresantes en ciertos periodos cruciales como cuando se está en el vientre materno, la primera infancia, la niñez y la adolescencia. En estas etapas los circuitos neuronales todavía se están desarrollando y pueden alterarse de un modo permanente por el estrés recurrente o traumático.

ALOSTASIS

La *alostasis* es un término acuñado recientemente que se refiere al proceso del cuerpo para mantener una estabilidad y una eficiencia óptimas cuando se enfrentan eventos previsibles o imprevisibles en la vida. Los sistemas alostáticos lo ayudan a uno a adaptarse porque se acomodan para responder a las necesidades individuales. En términos sencillos: cualquier ser viviente debe ser capaz de evaluar, responder y acomodarse a las exigencias del entorno. Mientras más complejos sean el organismo y su entorno, más complejo y polifacético deberá ser el proceso de alostasis.

El proceso de alostasis siempre está activo. Requiere una comunicación permanente entre el cerebro y el cuerpo. Este diálogo dinámico puede afinarse si se requieren ajustes sutiles, o activarse por completo si es necesario. El estrés agudo pone en marcha una alarma de emergencia que altera el equilibrio alostático.

Desde el laboratorio

BREVE HISTORIA DEL ESTRÉS

El estrés ha sido tema de especulación y estudio desde la época de los antiguos griegos. Hemos hecho una síntesis de la evolución del pensamiento científico sobre el estrés para mostrarle cómo se construye la ciencia sobre sí misma a lo largo del tiempo. Estamos a punto de lograr una comprensión más profunda de los sistemas intrincados de controles y contrapesos que operan en nuestro interior para conservar la homeostasis.

ANTIGUOS GRIEGOS

Empédocles hizo la primera referencia escrita a la *homeostasis*, un estado continuo de armonía y equilibrio en el cuerpo.

Hipócrates concibió la salud como un *equilibrio armonioso* y la enfermedad como una *desarmonía* causada por fuerzas perturbadoras de la naturaleza.

Epicuro reconoció las causas psicológicas del estrés y escribió que hacerle frente al estrés emocional podía mejorar la calidad de vida.

PRINCIPIOS DEL SIGLO XIX:

Claude Bernard y el *milieu interieur*: descubrió que mientras más complejo sea un organismo más complejos tienen que ser sus mecanismos adaptativos para mantener constante el *milieu interieur* o ambiente interno.

1914

Walter Cannon condujo experimentos que identificaron *la respuesta de luchar o huir* y la *fisiología que la respalda*. Descubrió que los retos físicos y emocionales activan la misma respuesta. Encontró que había un nivel crítico de estrés, basado en la magnitud y duración del factor estresante, que podía hacer que los mecanismos homeostáticos fallaran.

1924

W. R. Hess (premio Nobel) utilizó los términos *ergotrópico* y *trofotrópico* para diferenciar los roles del sistema *simpático* y *parasimpático* del sistema nervioso autónomo, que interactúan con procesos psicológicos y respuestas físicas para adaptarse a las exigencias del entorno.

1936

Hans Seyle identificó una reacción al estrés compuesta de tres fases que denominó *síndrome de adaptación general.* Creyó que el síndrome de adaptación general involucraba principalmente al sistema nervioso y al endocrino (o las hormonas). Las tres fases de la respuesta al estrés que definió son: alarma, cuando se identifica la amenaza; resistencia, cuando el cuerpo intenta hacerle frente al estrés, y agotamiento, cuando los recursos del cuerpo se reducen, el funcionamiento ya no es normal y puede ocurrir daño por largo tiempo.

CONTEMPORÁNEOS

James Henry, M.D., exploró e introdujo la importancia de la percepción y de la ansiedad en la activación de la respuesta al estrés.

Peter S. Sterling y Joseph Eyer, de la Universidad de Pennsylvania, fueron pioneros en la combinación de las ciencias sociales y la medicina. Crearon el término *alostasis*, que hace referencia a los procesos complejos y activos por los cuales un organismo mantiene la estabilidad o la homeostasis a través de la acomodación y la adaptación a acontecimientos previsibles o imprevisibles. Es un concepto de equilibrio más dinámico que el de homeostasis.

Shelley E. Taylor, psicóloga de la Universidad de California en Los Ángeles, identificó la *respuesta de cuidar y entablar amistades* y la función de la *oxitocina* como una respuesta al estrés y un mecanismo de supervivencia, quizá más importante en mujeres que la respuesta de luchar o huir.

Bruce McEwen, jefe del Laboratorio de Neuroendocrinología en la Universidad Rockefeller en Nueva York, acuñó el término *carga alostática*, que se refiere al desgaste que el cerebro y el cuerpo sufren por el estrés crónico.

Un ejemplo perfecto del funcionamiento de la alostasis durante un acontecimiento previsible es despertarse en las mañanas. Pasar del sueño a la vigilia es un hecho rutinario que se da por sentado; sin embargo, no es un proceso tan simple como parece. En el momento en que el reloj interior determina que es hora de despertar, se activan una serie de interacciones perfectamente organizadas entre el cerebro y el cuerpo. Antes de que uno despierte y empiece a moverse, la energía ya se ha movilizado; luego, un aumento en la presión arterial y en la frecuencia cardiaca le permiten ponerse de pie. El cerebro dirige estos cambios y al mismo tiempo también hace la transición entre un estado de sueño a una percepción alerta del mundo circundante. Esta transición se logra de manera fluida gracias a que varios sistemas colaboran y se equilibran entre sí para alcanzar esta meta.

LA RESPUESTA DE LUCHAR O HUIR

El estrés agudo estimula una serie poderosa de respuestas en el cuerpo diseñadas para ayudar a sobrevivir a una situación amenazante. Esto es alostasis al máximo grado. En 1915, Walter Cannon identificó la respuesta del cuerpo al estrés agudo al describir la forma en que los animales reaccionan a las amenazas. Este mecanismo de supervivencia, conocido como la "respuesta de luchar o huir", proporciona una reacción poderosa y casi instantánea a una emergencia que suministra el máximo de energía a las partes del cuerpo que más la necesiten. La respuesta, automática y primitiva, está incorporada en el cerebro para ofrecer protección inmediata contra el daño corporal. En el momento en que el cerebro percibe el peligro, se produce una secuencia de cambios radicales en los circuitos alostáticos que preparan el cuerpo para la acción:

- Las pupilas se dilatan para mejorar la visión y la conciencia se intensifica.
- La frecuencia cardiaca aumenta.
- Hay vasoconstricción en la piel para evitar la pérdida de sangre en caso de una lesión, a esto también obedece la sensación de tener los pelos de punta.

- Se aumenta el aporte sanguíneo en los músculos periféricos, mientras que los sistemas que no son esenciales para la supervivencia inmediata se bloquean temporalmente. Por ejemplo, la producción de saliva en la boca disminuye, por esta razón al sentir miedo de hablar en público se siente la boca seca.
- La respiración se acelera para incrementar la cantidad de oxígeno en la sangre.
- La grasa de las células grasas y la glucosa del hígado se metabolizan para obtener energía instantánea.
- Las glándulas sudoríparas se abren con el fin de suministrarle refrigeración a un sistema que tiene una sobrecarga de trabajo.
- Se liberan endorfinas o analgésicos naturales.

La respuesta de luchar o huir genera un estado de alerta y vigilancia que proporciona energía extra para realizar cosas extraordinarias, pero también puede producir daño y acelerar la enfermedad. Con el estrés crónico, el sistema diseñado para ayudar a sobrevivir una amenaza puede convertirse en la amenaza misma si no se controla de manera apropiada. En la actualidad, los investigadores del estrés interpretan ciertos modos de enfrentar las cosas, entre ellos el aislamiento social y el abuso de drogas y alcohol, como una respuesta de luchar o huir. Las experiencias subjetivas de esta respuesta son la excitación, el miedo y la ansiedad.

Con el fin de que usted entienda nuestros tipos y las metas de los Programas de desintoxicación del estrés, debemos estudiar más de cerca lo que sucede en el cuerpo como respuesta a un estado de emergencia percibido.

LA VIDA COMO UN SIMULACRO DE INCENDIO

La alostasis es un estado de equilibrio y función óptimos. Con el estrés agudo, ya sea emocional o físico, el foco del cerebro y del cuerpo cambia radicalmente. La alerta mental y la memoria se aumentan y el sistema inmune se activa para defenderse contra un trauma o infección. Los músculos se tensan, preparados para la acción, y el corazón late más deprisa. Todo esto exige un gran gasto energético y resulta debilitante si se mantiene durante un periodo demasiado largo o si se activa con mucha frecuencia. El cerebro controla y monitoriza cuidadosamente este complejo y elaborado proceso. Cuando se inicia la respuesta de estrés, se activan de manera simultánea muchos otros circuitos en el cerebro para permitir la reparación y el restablecimiento después de que la situación estresante se haya resuelto. Si estos circuitos equilibradores son débiles o inefectivos, no se produce un restablecimiento adecuado.

La parte más primitiva del cerebro, en donde las respuestas son automáticas, es la que activa la respuesta de luchar o huir. Es una respuesta apropiada para una situación de peligro grave e inmediato; se desarrolló para enfrentar periodos breves de estrés físico. Estos cambios físicos radicales son innecesarios para responder de manera efectiva a los factores estresantes modernos que muchas veces son de carácter emocional o psicológico y no precisan estos grandes despliegues de energía para ser resueltos. Con el estrés moderno activamos reacciones de emergencia con mucha más frecuencia de la necesaria. Vivimos el cambio a un ritmo sin precedentes; el estilo de vida actual nos ha empujado más allá de nuestros límites biológicos de enfrentamiento. Luchar o huir no es un sistema ideal para enfrentar el estrés laboral o las cuentas sin pagar, pero quizá uno activa esta respuesta de manera rutinaria y esto afecta gravemente la salud física y emocional.

Por fortuna, el cerebro está diseñado para controlar nuestras respuestas primitivas. Este control se origina en una parte del cerebro llamada neocórtex. El neocórtex es el que nos hace singularmente humanos. Esta zona tiene una gran importancia en el cerebro "social" de los seres humanos. La sociedad humana necesita un cerebro que sea perceptivo, adaptable y capaz de tomar decisiones estratégicas con rapidez. El neocórtex es responsable de las destrezas de pensamiento de orden superior como la razón, el lenguaje, la planeación avanzada, el procesamiento de información sensorial y las interacciones sociales complejas. En la respuesta al estrés esta parte del cerebro controla respuestas emocionales y primitivas como la cólera y el enojo. **En el cerebro humano, la cognición prima sobre la emoción y nos permite elegir cómo vivir y cómo responder al estrés.**

Este es un ejemplo de cómo opera el cerebro en un nivel de interacción social. Tal como la percepción del estrés es una transacción entre uno y el factor estresante en el entorno, como se describió en el capítulo 2, el cerebro necesita un contexto social para poder hacer apreciaciones y emitir juicios. La naturaleza esencialmente social del ser humano configura las expectativas que tenemos y proporciona un telón de fondo para nuestras apreciaciones.

EL CEREBRO SOCIAL

El campo relativamente nuevo de la neurociencia social explica cómo funciona el cerebro social. El cerebro no deduce el significado a partir de la mera observación del mundo exterior y de la evaluación arbitraria de este por reflexión o análisis. Ahora los científicos creen que el cerebro humano debe existir en un mundo con expectativas sociales, creencias y normas compartidas. No estamos diseñados para existir en el aislamiento.

La función de las neuronas espejo en el cerebro es un área de estudio a la que se le está prestando muchísima atención. Las neuronas espejo desempeñan un papel importante en permitirle a uno entender y tener afinidad con los demás. El cerebro básicamente recrea de un modo muscular específico, sin ningún movimiento muscular real, lo que uno observa en alguien que está mirando. Esta "personificación motora" hace posible sentir lo que se sentiría si en realidad se ejecutara el mismo movimiento. Lo mismo sucede al percibir las emociones de los demás. Observar dolor, felicidad o disgusto activa zonas del cerebro encargadas de experimentar emociones similares, permite comprender y evaluar a las personas de manera más precisa. Este reflejo crea una relación entre el observador y el observado. Las neuronas espejo crean un vínculo recíproco entre compañeros sociales.

En la interacción social cada individuo hace las veces de observador y de observado. Colaborar para alcanzar juntos una meta va más allá de las meras acciones. Compartir metas es una característica importante de la mente humana y un elemento clave de supervivencia. El sistema de neuronas espejo está en el núcleo de nuestra naturaleza social y de la forma como percibimos el mundo alrededor nuestro.

LA RESPUESTA AL ESTRÉS

El cerebro es el órgano central del estrés, allí se origina. El cerebro, como intérprete de nuestro entorno, determina la respuesta conductual y física inmediatas ante una amenaza o desafío percibido. Un complejo sistema de comunicaciones conecta el cerebro, el sistema nervioso autónomo, el sistema hormonal y el inmune para producir una defensa y

Desde el laboratorio

INCLUSO LAS EMOCIONES SE DETERMINAN SOCIALMENTE

Walter Cannon y Philip Bard, de Harvard, desarrollaron una teoría de las emociones que luego perfeccionaron Stanley Schecter y Jerome Singer en los años sesenta. La teoría Cannon-Bard sostiene que las emociones se forman cuando el cerebro evalúa un estado generalizado de excitación y le asigna una emoción.

Schecter y Singer perfeccionaron esta teoría agregándole un elemento social a la formación de las emociones. Pensaban que el cerebro y el entorno social interactúan para crear una emoción. Estos investigadores diseñaron un estudio para sustentar esta hipótesis: les inyectaron epinefrina a los participantes para generarles un estado de vigilancia, similar al que el cuerpo experimenta con la activación de la respuesta de luchar o huir. Enviaron a estos sujetos a otra habitación para esperar junto a otra persona que aparentemente también participaba en el experimento. En realidad la otra persona era un asistente de la investigación que había recibido instrucciones de actuar como si estuviera feliz o enojado. Los sujetos reales refirieron sentirse enojados o felices durante la prueba de acuerdo con la atmósfera creada por el asistente que los acompañó. Schecter y Singer concluyeron que cuando el cerebro recibe el mensaje de que el cuerpo está en estado de alerta analiza y juzga el entorno para elegir una emoción apropiada. El proceso inverso también es cierto: una emoción puede movilizar el cuerpo con rapidez hacia un estado de vigilancia extrema.

una respuesta internas. El cerebro le envía mensajes al sistema nervioso autónomo e incide en la producción de hormonas. El sistema nervioso autónomo envía mensajes importantes desde el cuerpo al cerebro. En el hipotálamo, una zona del cerebro, se producen hormonas importantes que hacen parte integral de la respuesta al estrés. Luego las hormonas llevan información al cerebro, al sistema nervioso autónomo y al sistema inmune. Estos son los circuitos de integración que hacen que el cuerpo y la mente conformen una unidad para evaluar y responder a nuestras necesidades.

Si la alostasis se ve amenazada, se da una respuesta aguda que pone en marcha un sistema de alarma compuesto de dos partes, una que activa el sistema nervioso y otra que es hormonal. El desencadenante de la respuesta alostática empieza en el hipotálamo con la HLC (hormona liberadora de corticotropina) que acciona ambos sistemas. La alarma se activa por una conexión directa entre el cerebro y las glándulas suprarrenales (o adrenales) que producen una descarga de epinefrina y norepinefrina para la respuesta de luchar o huir. La HLC también activa el eje HPA (hipotalámico-pituitario-adrenal) que da como resultado la liberación de la hormona cortisol en las glándulas suprarrenales. La respuesta hormonal se queda un poco rezagada después de la liberación de epinefrina de la respuesta neural. En este estudio pionero, Cannon identificó estos circuitos como el emplazamiento de las raíces fisiológicas y psicológicas del estrés. Aunque estos dos sistemas están íntimamente ligados y se activan en forma conjunta con la respuesta al estrés, están siempre en funcionamiento para conservar la alostasis y también pueden operar de modo independiente.

EL EJE HPA

Después de la percepción inicial de un desafío o amenaza, el eje HPA (hipotalámico-pituitario-adrenal) entra en juego. El eje HPA es la piedra angular de la alostasis. Con este proceso el cerebro utiliza algunas hormonas como mensajeras para activar el sistema. El hipotálamo segrega HLC (hormona liberadora de corticotropina) que viaja por vasos sanguíneos especiales hacia la glándula pituitaria en la base del cerebro.

La HLC da la señal para que la glándula pituitaria libere ACTH (hormona adrenocorticotropa) que viaja por el torrente sanguíneo hacia las glándulas suprarrenales, su objetivo primordial. Estas glándulas situadas justo encima de los riñones producen cortisol, la principal hormona del estrés. El cortisol tiene efectos en la mayoría de los circuitos alostáticos del cuerpo; es esencial para el funcionamiento normal del cerebro y del cuerpo. Tiene un ritmo diario de flujo y reflujo, se eleva en las mañanas y baja en las noches. El exceso o la deficiencia de cortisol afecta la apariencia de uno, el sueño, el nivel de energía, la calidad de las emociones y el funcionamiento del sistema inmune.

EL CORTISOL Y LA GRASA ABDOMINAL

El cortisol es el culpable de la acumulación de grasa alrededor del abdomen. Una función clave del cortisol es reabastecer las reservas de energía cuando estas se agotan debido a una respuesta de estrés aguda. El cortisol convierte los alimentos en grasa y estimula el apetito. Un exceso de cortisol también impide que la insulina estimule el músculo para absorber glucosa. En lugar de esto, la energía se almacena como grasa, sobre todo alrededor del abdomen. La grasa abdominal se asocia a la resistencia a la insulina, diabetes tipo 2, enfermedades cardiacas e inflamación. Por esto es muy importante para la salud aprender a disminuir los niveles de cortisol inducidos por estrés.

EL SISTEMA NERVIOSO AUTÓNOMO

El sistema nervioso autónomo es una rama del sistema nervioso que controla las respuestas involuntarias. El sistema nervioso autónomo conecta la parte más primitiva del cerebro o tallo cerebral, a través de circuitos nerviosos, con los órganos blancos: ojos, glándulas salivares, laringe, corazón, pulmones, estómago, intestinos y genitales. **El sistema nervioso autónomo se divide en sistemas que interactúan y equilibran: el sistema nervioso simpático, el sistema nervioso parasimpático y el sistema aferente visceral.**

LOS MENSAJEROS DE LA RESPUESTA AL ESTRÉS

HLC: es una hormona y un neurotransmisor que estimula el cerebro para que libere ACTH. La HLC es un comunicador importante con el cerebro mismo y tiene influencia en muchos niveles de la función cerebral.

ACTH: es una hormona liberada en el cerebro que viaja a las glándulas suprarrenales para estimular la producción de cortisol.

Cortisol: es la principal hormona del estrés. Se produce en las glándulas suprarrenales y participa en la respuesta de luchar o huir. Tiene una influencia importante en la mayoría de las funciones del cuerpo, entre ellas la actividad cerebral, el metabolismo y la función inmunológica.

Norepinefrina (noradrenalina): producido en el tallo cerebral, este neurotransmisor activa el sistema nervioso simpático para poner en marcha la respuesta de luchar o huir y hace que las glándulas suprarrenales produzcan epinefrina. Afecta la alerta, la atención, la memoria, mejora el estado de ánimo y el crecimiento de las conexiones nerviosas en el cerebro.

Epinefrina (adrenalina): se produce en las glándulas suprarrenales y en puntos especializados del cerebro. Este neurotransmisor pone el cuerpo en estado de vigilancia y metaboliza glucosa para suministrar energía.

Oxitocina: es una hormona del cerebro capaz de neutralizar la respuesta de luchar o huir. La oxitocina puede ser más relevante en la respuesta femenina al estrés.

Serotonina: es un importante neurotransmisor que calma la respuesta al estrés en el cerebro e influye sobre el apetito, el temperamento, la cólera, el miedo y la agresión.

Dopamina: el "neurotransmisor del aprendizaje" del cerebro, participa en muchos circuitos complejos que incluyen la recompensa, la memoria a largo plazo, la motivación, los trastornos por consumo de drogas, el sueño y los sistemas motores.

Endorfina: es un neurotransmisor opiáceo que aparece de forma natural en el cerebro, disminuye el dolor y aumenta la sensación de bienestar. Las endorfinas también pueden desempeñar un papel importante en la respuesta femenina al estrés.

El sistema nervioso simpático es activado por neuronas de la parte primitiva del cerebro o tallo cerebral. La HLC, que pone en marcha el eje HPA durante el estrés, también estimula la producción de norepinefrina en estas neuronas. Este neurotransmisor, junto con la epinefrina, prepara el cuerpo para una actividad física intensa. La norepinefrina también estimula la liberación de HLC y una mayor liberación de cortisol. Estos sistemas, ligados entre sí de manera intrincada, están diseñados para interactuar y coordinarse mutuamente. Un desequilibrio en uno de estos dos sistemas, por estrés crónico, lleva a la alteración de la alostasis.

Aunque el sistema nervioso autónomo sea considerado una parte primitiva del sistema nervioso, también está diseñado para funcionar de un modo equilibrado. El sistema nervioso simpático activa el cuerpo y lo estimula. Una red nerviosa de retroalimentación, conocida como el sistema aferente visceral, le permite al cerebro monitorizar con cuidado los efectos que esta estimulación tiene en partes esenciales del cuerpo. La taquicardia, el apretamiento en el estómago y la sequedad en la boca son señales importantes para el cerebro. Después de que el estrés pasa, el cerebro activa la rama parasimpática (SNP) del sistema nervioso autónomo. El SNP está diseñado para neutralizar los efectos del sistema nervioso simpático y puede desactivar la respuesta de emergencia. Restablece la homeostasis y reinicia las prioridades en el cuerpo para establecer un estado de equilibrio. Si el desafío persiste y no se resuelve, la carga alostática o el desequilibrio continúa.

Las ramas simpática y parasimpática del sistema nervioso autónomo funcionan por oposición dinámica: alerta *versus* calma; movilización de energía *versus* almacenamiento de energía y aumento de la frecuencia cardiaca *versus* descenso en la frecuencia cardiaca. Un sistema nervioso autónomo equilibrado es esencial para la buena salud física y mental. El único momento en el que el sistema simpático y el parasimpático se activan a la misma vez es durante la excitación sexual; esto probablemente explica el poder del sexo.

EL CEREBRO BAJO ESTRÉS

La interacción entre las diversas partes del cerebro y la comunicación entre el cerebro y el cuerpo se realizan por medio de neurotransmisores, hormonas, proteínas y mensajeros inmunológicos llamados citoquinas, todos ellos llevan información desde una neurona a la siguiente y desde el sistema nervioso al sistema hormonal y al sistema inmune. Esta comunicación es recíproca. Si el cerebro recibe una señal de alerta, evalúa el contexto de esta y determina cuál es la emoción más adecuada. Una situación puede producir resultados diferentes en la experiencia emocional, según el contexto social. Si el miedo es la emoción que se percibe, el sistema nervioso simpático activa la respuesta primitiva de luchar o huir. Esta es la manera en que están conectadas la emoción y la acción.

Lo que el cerebro decida activar en respuesta a una amenaza o desafío percibido y lo que ocurre frente al estrés crónico es influenciado en gran medida por lo que uno aprendió y recuerda de experiencias anteriores. Los efectos negativos del estrés sobre la memoria son complejos. Con el estrés crónico no solo es más difícil conformar nuevos recuerdos, sino también recuperar recuerdos conformados anteriormente. El estrés crónico también puede interferir en la neurogénesis o formación de nuevas neuronas, y en la neuroplasticidad o formación de nuevas conexiones entre neuronas. La neuroplasticidad es fundamental para que el cerebro cree recuerdos, aprenda nuevas labores y tome decisiones orientadas a un objetivo. Ambos procesos son esenciales para una función cerebral óptima y para lentificar el envejecimiento cerebral. Esta remodelación constante del cerebro es la que permite que uno se adapte a un ambiente siempre cambiante, que es la base de la alostasis. Los resultados son la flexibilidad, la adaptabilidad y la capacidad de recuperación.

CUIDAR Y ENTABLAR AMISTADES

Muchas de las situaciones que activan la respuesta al estrés no necesitan una reacción de luchar o huir. Aunque probablemente uno no vaya a encontrar un tigre en el parqueadero del supermercado, posiblemente sí tenga que enfrentar un cargo exigente, un horario apretado o conflictos de pareja. La respuesta de luchar o huir no es la solución apropiada frente a este tipo de factores estresantes.

Shelley C. Taylor, de UCLA, ha realizado un trabajo innovador al estudiar una respuesta diferente al estrés, denominada "cuidar y entablar amistades", que bien podría ser más importante en mujeres que la respuesta de luchar o huir. Ella sostiene que otro elemento básico de la respuesta humana al estrés es el impulso de relacionarse y trabajar con otros. Si las personas están bajo una amenaza pueden agruparse para protegerse entre todos. Nuestros ancestros cazadores-recolectores tenían una división clara del trabajo: los hombres cazaban y las mujeres recolectaban alimentos y cuidaban a los niños. Quizá para las mujeres luchar o huir no era la mejor defensa contra los depredadores; los niños pequeños podían quedarse rezagados o las personas que los cuidaban podían correr peligro al huir con niños pequeños. La parte "cuidar" de la respuesta era esencial para la supervivencia de los bebés y de los niños pequeños. El aspecto "entablar amistades" de la respuesta promovía la afiliación: cuando los hombres primitivos funcionaban como grupo, tenían más probabilidades de sobrevivir.

En su desarrollo, los seres humanos han utilizado las relaciones sociales como un recurso fundamental para encarar situaciones estresantes. La supervivencia dependía de la vida en grupo. Nuestros ancestros comprendieron que la unión hace la fuerza y se agruparon para protegerse a sí mismos y a su prole.

Shelley Taylor descubrió que la oxitocina, un neuropéptido que participa en la excitación sexual, los lazos monogámicos, el parto, el vínculo materno con el recién nacido, la estimulación de la producción de leche y el comportamiento maternal, hace parte de un sistema afiliativo que indica la necesidad de conexión social. Taylor se refiere a la oxitocina como al "termostato social" que le informa al cerebro si los recursos sociales son adecuados para afrontar acontecimientos estresantes. Un nivel elevado de oxitocina puede ser un marcador biológico que indica un nivel inadecuado de afiliaciones sociales positivas.

La oxitocina incita a una conducta afiliativa cuando los recursos sociales están bajos. Una vez que se haya establecido contacto social positivo, el estrés se disminuye. Si el contacto con otros es hostil o no ofrece apoyo, la respuesta de estrés se intensifica. Así como el hambre, la sed y los deseos sexuales son apetitos esenciales, necesitamos mantener un nivel adecuado de relaciones sociales que nos protejan y gratifiquen.

LA OXITOCINA COMO MARCADOR
DE ANGUSTIA SOCIAL

En 2006, Shelley Taylor y sus colegas llevaron a cabo un estudio que medía la función psicológica y social en mujeres mayores, algunas de ellas estaban en terapia de reemplazo hormonal y otras no. La oxitocina se aumenta con el estrógeno. Encontraron que las mujeres que tenían problemas de relaciones sociales tenían niveles más altos de oxitocina. Era más probable que estas mujeres refirieran que rara vez tenían contacto con sus madres, sus mejores amigas, mascotas y grupos sociales. Muchas de ellas habían perdido la madre hacía poco, o tenían una madre que se estaba deteriorando física o psicológicamente o habían sufrido la muerte reciente de una mascota. Las mujeres con niveles elevados de oxitocina no tenían una relación positiva con su pareja, consideraban que sus maridos no les daban apoyo o no eran afectuosos, y sentían que no podían confiarse a ellos.

Varios estudios hallaron que la oxitocina no tenía relación con la autoestima ni la aflicción general. En cambio, encontraron que los niveles elevados de oxitocina sí tenían una participación específica en los problemas de relaciones. Otro estudio señaló que la elevación de la oxitocina se asociaba a la ansiedad con respecto a las relaciones, la frialdad, la impertinencia y a no estar involucrado en una relación romántica. El trabajo de Shelley Taylor demuestra que el contacto social y las relaciones de apoyo son esenciales para tener una salud y un bienestar óptimos.

Los medios de comunicación y la literatura popular simplificaron el papel de la oxitocina al apodarla "la hormona del abrazo", un tranquilizante natural. Esa descripción no es la indicada para entender en realidad cómo funciona la respuesta de cuidar y entablar amistades. A medida que los niveles de oxitocina se elevan en respuesta a la angustia social, hay una motivación para buscar contacto social positivo. Si se logra hacer contacto social positivo, el estrés disminuye; como resultado de esa interacción se experimenta una sensación de calma. Es posible que estas sensaciones sean consecuencia de los efectos de la oxitocina sobre dos circuitos importantes y específicos del cerebro: el circuito de recompensa asociado a la dopamina y el circuito de la endorfina opioide.

Estos dos circuitos tienen efectos antiestrés. Este es otro ejemplo de los numerosos sistemas que se comunican de una manera integrada e intencionada para conservar la alostasis.

Bajo estrés agudo, el sistema opioide-dopamina-oxitocina puede activarse para promover una respuesta cooperativa de tipo cuidar y entablar amistades, en oposición a una respuesta más agresiva como luchar o huir. Los estudios en animales y en humanos han demostrado que la respuesta de luchar o huir tiene que inhibirse al menos parcialmente para que se lleve a cabo la respuesta de cuidar y entablar amistades. Se comprobó que los circuitos de la oxitocina y de los opioides disminuyen la actividad del sistema nervioso simpático y la liberación de cortisol. Los neurocircuitos de dolor social de hecho hacen uso de los neurocircuitos de dolor físico, así que uno realmente sí experimenta dolor cuando se siente solo o cuando termina una relación.

FRENAR

No todos los retos exigen una respuesta completa de luchar o huir o de cuidar y entablar amistades. El comportamiento social puede ser estresante, pero quizá lo único que sea necesario para adaptarse es un cambio sutil de perspectiva. El sistema nervioso parasimpático tiene incorporada una defensa exclusiva para evitarle a uno una excitación innecesaria y para protegerlo del daño de un sistema nervioso simpático excitable. Esa defensa se llama freno vagal, un concepto desarrollado por el trabajo pionero de Stephen Porges.

El nervio vago es un circuito neural complejo que conecta el cerebro y el cuerpo, esto incluye también el sistema digestivo y el corazón. En 1856, Charles Darwin se dio cuenta de que el corazón y el cerebro se influencian mutuamente a través del mecanismo del vago y observó que las emociones afectan el corazón y el nervio vago. En el diseño equilibrado del sistema nervioso autónomo, cuando el cuerpo pasa del simpático al parasimpático, el corazón late más rápido o más despacio, respectivamente.

El nervio vago actúa como un freno ya que desacelera el corazón después de un estado de excitación. El freno vagal permanece casi

Desde el laboratorio

BIOQUÍMICA DE LA AMISTAD

A un grupo de estudiantes universitarios se les dio un medicamento para bloquear los efectos de los opioides, los cambios se observaron en las mujeres y no en los hombres de la muestra. Las mujeres que pasaban más tiempo solas y compartían menos tiempo con amigos eran menos dadas a iniciar contacto con estos y las interacciones que tenían eran menos agradables. El estudio demuestra el rol prominente que desempeñan la oxitocina y los opioides en el comportamiento afiliativo positivo en la mujer: en el establecimiento de lazos sociales, formación inicial de amistades, conservación de buenas amistades y relaciones íntimas.

siempre activo para evitar que el corazón se acelere y para protegerlo de la carga alostática. Con la inhalación, el freno vagal se debilita y la frecuencia cardiaca aumenta; con la exhalación, el freno vagal se activa de nuevo y la frecuencia cardiaca disminuye. La diferencia entre estos estados se denomina tono vagal. Un tono vagal alto da una variabilidad excelente de la frecuencia cardiaca, incluso en reposo, y es un indicador de buena salud y adaptabilidad al entorno. Un tono vagal bajo y crónico indica poca variabilidad y es un indicador confiable de carga alostática. Esta es una señal de que uno es menos adaptable y menos resistente a las exigencias y cambios del entorno.

El complejo vagal, capaz de realizar ajustes minúsculos, permite la adaptación a acontecimientos amenazantes y a las exigencias emocionales y sociales de la vida cotidiana. Si la respuesta ante un factor estresante es moderada, el sistema nervioso simpático no tiene que funcionar a toda máquina para cumplir con las necesidades de uno. Cuando el freno vagal cede, se produce un ajuste adecuado en la frecuencia cardiaca y en la función respiratoria sin tener que activar la respuesta de luchar o huir. Como no todo los hechos estresantes que se enfrentan en la vida cotidiana son una emergencia, el nervio vago permite que el cuerpo responda a varios niveles de estrés.

Un buen funcionamiento del freno vagal permite realizar ajustes sencillos y sutiles que hacen posible la adaptación al complejo mundo social. El nervio vago influye en el retraimiento o participación en el entorno. El complejo vagal controla la expresión facial, la respiración y la vocalización. Desde un principio, con la comunicación entre madre e hijo, el sistema vagal sienta las bases de una expresión sana de las emociones para la interacción social. Después de todo, los músculos faciales expresan y comunican las emociones.

Debido a que el freno vagal inhibe los circuitos simpáticos, contribuye a un estado de tranquilidad y posibilita la conducta afiliativa.

Por lo general, a las personas que no les funciona bien el freno vagal se les hace más difícil enfrentar las exigencias del mundo moderno. Un funcionamiento apropiado del freno vagal y un sistema nervioso parasimpático sano le permiten a uno vivir en el mundo interactuado de manera armoniosa con las personas y las situaciones que encuentra. Si hay estrés crónico, las acciones coordinadas de los sistemas que hemos descrito se alteran y el cuerpo entonces experimenta carga alostática.

Por qué la respuesta de cuidar y entablar amistades es predominantemente un mecanismo de adaptación femenino

Existen diferencias reales en la forma en que los dos géneros se relacionan con los demás bajo estrés. El estrógeno aumenta muchísimo los efectos de la oxitocina, a tal punto que la mayor parte de las investigaciones sobre esta hormona se realizan en mujeres. La oxitocina puede tener efectos de reducción del estrés en los hombres, pero la testosterona contrarresta la oxitocina y disminuye su efecto; además, el nivel de oxitocina en la mayoría de los hombres no es lo suficientemente alto como para obtener efectos significativos de reducción del estrés. Dado que las mujeres tienen una respuesta afiliativa ante el estrés más fuerte que los hombres, la respuesta de cuidar y entablar amistades tiene un papel más importante en la respuesta femenina al estrés; las mujeres también tienen un rango más amplio de opciones de relajación que no son tan efectivas en los hombres.

CARGA ALOSTÁTICA O SOBRECARGA

La carga alostática es el resultado del desgaste que el cuerpo experimenta en el proceso continuo de adaptación a desafíos psicológicos y físicos y a la adversidad.

Muchos factores afectan la regulación de la alostasis y explican las diferencias en las respuestas individuales al estrés. La genética y las adversidades durante la infancia sin duda son determinantes en la susceptibilidad a la carga alostática, de igual modo influyen en las elecciones que hacemos a diario. La forma en que uno vive e inclusive la forma en que maneja el estrés contribuyen a la carga alostática. La privación del sueño, comer en exceso, el consumo de cafeína y alcohol, no hacer ejercicio con regularidad, la ingestión de medicamentos prescritos o drogas recreativas y la expectativa o la ansiedad pueden causar desequilibrios internos que incrementan la susceptibilidad al estrés y disminuyen la resistencia a los efectos del estrés crónico. Estos diversos factores se combinan para tener un impacto directo en la manera como el cuerpo reacciona frente al estrés y pueden contribuir a la ineficiencia que lleva a la carga alostática.

Bruce McEwen, creador del término, describió cuatro condiciones básicas que llevan a la carga alostática:

- **Exceso de estrés debido a la sucesión de nuevos episodios.** Si la respuesta al estrés se activa con demasiada frecuencia puede que el cuerpo no tenga suficiente tiempo para recuperarse por completo entre los periodos de activación. Además, es posible que con el tiempo, la activación frecuente intensifique la respuesta. Recuerde que este sistema se diseñó para dar respuestas rápidas de emergencia y no para ser activado a menudo. En la cultura moderna, en la que el estrés muchas veces es de carácter emocional o psicológico y no presenta un inicio ni un final claros, este es un patrón común. Esta afección es la consecuencia de situaciones estresantes crónicas, por ejemplo, cuidar de los padres ancianos, tener conflictos maritales o atravesar un periodo de dificultades económicas.

- **Incapacidad para adaptarse al mismo factor estresante.**
Si uno se encuentra una y otra vez con una situación estresante, por lo general se adapta y deja de considerarla estresante. Con este tipo de carga alostática, hay una incapacidad para adaptarse al factor estresante y entonces cada exposición se enfrenta con la misma descarga intensa de cortisol y epinefrina que la primera vez.

     Dar la primera cena con invitados puede ser sumamente estresante. Algunas mujeres se convierten en anfitrionas consumadas, mientras que otras nunca llegan a relajarse ni a disfrutar cuando hacen una reunión, incluso si no es muy grande. Después de varias pruebas, uno debería ser capaz de prever y planearlo todo para que la ocasión sea un éxito. Si continúa alterándose antes de la llegada de los invitados, es porque experimenta esta forma de carga alostática. No importa el número de veces que tenga que hacerlo, siempre siente la misma incomodidad al respecto; quizá sea así porque nunca ha tomado medidas para cambiar esta sensación.

- **Incapacidad para desactivar la respuesta hormonal al estrés después de que la situación estresante pasa.**
Las personas con este patrón de carga alostática tienen dificultad para darle fin a la respuesta al estrés. Incluso si la activación es apropiada, son incapaces de terminar la respuesta como es debido. Como resultado, el estado de alerta dura más de lo necesario y se vuelve perjudicial. La genética y el envejecimiento contribuyen a este patrón.

     Si hay historia de hipertensión familiar, la presión arterial puede responder en forma exagerada al estrés y no regresar a la normalidad como debería después de que el suceso estresante pasa. La edad también contribuye a ralentizar la desactivación de la respuesta hormonal al estrés. Con los años, los mecanismos normales que se activan con la instalación de la respuesta al estrés para limitar la producción de cortisol se vuelven menos efectivos, entonces los niveles de esta hormona tardan más en regresar a la normalidad.

- **Insuficiencia de la respuesta hormonal al estrés.**
  Esta respuesta permite que otros sistemas se activen en exceso. El estrés crónico puede llevar a una disminución drástica de las hormonas del estrés. Una insuficiencia en el nivel de cortisol afecta el sistema inmune y puede causar inflamación y trastornos autoinmunes. En algunas circunstancias, después de un estrés crónico o prolongado, un nivel bajo de cortisol puede ofrecer algo de protección pese a las alteraciones en el sistema inmunológico. Los factores genéticos y la adversidad en la infancia parecen ser factores determinantes importantes para desarrollar este patrón de carga alostática.

Como ha podido observar, el proceso dinámico de la alostasis funciona permanentemente. Los pequeños ajustes en los sistemas que participan son imperceptibles. Los cambios grandes, como aquellos necesarios para lograr la respuesta al estrés, se perciben con facilidad y requieren la activación de sistemas equilibradores para prevenir la carga alostática. Cualquier desequilibrio persistente entre los periodos de excitación y los periodos de calma; los periodos de movilización de energía y los de almacenamiento de la misma; los periodos de incremento inmunológico y los de supresión, traen como resultado la carga alostática. Los cuatro tipos clínicos que describimos en el próximo capítulo representan varias formas de mal funcionamiento de la alostasis.

CAPÍTULO CUATRO

IDENTIFIQUE SU TIPO

Los cuatro patrones de respuesta al estrés

La respuesta al estrés es como un copo de nieve: no hay dos iguales. La respuesta al estrés de todo el mundo activa los mismos circuitos esenciales, pero hay muchas diferencias en la intensidad y en los detalles específicos. Las percepciones, la genética, la experiencia de vida, la salud y los sistemas alostáticos corporales moldean la respuesta altamente individualizada de cada persona, al igual que lo hace la naturaleza y duración del factor estresante y la época en la que el estrés aparece. Usted responde de un modo diferente a cada uno de los siguientes problemas: trabajó arduamente durante varios meses en una presentación para conseguir un nuevo cliente y fracasó; fue responsable de un accidente de tránsito y resultó lesionada al igual que otras personas o la directora del preescolar la citó a una reunión porque su hijo está peleando mucho con otros niños. Mientras algunas mujeres activan reacciones biológicas fuertes ante factores estresantes relativamente pequeños, otras apenas se mueven de la línea de base aunque enfrenten hechos importantes. Algunas mujeres simplemente son más sensibles al estrés que otras. Todo el mundo tiene un punto de ajuste diferente en el que la respuesta al estrés se enciende. **La buena noticia es que uno puede cambiar ese punto de ajuste para volverse más resistente al estrés.**

PERSONALIZAR EL ESTRÉS

Nos reunimos con el profesor Dirk Hellhammer y su esposa, Juliane, en la Universidad de Trier para discutir su innovador trabajo sobre el estrés. Con el conocimiento que adquirimos en las reuniones con los Hellhammer, junto con décadas de experiencia clínica y el estudio exhaustivo de la ciencia médica actual, identificamos cuatro patrones generales de respuesta al estrés que creemos le serán útiles. Usted podrá reconocer su tipo personal por medio de claves que le daremos sobre sus hábitos, comportamiento, patrones de sueño e historia médica. Aunque el trabajo del doctor Hellhammer utiliza complejos exámenes de diagnóstico, evaluaciones e historia médica para hacer un diagnóstico médico preciso, nosotras diseñamos tipos de estrés más eficientes y sencillos para que usted pueda reconocerse y observar sus síntomas de estrés, y realizar cambios con el fin de disminuirlo sustancialmente.

LOS CUATRO TIPOS

Comprender dónde y cómo tiende el cuerpo a desequilibrarse le permite a uno descifrar su tipo de estrés y luego seleccionar las técnicas correctas para atenuar la respuesta al estrés y regresar a un estado más saludable. En la segunda parte del libro le damos numerosas sugerencias para disminuir el estrés a través de la nutrición, el ejercicio y técnicas de relajación, y en el capítulo 9, *Programa de desintoxicación del estrés para su tipo,* le ofrecemos programas completos.

Dedujimos los cuatro tipos de estrés al observar la forma en que el eje HPA y el sistema nervioso autónomo (el sistema simpático [luchar o huir] y el parasimpático [descansar y restablecer]) interactúan bajo el estrés crónico. Es obvio que al enfocarnos solo en estos dos sistemas estamos simplificando las reacciones complejísimas que el cuerpo experimenta, pero estos son la base de la respuesta al estrés de todo el mundo.

Esta es la forma en que la respuesta al estrés llega a sobrecargarse y lo predispone a uno a tener problemas de salud.

Desde el laboratorio

El profesor Dirk Hellhammer en la Universidad de Trier en Alemania ha identificado más de veinte "neuropatrones" que caracterizan la respuesta al estrés de un paciente. Esta herramienta de diagnóstico clínico y terapéutica les permite a los médicos diagnosticar dónde se altera el equilibrio del cuerpo y diseñar un tratamiento que se adapte de manera individual al paciente con una enfermedad asociada al estrés.

Hay tres principios que sustentan estos neuropatrones:

Ergotropía: es un estado de alerta en el que el cerebro y el sistema nervioso simpático se activan, y que permite la adaptación a factores estresantes físicos o mentales.

Trofotropía: es el estado opuesto a la ergotropía, en el que predominan las funciones parasimpáticas. Este estado se caracteriza por el sueño, la relajación, la regeneración y la recuperación.

Glandotropía: es la respuesta del eje HPA al estrés. Hace referencia a la actividad excesiva o insuficiente del cortisol.

Los neuropatrones del doctor Hellhammer son un ejemplo excelente de una forma de salvar la brecha entre la mesa de laboratorio y la cabecera de la cama, o de utilizar los descubrimientos de las investigaciones para ayudarles a los médicos a tratar pacientes.

Con las **preocupaciones cotidianas**, el sistema nervioso simpático se activa y uno queda en un estado transitorio de alerta, pero es capaz de enfrentar los retos sin ansiedad. El estrés diario no acciona el eje HPA con todos sus mensajeros químicos, entonces los niveles de cortisol permanecen en el rango normal. Después de enfrentar el desafío se puede sentir tensión, irritabilidad y cansancio, pero no se sufre ningún daño ni alteración en la salud.

El **estrés agudo** o el **estrés crónico inicial** hacen que uno experimente cierta cantidad de angustia. El sistema nervioso simpático se involucra y los niveles de cortisol se elevan. Aparecen la tensión duradera, el desasosiego, la irritabilidad y el agotamiento. En esta fase a veces se experimentan alteraciones en el sueño, dolor, trastornos gastrointestinales y enfermedades infecciosas. El cuerpo se recupera de esta carga alostática si la respuesta al estrés se desactiva de manera eficiente.

El estrés crónico o traumático es angustia persistente, que lleva mucho tiempo. Los dos sistemas de la respuesta al estrés están engranados y trabajan juntos, ya sea bajo niveles crónicamente elevados o niveles reducidos, o se disocian y funcionan en forma independiente. Cuando esto sucede, el nivel de cortisol desciende mientras que la actividad del sistema nervioso simpático permanece elevada y los circuitos que suelen restablecer el equilibrio se hacen menos efectivos. En esta fase, la respuesta al estrés se desequilibra y afecta la salud. Esta es la carga alostática que se vuelve destructiva en estas situaciones, entonces es común ver ansiedad y preocupación crónica, enojo, agresividad, depresión, trastornos en el sueño, dolor, fatiga crónica, aumento de peso, disminución de la libido, hipertensión y resistencia a la insulina; incluso puede aparecer una enfermedad autoinmune.

La evolución desde la respuesta integrada y balanceada, característica de las preocupaciones cotidianas, hasta la alteración caótica del equilibrio y de la función que se dan con el estrés crónico, sucede con el tiempo y con una exposición repetida al estrés. Como uno tiende a responder de ciertas maneras características, puede estar predispuesto a desarrollar enfermedades específicas como consecuencia de un estrés crónico, implacable. Sin embargo, si uno identifica su tipo de estrés, puede tomar medidas para detener esta evolución y revertir los efectos de la carga alostática. Las recomendaciones que hacemos fueron diseñadas para desactivar su respuesta particular al estrés.

Los cuatro tipos que identificamos para usted como guías deben ser considerados un código postal. La identificación de su tipo le permitirá localizar un área amplia en la cual usted y su estrés viven. Quizá descubra que tiene síntomas de cada uno de los cuatro tipos y que estos son muy variables inclusive dentro de un tipo. Sin embargo, la mayoría de las mujeres que tratamos identifican una de las cuatro categorías como su tipo principal. Esperamos que en un futuro cercano le podamos dar su categoría específica. En otras palabras, al usar exámenes como el neuropatrón, esperamos ser capaces de delimitar los puntos vulnerables particulares a un punto específico en su cuerpo.

Por ahora, le ayudaremos a identificar su respuesta particular al estrés entre los cuatro tipos básicos.

Los cuatro tipos son:

HiperS	HipoP
HipoS	HiperP

La ilustración siguiente, que se asemeja a un Ojo de Dios, representa todo el cuerpo. El centro del Ojo de Dios es la alostasis o el equilibrio. El estrés crónico puede sacarlo a uno del equilibrio y llevarlo hacia cualquiera de los tipos. Dentro de cada cuadrante o tipo se puede estar cerca del centro o cerca del margen, según la intensidad de la respuesta y de lo extrema que sea la carga alostática o el desequilibrio que se haya desarrollado. También se puede estar más inclinado hacia un sistema u otro dentro del cuadrante según el predominio del sistema hormonal o del sistema nervioso en la respuesta de uno. Este símbolo capta la naturaleza dinámica y la enorme variabilidad de la respuesta al estrés.

Después de haberse identificado con alguno de los tipos, por favor recuerde el ícono que le corresponde y anótelo en el diario de estrés. En la segunda parte, *Programas de desintoxicación del estrés*, le damos consejos sobre nutrición y ejercicio y describimos varias técnicas de relajación; los íconos al principio de la sección le indicarán para qué tipos tiene mayor relevancia la recomendación. Al final del libro también aparecen Programas de desintoxicación para su tipo específico.

Hiper e *hipo* se refieren al eje HPA —el sistema hormonal del estrés— y a la producción aumentada o disminuida de cortisol. La *S* representa el sistema nervioso simpático que, junto con el sistema nervioso central y el cerebro, tiende a activarse en la respuesta de luchar o huir. La *P* representa la actividad parasimpática (descansar y restablecer) en el cuerpo y la amortiguación del sistema nervioso central. Estos sistemas por lo general trabajan en equilibrio, pero excederse en cualquiera de las dos direcciones lleva a la angustia y a la enfermedad. Explicaremos la manera en que la interacción de ambos sistemas produce síntomas emocionales, conductuales y biológicos en cada tipo de estrés.

Los síntomas se superponen de un tipo a otro porque cada respuesta de estrés utiliza los mismos mensajeros y los mismos circuitos en todos los individuos. Las diferencias radican en la comunicación entre los sistemas que el estrés activa (sistema nervioso simpático y eje HPA) y la salud de los sistemas que se supone le ayudan a uno a recuperar y restablecer el equilibrio (parasimpático). Sí, es cierto que casi todo el mundo está cansado; sin embargo, algunas mujeres están cansadas porque dan vueltas en la cama toda la noche, mientras otras aunque duerman mucho nunca sienten que descansan. El estrés tiende a poner ansioso a todo el mundo, pero esa ansiedad a algunas personas las motiva a solucionar el problema y a otras la preocupación las debilita.

A medida que lea la descripción de los tipos y analice los síntomas, identificará grupos de comportamiento, emociones y problemas físicos que tiende a experimentar. Las descripciones se basan en descubrimientos realizados en laboratorios y en nuestras propias observaciones en la práctica clínica. Hemos tratado de hacerlas lo más detalladas posible para que usted pueda tener una noción de lo que distingue a un tipo del otro.

Lo cierto es que muy pocas personas son un tipo puro, pero cada una sí tiene una tendencia a reaccionar de una manera previsible frente

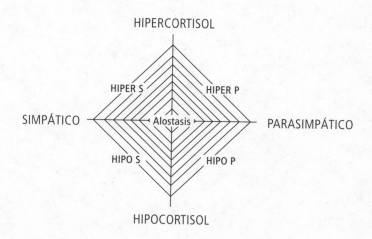

LOS CUATRO TIPOS

a los desafíos. Inclusive dentro de un tipo específico la respuesta de cada quien es individual. Quizá uno sea susceptible a las infecciones de vías respiratorias superiores o a las sinusitis, al colon irritable o a los lumbagos. A algunas de nosotras nos dan resfriados; a otras, cefaleas; algunas no logramos dormir y otras solo hacemos eso. Usted puede tener problemas gástricos por estrés o tensión en el cuello, hombros y espalda. Tal vez cuando está estresada el solo hecho de pensar en comida le da náuseas o tal vez sucumba a comer por estrés. Aunque es probable que usted tenga algo de conciencia de dónde y cómo responde su organismo al estrés. Al identificar su tipo general podrá encontrar las formas más efectivas de restablecer el estado alostático o el equilibrio en su cuerpo. Más adelante, en la segunda parte, explicaremos los alimentos adecuados, el ejercicio y las técnicas de relajación para su tipo, pero aquí también le daremos un consejo inmediato para cada tipo.

LOS ÍCONOS DE CADA TIPO

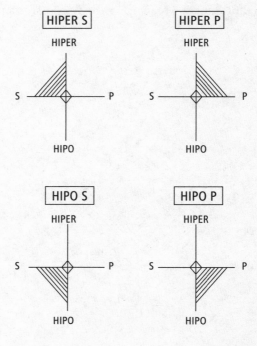

TIPO HiperS

El tipo HiperS tiene comportamientos inconfundibles, esto hace que sea fácil reconocerlos. Si usted es un tipo HiperS, rara vez se puede quedar quieta. Es vigilante, tiende a ser nerviosa, ansiosa y le es difícil relajarse. Es propensa a las jaquecas, en especial a las cefaleas por tensión, y a las sinusitis. A menudo tiene dificultades para conciliar el sueño, se despierta en las noches y se

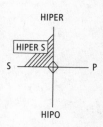

levanta temprano en la mañana. Postergar no es uno de sus problemas porque para usted cada tarea es urgente. Piensa que debe completar el trabajo tan rápido como pueda y suele desempeñar varias tareas simultáneamente. Puede ser parca con las palabras porque está ansiosa de seguir adelante; su comunicación es directa y al grano. Aunque esté extenuada por la falta de sueño y porque se obliga a sí misma a gastar enormes cantidades de energía, a medida que su agotamiento aumenta se siente más nerviosa y agitada. Puede ser emotiva, expresiva y, en ocasiones, explosiva.

COMPONENTES DE LA RESPUESTA HiperS

La respuesta HiperS se da cuando la clásica respuesta de luchar o huir se activa con demasiada frecuencia o no se desactiva de manera adecuada. Las exigencias y los desafíos de la vida cotidiana estimulan esta respuesta. Los HiperS por lo general son muy activos. La característica principal de este tipo es la excitación constante del cerebro y del sistema nervioso simpático. El cuerpo está en alerta, entonces el eje HPA se activa y los niveles de cortisol se elevan. Una de las funciones primordiales del eje HPA activado es asegurarse de que al cerebro se le suministre glucosa, la energía que necesita durante este tiempo. En este estado de vigilancia extrema, la función del cerebro se centra en evaluar y responder al estrés.

En el tipo HiperS, el elemento clave del desequilibrio es que el sistema nervioso simpático genera una sobreexcitación en todo el organismo. Esto puede suceder si la oxitocina y otros circuitos son

De la vida real

Charlene, de cuarenta y dos años, sufría de cefaleas severas. Estaba ansiosa y tenía dificultades para dormir. Era delgada de por sí y había perdido otros siete kilos. Le pidió a Stephanie que le recetara somníferos por unas cuantas noches. Se le dio una receta para una pequeña cantidad de tabletas y se le advirtió sobre el uso prolongado de estas. El medicamento en realidad no le ayudó. Regresó, con la certeza de tener una enfermedad grave. Stephanie le programó una serie de exámenes, un análisis sanguíneo completo y una resonancia magnética del cerebro. Todos los exámenes dieron resultados normales.

A lo largo de las citas, Stephanie se enteró de que Charlene había vuelto a trabajar hacía poco. Había tenido mucho éxito como vendedora de equipos médicos, había desempeñado una labor sobresaliente en esta industria competitiva. Después del nacimiento de su primer hijo dejó de trabajar, ahora tenía tres hijos de nueve, diez y once años. Le encantaba ser una madre de tiempo completo, participaba de manera activa en el colegio de los niños y en la comunidad y disfrutaba tener invitados en casa. Su esposo trabajaba en el sector financiero, pero al estallar la crisis económica perdió el empleo. De repente, toda su situación cambió: Charlene debía aportar a los ingresos familiares para conservar la casa que amaban. Quería encontrar un trabajo en la zona para estar cerca de los niños, pero no había ningún empleo decente disponible. Charlene volvió a ser contratada por la empresa en donde trabajaba antes. Todos los días debía conducir de un sitio a otro como parte de su labor. Los síntomas que refería habían aparecido durante el periodo de incertidumbre, antes de que su esposo quedara desempleado, y se intensificaron cuando ella empezó a trabajar de nuevo.

Aunque Charlene siempre había sido activa, ocupada y sociable, su reacción ante la presión económica de la familia disparó en ella una respuesta de estrés aguda que no podía desactivar. Era la clásica respuesta de luchar o huir, pero mal empleada. Si ella no hubiera cambiado su vida para mitigar la presión, se habría enfermado de gravedad. Después de varias conversaciones con Stephanie, Charlene se dio cuenta de que no podía continuar con ese ritmo de vida y que la presión tenía que ceder en algún momento. Ella y su esposo decidieron vender la casa y alquilar una. Su esposo encontró un empleo que le permitía cubrir los gastos de la renta y ella pudo recortar el horario de trabajo. Los síntomas de Charlene desaparecieron rápidamente y comenzó a recuperar el peso que había perdido.

incapaces de equilibrar la liberación de norepinefrina en el cerebro como respuesta al estrés, o si la serotonina y otros circuitos calmantes están débiles y son incapaces de restablecer el equilibrio. Este estado se puede concebir como una incapacidad del cerebro de serenarse. Esto es carga alostática. En la respuesta HiperS los nervios predominan sobre las hormonas.

El cuerpo no está diseñado para estar en un estado de excitación desmedida durante un periodo prolongado. Utiliza demasiada energía y rebasa al sistema metabólico, al sistema inmune y al sistema nervioso central. Si uno activa con mucha frecuencia este sistema altamente cargado o si es incapaz de desactivar esta respuesta de manera efectiva, se enferma. Las mujeres HiperS, más que cualquier otro tipo, desarrollan enfermedades relacionadas con el estrés.

Los niveles elevados de cortisol y la sobreexcitación del sistema nervioso simpático contribuyen a los cambios en el metabolismo de los carbohidratos y las grasas. Se almacena y concentra grasa alrededor del abdomen y se crea una resistencia a la insulina. El cortisol también tiene efectos en el sistema cardiovascular que pueden llevar a la aparición de enfermedades cardiacas y arteriosclerosis (o endurecimiento de las arterias). El cortisol altera el sistema inmunológico de forma directa, por esta razón las mujeres HiperS se resfrían con facilidad. La actividad desmedida del sistema simpático también contribuye a la hipertensión, a una frecuencia cardiaca acelerada, a los trastornos del sueño y a la agitación.

Esta es una lista de comportamientos y quejas típicas de las mujeres con tendencias HiperS:

- Inquietud y/o actividad manifiesta
- Golpeteo de los dedos y de los pies y/o sacudir las piernas
- Nerviosismo
- Comerse las uñas
- Rechinar los dientes
- Hablar rápido
- Ejercicio en exceso
- Tensión en los hombros y el cuello
- Dolores de cabeza
- Pérdida del apetito
- Acné
- Enrojecimiento de la piel

- Mortificarse por la hora y los plazos de entrega
- Ser siempre puntual
- Miedo
- Vigilancia aumentada
- Ansiedad
- Dificultad para dormir
- Irritabilidad
- Cambios en la memoria
- Taquicardias
- Disminución en la libido
- Sudoración aumentada
- Problemas gástricos por estrés y/o funcionamiento intestinal irregular
- Tendencia a engordar en el abdomen, aunque sean delgadas
- Tendencia a acostarse y a levantarse temprano
- Cambios en los ciclos menstruales

Si no se hace nada para restablecer el equilibrio en el cuerpo, es probable que el tipo HiperS empiece a sufrir:

- Herpes labial
- Resfriados frecuentes
- Síndrome de pánico
- Trastornos de ansiedad
- Desorden obsesivo compulsivo
- Trastornos crónicos del sueño
- Alcoholismo
- Otras conductas adictivas
- Infecciones de la vejiga
- Infertilidad y/o amenorrea
- Infecciones por hongos
- Úlceras
- Depresión
- Anorexia nerviosa
- Hipertensión
- Enfermedades cardiacas
- Osteoporosis
- Diabetes tipo 2
- Disfunción sexual

¿Se ve reflejada en estas situaciones?

1. ¿Es usted una persona inquieta?
2. ¿Rechina los dientes?
3. ¿Se le hace difícil comer si está estresada?
4. ¿Le da dificultad conciliar el sueño?
5. ¿Se despierta en medio de la noche y comienza a preocuparse por el día siguiente?
6. ¿Responde a todo con ansiedad?
7. ¿Se le están olvidando cosas?

De la vida real

Después de su primer año de estudio en una universidad de la *Ivy League* en el este, Julie regresó a casa para las vacaciones de Navidad. Consultó con Stephanie porque había dejado de menstruar. Stephanie habló con ella sobre la vida en la universidad.

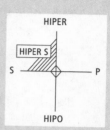

Julie estaba sorprendida porque le estaba dando mucha dificultad adaptarse. Le parecía que la carga de trabajo era abrumadora y se sentía mucho menos sofisticada que sus compañeros, muchos de los cuales llevaban años de conocerse porque habían estudiado juntos en los colegios privados del este. Estaba ocupada todo el tiempo y creía que entablar nuevas amistades era un lujo que no podía darse. Se había dedicado a ir al gimnasio a las 10:00 p. m. casi todas las noches para energizarse y poder estudiar unas pocas horas más antes de acostarse; en promedio no dormía más de cinco horas.

La comida en el campus era horrible. Era difícil encontrar las frutas y verduras locales que acostumbraba comer en el sur de California. Aunque era talla 0, estaba feliz porque estaba adelgazando. Stephanie sospechaba que Julie estaba desarrollando un trastorno alimenticio, todos los síntomas estaban ahí presentes. Le recomendó traer a su madre para que pudieran hablar más sobre la forma en que Julie se sentía y le recomendó que buscara ayuda en un centro en la universidad para tratar el trastorno alimenticio que estaba empezando a aparecer. Le aconsejó hacer su rutina de ejercicios en las mañanas y algunas veces al aire libre, si el clima lo permitía. Hablaron sobre nutrición, aunque el centro de la universidad se encargaría de abordar esto en detalle. Le aconsejó a Julie que se hiciera el propósito de entablar amistades, porque parte de lo que la hacía sentir tan mal era el aislamiento social. En el segundo año universitario, después de implementar cambios y de tomar conciencia de las tendencias de su respuesta al estrés, Julie fue capaz de adaptarse, comenzó a mejorar y a disfrutar la experiencia en la universidad.

8. ¿Le dan dolores de cabeza por estrés?
9. ¿Sufre de problemas gástricos por estrés?
10. ¿Necesita hacer ejercicio de manera intensa para quemar energía nerviosa?
11. ¿Le dan resfriados con frecuencia?
12. ¿Es propensa a las adicciones?

13. ¿Inclusive si es delgada, tiende a engordar alrededor del abdomen?
14. ¿Se levanta temprano?

TIPO HipoS

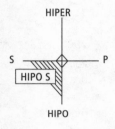

Los síntomas del tipo HipoS son menos obvios que los del tipo HiperS. En este tipo, si uno está estresado se vuelve ansioso y temeroso y si está bajo presión tiende a esconderse o a replegarse. Las mujeres con una respuesta HipoS son más bien calmadas, pero inclusive un estrés mínimo puede desatar en ellas una respuesta grande. Este tipo es en extremo sensible al estrés.

Hay una triada de síntomas que se asocian al tipo HipoS: fatiga, dolor y sensibilidad aumentada al estrés. Si usted presenta este tipo de respuesta suele sentir que no duerme lo suficiente. Tiende a desarrollar alergias a los alimentos y urticarias. A menudo siente achaques y dolores inexplicables y se pregunta si todo esto solo está en su cabeza. Va de médico en médico buscando respuestas, por lo general sin mucho éxito. Sin embargo, el dolor es real: le duele la espalda, la pelvis, la vejiga o la zona genital.

Con frecuencia le falta energía para realizar varias tareas a la vez y dice de sí misma que está agotada o extenuada. Tiene tendencia al sobrepeso; sin embargo, no presenta tanto aumento de peso inducido por el cortisol alrededor del abdomen como el tipo HiperS, sino que tiende más a engordar en las caderas y muslos. Tiene menos dificultad para conciliar el sueño que una HiperS, pero no se despierta renovada. Acostumbra acostarse tarde y en las mañanas le es difícil levantarse.

COMPONENTES DE LA RESPUESTA HipoS

En la respuesta crónica al estrés del HipoS, el eje HPA y el sistema nervioso simpático no están sincronizados, sino disociados. El eje HPA es incapaz

De la vida real

Tracy se había mudado hacía poco al sur de California con su esposo porque a él le habían hecho una extraordinaria oferta de trabajo en una empresa recién creada. Tracy tenía veintinueve años, había abandonado una carrera que amaba como editora asociada de una revista de modas; extrañaba la emoción de publicar una revista cada mes y el glamur del mundo en el que vivía desde la universidad. Dejó atrás amigos, familiares e innumerables contactos; ahora, la idea de establecer una red de apoyo en el sur de California parecía desalentadora. Simplemente no tenía la energía para rastrear información sobre algunos contactos a través de amigos de amigos, con el fin de encontrar una ocupación que representara para ella un reto creativo.

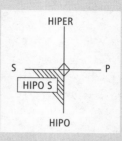

Le daba dificultad levantarse en las mañanas y lo único que había hecho era desempacar cajas en su nueva casa. El asma, que no la molestaba desde la universidad, estaba haciendo otra vez de las suyas. Sentía hambre todo el día, deseaba con ansias alimentos que nunca antes había comido; la preocupaba estar deprimida. Tracy le confió todo esto a su madre y esta le contó que había pasado por una época estresante durante el embarazo de ella. En ese tiempo, a su esposo lo transfirieron fuera del país y ella sola se había encargado de casi toda la mudanza. Cuando apenas comenzaban a establecerse, la abuela de Tracy se enfermó de gravedad y su madre tuvo que viajar de Europa a Estados Unidos tan a menudo como le era posible. Aunque el embarazo en sí no tuvo tropiezos, la madre de Tracy dijo que se había presentado durante la época más difícil de su vida. Alentó a su hija para que disfrutara el sol de California e hiciera ejercicio al aire libre. Después de que Beth escuchó esta historia, pensó que podía existir una conexión entre las dificultades que vivió la madre de Tracy durante el embarazo y la respuesta y sensibilidad de esta última al estrés.

Tracy trató de salir adelante, pero simplemente no podía reunir los ánimos. Le dolía todo y no podía concentrarse ni siquiera el tiempo suficiente para terminar de leer un artículo de revista. Hizo una cita con Beth porque había empezado a tener un dolor insoportable durante el coito. Cada vez que ella y su marido intentaban tener relaciones sexuales, tenía que apretar los dientes para ser capaz de soportar y terminar. El placer ni siquiera era su meta en ese momento, lo único que quería era pasar por ahí sin ese dolor tan fuerte.

En el examen físico se veía normal, pero el examen pélvico resultaba muy doloroso, algo que nunca antes le había sucedido. Comenzamos a hacerle un tratamiento para una afección que se denomina vulvadinia, una hipersensibilidad de los nervios en la piel de la vulva, pero no presentaba mejoría con ningún medicamento.

Como en el matrimonio de Tracy los roces eran cada vez mayores, Beth les sugirió que consultaran un consejero matrimonial porque la vulvadinia es muy difícil para una pareja. Después de varios meses de consulta con Beth, Tracy dejó de ir y regresó un año después.

En el chequeo anual parecía una persona diferente, se veía sonriente y radiante. Ella y su marido habían tomado la decisión de separarse. Aunque su relación siempre había sido conflictiva, Tracy tenía la esperanza de que al mudarse con él a la costa oeste las cosas serían diferentes, pero no funcionó. Después de la separación, ella volvió a preocuparse por mantener en forma su cuerpo ágil y amante de la moda, lo que la llevó a empezar una nueva profesión como instructora de Pilates. Esto le abrió un nuevo círculo de amistades y ahora tenía un novio nuevo con el que sostiene relaciones sexuales cómodamente desde que se conocieron.

de producir suficiente cortisol o se ha perdido el ritmo diario normal y saludable de producción de esta hormona. En una respuesta normal al estrés, el cortisol ayuda a equilibrar y a modular al sistema nervioso central estimulado. Cuando los efectos del cortisol son insuficientes, el cerebro y el sistema nervioso simpático, ya excitados, reaccionan en exceso. Como la producción de norepinefrina en el cerebro es alta, el sistema nervioso simpático también permanece acelerado al máximo.

El cortisol mantiene la función inmunológica a raya; por ello, cuando sus niveles descienden, se quita el freno del sistema inmune. Esto puede dar como resultado una respuesta inmune hiperactiva que ataca los tejidos del cuerpo y trae como consecuencia artritis, problemas tiroideos, lupus, inflamación aumentada, asma o sensibilidad al dolor.

Algunas investigaciones demuestran que experimentar estrés dentro del útero o adversidades durante la infancia, puede alterar la anatomía del cerebro y la sensibilidad de este a las hormonas del estrés y determinar un tipo de respuesta HipoS. Además, puede limitar directamente la capacidad de las glándulas suprarrenales para producir cortisol en respuesta a las señales cerebrales de estrés.

De la vida real

Sharon, una paciente de hace muchos años, llegó al consultorio para un examen de rutina. Durante el examen pélvico, Stephanie notó que tenía verrugas genitales, una infección de transmisión sexual. Sharon acababa de celebrar las bodas de plata matrimoniales. Cuando Stephanie le dijo que tenía una enfermedad transmitida sexualmente y que necesitaba una biopsia, Sharon quedó visiblemente afectada por la noticia.

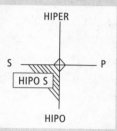

En el momento en que la biopsia confirmó el diagnóstico, tuvo que encarar el hecho de que su marido le había sido infiel, posiblemente durante sus frecuentes viajes de negocios. Cayó en un estado de confusión mental: por un lado, la aterrorizaba dejar a su esposo y comenzar de nuevo a los cincuenta y tantos años; y por otro, estaba furiosa con él por haberla traicionado. Llena de inseguridad en sí misma y también de enojo, se volvió llorona, ansiosa e irritable. No quería que nadie supiera lo que sucedía, en especial sus dos hijos que estudiaban en la universidad, fuera de casa. Después de confrontar a su esposo, él se arrepintió y le sugirió que hicieran terapia de pareja.

Se sentía exhausta y le dolía todo. Empezó a usar la comida como consuelo y engordó. Se culpaba a sí misma por lo que le estaba pasando, porque no era capaz de terminar con su matrimonio aunque sentía que se había roto para siempre. El conflicto era doloroso a todo nivel. Stephanie volvió a ver a Sharon de nuevo y le diagnosticó una enfermedad tiroidea autoinmune. La tiroides es muy vulnerable al estrés y las mujeres de más de cuarenta años tienen una incidencia relativamente alta de trastornos tiroideos; sin embargo, la enfermedad de Sharon podía tratarse con medicamentos. Empezó la terapia, decidió salvar su matrimonio y trabajó con Stephanie en la elaboración de un programa de desintoxicación del estrés para restablecer su salud y fortalecerse. Todavía está lidiando con su conflicto matrimonial, pero su salud sigue mejor.

Las mujeres HipoS están en riesgo de desarrollar una amplia gama de enfermedades. Los medios de comunicación le han prestado atención a los efectos nocivos de la hipercortisolemia, o sobreproducción de cortisol, inducida por estrés, y por esta razón algunas personas creen que es el desequilibrio más perjudicial. Podría pensarse, por consiguiente, que los niveles bajos de cortisol son beneficiosos para la salud, pero este no es el caso necesariamente. Al parecer, este descenso se da en personas susceptibles que han estado expuestas al estrés crónico por largos periodos. Algunos investigadores creen que es un esfuerzo alostático del cuerpo por protegerse a sí mismo de los efectos nocivos de la elevación de cortisol, este ajuste se dispara en dirección contraria y genera una clase diferente de carga alostática. Esta consiste principalmente en un sistema inmunológico activado en exceso y genera dolor y fatiga, y un sistema nervioso central que se estimula con mucha facilidad. El tipo HipoS se excede en los ajustes, limita la efectividad del eje HPA y le suelta las riendas al sistema nervioso simpático.

Por favor lea la siguiente lista y observe si ha tenido alguno de estos síntomas, tendencias o experiencias pasadas, en épocas de estrés:

- Infortunios durante los primeros años de vida, inclusive estrés materno en el embarazo
- Sensibilidad extrema al estrés
- Incapacidad para concentrarse
- Sueño aumentado
- Se acuesta tarde y le da dificultad levantarse en las mañanas
- Aumento del apetito
- Tensión muscular
- Fatiga y agotamiento
- Dolor crónico
- Falta de motivación, inactividad
- Tembladera
- Fluctuaciones en la presión arterial
- Quejas gastrointestinales: náusea, diarrea, vómito
- Índice de masa corporal alto con tendencia a engordar en caderas y muslos
- Aumento de la susceptibilidad a la inflamación

La lista de enfermedades que el tipo HipoS puede desarrollar demuestra que los niveles bajos de cortisol son tan perjudiciales como los niveles elevados:

- Depresión estacional
- Depresión posparto
- Síndrome de fatiga crónica
- Eczema, seborrea, psoriasis
- Asma
- Enfermedades cardiacas
- Trastornos tiroideos autoinmunes
- Lupus

- Síndrome de pánico
- Dolor lumbar
- Dolor pélvico crónico
- Fibromialgia
- Síndrome premenstrual
- Cistitis intersticial (vejiga inflamada)
- Alergias

- Síndrome de colon irritable
- Artritis reumatoidea
- Osteoporosis
- TDAH
- Irritación o dolor vulvar crónico
- Síndrome por estrés postraumático

¿Se ve reflejada en estas situaciones?

1. ¿Su madre tuvo una vida difícil o estresante durante su embarazo?
2. ¿Fue usted una bebé prematura de bajo peso?
3. ¿Sufrió adversidades durante la niñez como malnutrición, divorcio o muerte de sus padres o mudanzas frecuentes?
4. ¿Las cosas pequeñas, que parecen no molestar a otras personas, la estresan y le parecen demasiado duras de manejar?
5. ¿Se siente exhausta?
6. ¿Tiene achaques y dolores generalizados?
7. ¿Come para satisfacer sus necesidades emocionales y sentirse reconfortada?
8. ¿La sola idea de hacer ejercicio es suficiente para sentirse cansada?
9. ¿Le da dificultad levantarse en las mañanas?
10. ¿Tiene eczema, psoriasis o piel hipersensible?
11. ¿Padece síndrome premenstrual severo?
12. ¿Tiene dolor lumbar?
13. ¿Sufre de alergias o asma?
14. ¿Tiene depresión estacional?

TIPO HipoP

El HipoP es el tipo más raro de respuesta al estrés, es un estado extremo causado por un desequilibrio grave. Si usted presenta una respuesta HipoP, a menudo se siente como una espectadora de su

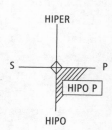

propia vida; tiende a desconectarse del mundo y a retraerse porque no se siente estimulada por este ni por las personas que la rodean. Puede marearse si se pone de pie bruscamente, y se desmaya con facilidad. Es hipersensible al estrés, se siente indefensa y tiende a ser pasiva cuando tiene que enfrentar contrariedades. Puede tener dificultades para expresar sus sentimientos; de hecho, estos parecen estar tan profundamente enterrados que le es imposible tener acceso a ellos. Rara vez expresa placer o dolor emocional; casi nunca sonríe y, por lo general, su tono de voz es plano e inexpresivo al hablar. Suele tener achaques y dolores e incluso puede presentar espasmos abdominales en situaciones emotivas, pero no establece la conexión entre lo físico y lo emocional.

COMPONENTES DE LA RESPUESTA HipoP

La respuesta HipoP al estrés aparece cuando el eje HPA, el productor del cortisol o la hormona del estrés, y el sistema nervioso simpático o el activador del cuerpo frente a un desafío están sincronizados, pero funcionan en niveles crónicamente bajos. Esto parecería una condición conveniente, porque significa que el cuerpo no está en un estado excesivo de alerta, pero en realidad representa un desequilibrio grave. Al tipo HipoP lo dominan los efectos del sistema nervioso parasimpático, el sistema encargado de devolverle a uno el equilibrio y de restablecerlo después de las rápidas respuestas del sistema nervioso simpático. La dinámica de esta respuesta al estrés es compleja; una causa posible es una producción insuficiente de norepinefrina en el cerebro. La excitación, la vigilancia y la participación activa en el entorno exigen niveles adecuados de norepinefrina. Un desequilibrio HipoP le roba a uno la vitalidad y la alegría. Los niveles anormales de cortisol a lo largo del día afectan la función inmune, el metabolismo y la presión arterial.

En este tipo de respuesta el tracto gastrointestinal es particularmente vulnerable al estrés por el aumento de la actividad parasimpática, ya que este sistema es el encargado de controlar las funciones digestivas. La combinación del descenso de cortisol y del aumento de la actividad parasimpática hace que a estas personas se les dificulte llevar a cabo incluso ajustes pequeños. Las exigencias cotidianas sobre el eje HPA, el

De la vida real

Lori y su esposo, Tom, son muy unidos. Tom es todo para Lori y nunca la decepciona. Un día, mientras trabajaba en la huerta de hortalizas, Tom se inclinó hacia adelante con un terrible dolor en el pecho. Lori, que se dirigía hacia el jardín para llevarle un vaso de té helado, lo encontró tendido en la hierba con la mano en el pecho. Llamó al 911 y lo reconfortó hasta que la ambulancia llegó. Había sufrido un ataque cardiaco que le exigiría un largo

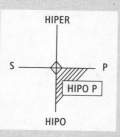

periodo de recuperación. De repente, a los cuarenta y dos años, Lori tuvo que asumir la responsabilidad de hacerse cargo de sus vidas y de cuidar al hombre que tanto amaba.

Al principio, acogía con agrado la preocupación de los amigos y familiares, pero se agotó demasiado como para atender a las visitas. Aunque agradecía que la gente se preocupara por Tom, era incapaz de hablar de sus propios sentimientos. Todas las llamadas telefónicas, los correos electrónicos y las visitas inesperadas comenzaron a parecerle una carga. La pasaba mal al encargarse de todo y le indignaba cualquier cosa que la distrajera de cuidar a Tom y de crear un ambiente sereno para él. No quería hablar, ni siquiera pensar en el ataque cardiaco y en lo cerca que había estado de perder a su marido. A pesar de que no quería preocupar a Tom y que trataba de parecer alegre cuando estaba con él, comenzó a sentir que se acercaba al límite de lo que podía dar; sentía como si estuviera viendo su vida a través de una niebla espesa. En los momentos en que no estaba con Tom en la habitación se sentaba a mirar al vacío, con un sentimiento de indefensión y soledad. A menudo se le olvidaba comer y le daban espasmos abdominales y mareos.

Su madre viajó desde el Medio Oeste para ayudarle y se angustió más al ver el estado de Lori que el de Tom. Lori siempre había sido modesta y algo retraída, pero su aislamiento se había vuelto mucho más grave. La madre de Lori le insistió en que viera un médico, la convenció de que debía cuidarse a sí misma o no podría ayudarle a su esposo enfermo. Lori fue al consultorio de Beth y esta sospechó que tenía un tipo de respuesta HipoP al estrés.

Beth le sugirió que comenzara a llevar un diario de sus emociones, sobre todo cuando se presentaran molestias físicas como los espasmos abdominales. Le recomendó una intervención nutricional específica para ayudarle a controlar su respuesta inmune y para darle más energía. También hizo que Lori comenzara a hacer ejercicio de bajo impacto, lentamente. Después de que Lori se dedicara un poco más de atención e hiciera cambios, comenzó a recuperarse. Al año siguiente, Tom se había restablecido de su enfermedad cardiaca y Lori sentía de nuevo que era ella misma.

cerebro y el sistema nervioso simpático pueden ser una carga para su energía suprimida.

Los síntomas de una respuesta HipoP son marcados porque son extremos:

- Infortunios *in utero* y/o en la niñez
- Fatiga y agotamiento
- Retraimiento de las personas y de las actividades
- Falta de energía o motivación
- Aburrimiento
- Síndrome de indefensión aprendida
- Disminución de la sudoración
- Hipersensibilidad al estrés
- Frecuencia cardiaca baja
- Falta de energía
- Conducta pasiva
- Poco tono muscular
- Tendencia a perder el sentido o a desmayarse
- Espasmos abdominales
- Diarrea
- Presenta un descenso de la presión sanguínea con un consumo mínimo de alcohol
- Tendencia a sentirse mareada si se pone de pie muy rápido

Aparte de tener una calidad de vida lamentable, la mujer HipoP está en riesgo de empezar a sufrir:

- Asma
- Colitis ulcerativa
- Trastornos inflamatorios
- Síndrome de indefensión aprendida

¿Se ve reflejada en estas situaciones?

1. ¿Fue una bebé prematura?
2. ¿Está demasiado agotada?
3. ¿Le falta energía o motivación?
4. ¿Tiende a ser pasiva?
5. ¿Se descubre a sí misma alejándose de la gente?
6. ¿Está aburrida?
7. ¿Le da dificultad expresar sus sentimientos?
8. ¿Le dan espasmos abdominales o diarrea si está estresada?

De la vida real

Juliette estaba sentada medio hundida en la camilla de examen, con una actitud apática. Le dijo a Stephanie que su novio le había insistido para hacerse una revisión porque el otro día había estado a punto de desmayarse en el trabajo al incorporarse de la mesa de conferencias después de una larga reunión. Se había opuesto a ir, pues argumentaba que solo era cansancio.

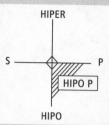

Stephanie le preguntó qué le pasaba y ella masculló que siempre estaba exhausta y que había perdido el interés en casi todo. Sufría de cólicos estomacales, diarrea y todo parecía estresarla. A pesar de que antes de la cita el novio de Juliette había puesto a Stephanie al corriente de las circunstancias, Stephanie se sorprendió al ver el grado de extenuación de la paciente. Juliette siempre había sido demasiado reservada y Stephanie sospechaba que había tenido problemas graves en el pasado. Durante la conversación con el novio de Juliette, se enteró de que ella era retraída, no tenía amigos íntimos y había empezado a evitar todo contacto social.

En el transcurso del examen, mientras hablaban, Stephanie se enteró de que el jefe y mentor de Juliette había dejado la compañía por un cargo más alto en otro lado y había sido reemplazado por un tirano cuyas expectativas eran impredecibles y poco realistas. Para Juliette no era fácil adaptarse a las exigencias de su nuevo jefe que le llamaba la atención todo el tiempo y nunca estaba satisfecho; simplemente no sabía cómo complacerlo. Todo el mundo en la oficina se veía afectado y el lugar pasó de tener un ambiente cálido y de confianza, a uno áspero y tenso. Juliette sabía que de ningún modo estaba manejando bien la situación y, después de varios meses, esta comenzó a enfermarla.

Stephanie le explicó a Juliette que tenía una reacción al estrés de tipo HipoP. Le recomendó que empezara a hacer ejercicio temprano en la mañana con un video de Pilates que la introdujera muy despacio en el programa. Además le recomendó acostarse temprano y tomar melatonina para regular su patrón de sueño. También le aconsejó cambios alimenticios específicos para darle energía y mejorar el ritmo de producción de cortisol. En la visita de seguimiento, aunque el ambiente de trabajo todavía no era ideal, admitió que tenía más energía y que se sentía más optimista.

9. ¿Tiene poco tono muscular?
10. ¿La afecta fuertemente la más mínima cantidad de alcohol?
11. ¿Suele sentirse mareada o a punto de desvanecerse?

TIPO HiperP

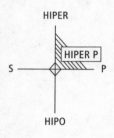

Por lo general, los HiperP son personas de muchos logros, no paran de trabajar hasta que se colapsan como un suflé desinflado. Las mujeres HiperP tienden a excederse inclusive durante los fines de semana o las vacaciones cuando tendrían tiempo para relajarse: en vez de alcanzar un estado de equilibrio, su sistema nervioso pasa de ir a toda marcha a colapsarse. Cuando se derrumban, se sienten agotadas, exhaustas y apenas son capaces de funcionar. Algunos sábados se la pasan en el sofá con algo de náuseas y visión borrosa. Después de descansar de manera apropiada por lo general se recuperan y vuelven a la normalidad.

En este tipo, los síntomas aparecen después de que la situación estresante pasa. La respuesta es un cambio radical de la actividad desmedida, al colapso. Aunque muchas personas se sienten así después de un duro día de trabajo, la respuesta HiperP es extrema y recuperarse de ella exige algo más que un poco de descanso. Es necesario recogerse o aislarse por lo menos de uno a cuatro días para restituir el equilibrio.

COMPONENTES DE LA RESPUESTA HiperP

El HiperP es un estado pasajero que sucede después de que el episodio de estrés se disipa de manera permanente o temporal. Puede causar fatiga intensa, alteraciones en el estado de ánimo y una falta de iniciativa y motivación. Esto ocurre si el suministro de norepinefrina del cerebro se agota debido a periodos prolongados de sobreexcitación y vigilancia. El sistema parasimpático o de restauración predomina temporalmente. La persona se siente muy extenuada y tiene dificultad para mantenerse enfocada y concentrada. El eje HPA funciona normalmente en respuesta al estrés, pero las dos ramas de esta respuesta —las hormonas y el sistema nervioso— dejan de estar sincronizadas de manera transitoria hasta que los niveles de norepinefrina sean restituidos.

De la vida real

Louise es una eminente abogada penalista de cincuenta y tantos años, sus amigos y parientes la admiran porque es capaz de hacer de todo —matrimonio, hijos, una práctica exitosa de su profesión, un exigente trabajo en las cortes, participa en obras de caridad, una vida social activa— y, aunque combina tantas actividades, se ve estupenda. Parece que el estrés le sentara de maravilla.

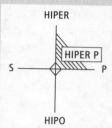

En la revisión anual, le mencionó a Stephanie un patrón que había aparecido hacía algunos años. Cuando salía de vacaciones con la familia y tenía oportunidad de relajarse, se transformaba en una persona diferente: extenuada, retraída y callada. Quería dormir en vez de esquiar, bucear a pulmón libre o hacer largas caminatas en familia. Era como si tan pronto abandonaba la rutina cotidiana se derrumbara y se fundiera. Era tan eficiente para mantenerse a toda marcha en la vida normal, que apenas tenía la oportunidad de relajarse, sufría un colapso. La repetición de este patrón le dolía a su familia; sentían que ella tenía tiempo para todo el mundo; sin embargo, si salía de viaje con ellos necesitaba estar sola. Después de unos días, ella se recuperaba del sopor y se integraba de nuevo a la familia con nuevas energías, pero sentía que debía compensar el hecho de haberse derrumbado y así volvía a empezar el ciclo otra vez.

Louise siguió los consejos de Stephanie y empezó a irse de vacaciones uno o dos días antes que el resto de la familia. Se iba de primera o se daba un tiempo libre para relajarse. Esto le permitió disfrutar cada día de las vacaciones con su familia. Además discutió con Stephanie los cambios que podía hacer en su vida para evitar sufrir un colapso en el futuro.

El descanso, la tranquilidad y un consumo adecuado de proteínas hacen que las reservas de norepinefrina se restituyan de manera eficiente y que se recupere la alostasis con rapidez. Sin embargo, si una persona HiperP permanece mucho tiempo en este estado, sospechamos que evolucionará hacia el estado HipoP, que es más grave. Aunque esta es una conjetura clínica nuestra, todos los signos y síntomas indican que el tipo HiperP es un candidato para el agotamiento.

Los síntomas transitorios de los HiperP son:

- Agotamiento excesivo
- Incapacidad para hacer cualquier cosa
- Falta de energía
- Apatía
- Irritabilidad
- Emotividad excesiva
- Necesidad de dormir

- Retraimiento
- Poca concentración
- Intolerancia al ejercicio
- Se sienten desfallecer
- Náuseas
- Tendencia a deshidratarse
- Visión borrosa

De la vida real

Julia tiene cuarenta y un años de edad, y sus dos hijos, nueve y once. Dos veces al mes su esposo organizaba un sábado especial con los niños para que Julia tuviera tiempo para consentirse o para estar con sus amigas, sin los niños. Sin embargo, él comenzó a preocuparse al ver que la idea de ella de darse un día libre era meterse en la cama y cubrirse hasta la cabeza con las mantas. Estaba seguro de que se encontraba deprimida o de que sus hormonas estaban desequilibradas, así que la animó a pedir una cita. Julia consultó con Beth y le contó que sus episodios de cansancio extremo no eran cíclicos y que no tenían ninguna relación con sus ciclos menstruales. Atendía demasiadas cosas a la vez: estaban remodelando la cocina, o sea que prácticamente vivían en una construcción; los niños practicaban deportes y ella los llevaba a los entrenamientos y juegos y tenían un cachorro nuevo que exigía mucha atención. Se sentía agobiada y ansiosa, tenía dificultades para dormir y no tenía deseos de comer, incluso si la cocina hubiera estado organizada.

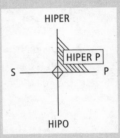

Julia explicó que a pesar de ser capaz de hacer todo esto, cuando tenía la oportunidad de un descanso largo en el que no tuviera que hacer nada, soltaba las riendas por completo y se derrumbaba. Al final de su sábado libre, su familia llegaba y ya ella se sentía renovada y feliz de escuchar sus aventuras. Beth le explicó que los colapsos que sufría eran una respuesta de estrés que podía evitar siguiendo el Programa de desintoxicación del estrés HiperP, descrito en el capítulo 9.

Si el tipo HiperP descansa en forma apropiada y con regularidad, recupera la alostasis y no desarrolla ninguna enfermedad. Si no se recupera, tiene riesgo de sufrir:

- Úlceras
- Incompetencia en el desempeño
- Fatiga progresiva e intensa
- Falta de motivación

- Incapacidad para iniciar nuevas actividades
- Agotamiento
- Descenso en la libido

¿Se ve reflejada en estas situaciones?

1. ¿Se caracteriza por realizar múltiples tareas en forma simultánea?
2. ¿Tiene energía ilimitada, hasta que se detiene?
3. ¿Sufre colapsos graves algunos fines de semana?
4. ¿Se desconecta del mundo cuando sufre un colapso?
5. ¿Algunas veces se pasa todo un sábado o un domingo en la cama o sin pararse del sofá?
6. ¿Necesita aislarse para recuperarse?
7. ¿Suele enfermarse durante los primeros días de vacaciones?
8. ¿Cuando está en este estado, siente que cualquier exigencia es agobiante?
9. ¿Está irritable?
10. ¿Tiene visión borrosa?

Independientemente de que su tipo sea HiperS, HipoS, HiperP, HipoP o una combinación de ellas, debe entender que estos estados no son estáticos. Son tomas instantáneas de la respuesta característica de uno al estrés, pero no retratos completos. Estos cuatro tipos representan las principales manifestaciones del estrés que vemos a diario, y son mutables. Si el estrés crónico progresa o se vuelve implacable, es posible pasar de un tipo a otro. Un HiperS cuyas glándulas suprarrenales se agotan por un estrés prolongado, puede convertirse en un HipoS. Si las reservas de norepinefrina de un HiperS se reducen, puede transformarse en un HiperP. Creemos que los HiperP están en riesgo de agotar la producción de cortisol y esto haría que pasaran a ser HipoS o HipoP. Pensamos que es difícil, sin embargo, que un HipoS o un HipoP se transformen en un HiperS o en un HiperP.

Ya sea que usted se identifique por completo con uno de estos tipos o que se reconozca en los cuatro, lo importante es que entienda la vulnerabilidad de la mente y el cuerpo al estrés y la forma en que este los afecta. Ahora usted está en una posición en la que puede comenzar a deshacer el impacto destructivo del estrés crónico. La segunda parte de *¡Qué estrés!* le dará las herramientas que necesita para manejar el estrés y restablecer el equilibrio, la vitalidad y el placer.

PROGRAMAS DE DESINTOXICACIÓN DEL ESTRÉS

CAPÍTULO CINCO

FUNDAMENTOS DEL ALIVIO DEL ESTRÉS

Relajación, sueño reparador y ritmos naturales

Ahora, al comenzar a leer este capítulo, estudie su cuerpo con detenimiento. ¿Puede bajar los hombros? Si puede, está guardando más tensión en los músculos de la que debería. ¿Tiene el ceño fruncido porque está concentrada? ¿Está sujetando este libro con fuerza, apretando la mandíbula o rechinando los dientes? ¿Está sentada en el borde de la silla? La postura y la forma en que uno se para revelan el grado de tensión que experimenta, pero, de hecho, también generan una respuesta al estrés. Los músculos tensos le envían un mensaje al cerebro que estimula la corteza cerebral, esta activa entonces el eje HPA, el sistema hormonal de alarma, y el sistema nervioso autónomo que es el responsable de la protección y la supervivencia. Ya sea que uno esté tenso porque está estresado o que esté estresado porque está tenso, tomarse un momento para aflojar el cuerpo lo hará sentir muy diferente.

Si hay estrés, el cuerpo puede asumir una postura agresiva o defensiva. La forma en que uno se para, inclinado hacia adelante o hacia atrás, con el pecho salido o los hombros caídos, a menudo refleja su punto de vista sobre una situación o la visión que tiene de su lugar en el mundo. Del mismo modo que la tensión muscular puede ser un signo de estrés psicológico, mantener posturas tensas puede generar estrés. Apretar y tensar los músculos prepara el cuerpo para escapar o atacar, pero también causa fatiga y dolor. La tensión muscular y la inmovilidad estresan las articulaciones y reducen el flujo sanguíneo; esto contribuye a disminuir la energía y a sentir cansancio y tensión. Los dolores de cabeza por tensión, el dolor de cuello, de hombros y de espalda a menudo aparecen como consecuencia de la postura. La tensión muscular también lo hace a uno más propenso a la preocupación y a permanecer molesto más tiempo.

Observe la forma como respira. ¿Es superficial, empieza en la parte superior de los pulmones? ¿El diafragma participa y hace que el estómago se mueva hacia adentro y hacia afuera, o depende de los músculos de la caja torácica y de los hombros? ¿Las inspiraciones son rápidas e irregulares? En un estado de calma la respiración debe ser regular y plena, pues esto favorece la relajación. Esta clase de respiración disminuye la frecuencia cardiaca y deprime la actividad del cortisol, la principal hormona del estrés. Si la respiración es rápida y superficial, los niveles de dióxido de carbono en la sangre pueden cambiar y producir sensación de mareo, ansiedad y pánico. La respiración estresada utiliza más energía y estimula todos los sistemas y procesos internos en forma indiscriminada.

¿Es capaz de concentrarse en las palabras de esta página, o está concentrada en la rigidez de sus articulaciones, molestias gástricas u otras cosas que le suceden en el cuerpo? ¿Está pensando en lo cansada que está o en todo lo que tiene que hacer más tarde? ¿Estos pensamientos la hacen sentir ansiosa, deprimida o enojada? Los sitios por donde deambula la mente a veces son un buen indicador de las molestas preocupaciones que generan un estado de estrés en el cuerpo. A veces, el solo hecho de pensar en una enfermedad agrava los síntomas.

Hacer un inventario de lo tensa y distraída que está en este momento le da una idea de qué tan estresada está. Quizá sienta que está relativamente relajada y que su atención está puesta en la lectura. Sin embargo, al observarse de manera objetiva, encuentra signos residuales del estrés del día en su cuerpo. El estrés puede integrarse de tal manera a la vida que uno se acostumbra a la tensión física y emocional y olvida cómo es la sensación de relajación y soltura. En esta parte del libro queremos mostrarle la importancia de hacer de manera periódica un inventario de cómo se siente, para empezar a deshacer los efectos a largo plazo que el estrés haya tenido en su cuerpo y en su vida. Independiente de

De la vida real

Renee, una mujer dinámica de sesenta y un años, solo aparentaba un poco más de cuarenta. Era una exitosa decoradora de interiores cuyo trabajo se había cotizado mucho; tenía que rechazar negocios de todo el país porque estaba demasiado ocupada y por la alta demanda que tenía. En la época en que visitó a Stephanie para su examen anual, viajaba con regularidad a Aspen para supervisar los trabajos en el hotel de esquí de un magnate. Sentía que cada vez estaba más agotada y empezaba a notar más achaques y dolores, sobre todo en el cuello.

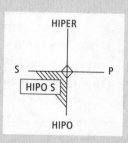

Renee rara vez había tenido problemas físicos. Pasó por la menopausia sin presentar síntomas graves, aunque tomaba una dosis baja de terapia de reemplazo hormonal para prolongar los efectos protectores del estrógeno en la mente y el estado de ánimo. Sin embargo, en el examen anual, tanto Stephanie como ella se sorprendieron al descubrir que tenía la presión arterial muy alta, 152/92 (lo normal por lo general es 120/70). Stephanie sospechaba que Renee tenía una respuesta al estrés de tipo HipoS, su sistema nervioso simpático estaba trabajando a toda máquina y como no tenía oportunidad de descansar y recuperarse, en consecuencia, su presión arterial se había elevado.

Renee quería evitar depender de un medicamento de por vida, entonces Stephanie le sugirió que dieran un paso a la vez, y que fueran eliminando posibles soluciones si no le daban resultado. Empezaron con la más fácil: la meditación. Renee no tenía problema en concentrarse, podía meditar en un avión, un auto o en la habitación de un hotel. Como estaba motivada para disminuir la hipertensión, cambió la dieta, meditaba dos veces al día o cuarenta minutos en total, y aumentó las caminadas diarias. En dos meses logró controlar su presión sanguínea. Pero, aún mejor, la meditación le trajo muchos beneficios a su vida: se sentía más equilibrada y arraigada, adquirió un nivel de relajación que la rejuveneció y le permitió tener pensamientos más creativos tanto en la vida como en el trabajo. Le atribuía a la meditación el haber elevado su creatividad a nuevos niveles.

cuál de los cuatro tipos de estrés sea el suyo, en los siguientes capítulos le mostraremos cómo centrarse de nuevo mediante el equilibrio de los sistemas corporales para recuperar la energía, la vitalidad, la salud y la felicidad. Muchas de las recomendaciones que haremos son aplicables a los cuatro tipos de estrés. A medida que avancemos destacaremos aquellas que son particularmente efectivas para cada tipo específico; así, mientras lee, verá su plan desplegarse.

Reducir el estrés es un proceso absolutamente individualizado. Lo que funciona para usted tal vez no funcione para su mejor amiga. La idea que usted tiene de la relajación también puede ser diferente a la de ella. Quizá usted solo quiera manejar el estrés, dormir más o estimular la sanación; quizá quiera aumentar la energía o la buena salud para ser capaz de actuar con calma y ser más productiva y eficiente; quizá desea incrementar la creatividad, el disfrute o la comprensión o quizá tenga metas trascendentales que inspiren una conciencia plena y espiritualidad. Independiente de cuáles sean sus metas, le ofreceremos una variedad de tácticas que puede ensayar para reducir el estrés.

Si el cuerpo no está sincronizado, la alostasis se altera y se aumenta la susceptibilidad a los efectos físicos y emocionales del estrés. Pero si los diversos sistemas internos están bien coordinados para conservar la alostasis, uno se siente de maravilla. Este es el principio fundamental que queremos que entienda cuando empiece a realizar cambios en su estilo de vida.

Llevar a cabo estos cambios significa que usted se responsabiliza de su salud. A veces esto resulta intimidante; por esta razón muchas personas le piden al médico una píldora mágica que haga desaparecer sus síntomas y las haga sentir mejor. La mayoría de nosotros preferiría que se nos diagnosticara una enfermedad conocida que tenga un tratamiento establecido, más bien que tener que enfrentar síntomas complejos que no tienen un derrotero prescrito para aliviarse. Parece más fácil tomarse una píldora que cambiar la vida por medio del desarrollo de hábitos más sanos y de la creación de un equilibrio.

No estamos diciendo que usted sea la responsable de enfermarse; sin duda tampoco estamos diciendo que usted haya fracasado si no puede controlar una enfermedad que contrajo. Después de haber leído sobre las complejas interacciones de sus sistemas internos, es probable que ya tenga una noción clara sobre la cantidad de cosas que simplemente no puede controlar. Lo que queremos que saque en claro de este libro es una idea de lo que *puede* hacer para mejorar la salud y el bienestar.

Sobre todo queremos enseñarle a protegerse a sí misma contra el estrés crónico que con el tiempo terminará por agotarla.

RELAJACIÓN

Aunque la importancia de la relajación ha sido reconocida desde la Antigüedad, Herbert Benson, cardiólogo de la Universidad de Harvard y director del Instituto Médico Mente-Cuerpo de esta misma universidad, hizo un hallazgo importantísimo a principios de la década de los setenta. Sus estudios revelaron que tenemos una habilidad innata para disminuir la frecuencia cardiaca, la presión sanguínea y la actividad de las ondas cerebrales, un proceso de autoprotección que él denomina "respuesta de relajación". La respuesta, una imagen en espejo de la respuesta al estrés, emplea el sistema parasimpático o el sistema de descanso y restablecimiento, para disminuir la excitación.

Al estudiar individuos que practicaban meditación trascendental, Benson encontró que durante la meditación estos sujetos disminuían radicalmente la frecuencia cardiaca, la frecuencia respiratoria, la presión arterial y el índice metabólico; estos cambios físicos sugerían una profundización de la relajación. **Benson y sus colegas propusieron la teoría de que, así como muchos factores estresantes diferentes activan la respuesta de luchar o huir, algunos métodos, además de la meditación trascendental, pueden generar la respuesta de relajación**. Los investigadores hallaron que no importaba si uno estaba sentado o de pie, si estaba callado o entonaba cánticos. Había innumerables formas de lograr la respuesta de relajación: yoga, caminar, nadar, trabajar en el jardín, básicamente cualquier actividad que lo saque a uno de sí mismo. La investigación comprobó que la respuesta de relajación era una forma efectiva de tratar dolores de cabeza, el síndrome premenstrual, la ansiedad y todas las depresiones, excepto la depresión profunda.

La investigación en expansión de Benson y sus colegas reveló la poderosa conexión entre la mente y el cuerpo. El trabajo que publicaron en las revistas científicas causó controversia porque desafiaba las nociones aceptadas por la medicina tradicional occidental de que las

Desde el laboratorio

HERBERT BENSON Y LA RESPUESTA DE RELAJACIÓN

En la última edición de *La respuesta de relajación*, Benson escribe:

"Hemos identificado, una a una, afecciones que pueden mejorarse o eliminarse por completo con ayuda de la respuesta de relajación, el bienestar recordado y otros métodos de autocuidado... Aprendimos que es posible tratar cualquier desorden de manera efectiva por medio del cuidado de sí mismo, en la medida en que ese desorden sea causado por el estrés o por las interacciones entre la mente y el cuerpo. De hecho, la mayoría de las quejas comunes que los pacientes traen a la consulta médica se pueden aliviar de forma parcial o total, simplemente con la aplicación de técnicas de autocuidado. Si aprovecháramos los recursos gratuitos de sanación que todos tenemos en nuestro interior, los Estados Unidos, según un estimativo conservador, se podría ahorrar más de 50 millardos de dólares que se desperdician en gastos de atención de salud cada año".

emociones o los procesos mentales conscientes, que ellos consideran no cuantificables, no afectan los sistemas físicos del cuerpo. Más de treinta años después, Benson todavía se dedica al estudio científico de la respuesta de relajación, al igual que de la nutrición, el ejercicio y el manejo del estrés.

Benson, de acuerdo con lo que él y sus colegas hallaron, hace una lista de las afecciones que mejoran en forma considerable con el uso de técnicas de autocuidado:

- Dolor en el pecho
- Arritmias cardiacas
- Reacciones alérgicas en la piel
- Ansiedad
- Depresiones leves y moderadas
- Asma bronquial
- Herpes simple
- Tos

- Estreñimiento
- Diabetes mellitus
- Úlceras duodenales
- Fatiga
- Hipertensión
- Infertilidad
- Insomnio
- Náuseas y vómito durante el embarazo
- Nerviosismo
- Todo tipo de dolores, incluso posquirúrgicos
- Síndrome premenstrual
- Artritis reumatoidea

Las décadas de trabajo de Benson con miles de pacientes y de participantes en sus investigaciones han demostrado que todas las enfermedades tienen un componente psicofísico y que pueden mejorar potencialmente con el uso de técnicas de relajación. ¿Observó que la lista de Benson incluye enfermedades y síntomas que abarcan los cuatro tipos de estrés? Sin importar qué tipo de estrés sea el suyo, aprender a apelar a la respuesta de relajación será provechoso para usted, pero también podrá obtener beneficios específicos para su tipo particular:

HiperS: tiene una alta producción de cortisol y un sistema nervioso simpático activado en forma desmedida, esto la hace sentir ansiosa y agitada. La relajación baja la presión sanguínea y la ansiedad; la desacelera y le mejora el sueño. Puede emplear las técnicas de meditación para evitar o superar dependencias y adicciones.

HipoS: tiene mucha sensibilidad al estrés porque su sistema nervioso simpático está descontrolado; los niveles bajos de cortisol que presenta también generan una actividad extrema de las reacciones inmunológicas. Está propensa a inflamaciones articulares y musculares y tiene poca energía. La relajación la tranquilizará y la protegerá de su tendencia a reaccionar de manera excesiva al estrés. Le ayudará a combatir la fatiga, el dolor y la incomodidad.

HipoP: usted está retraída y sus sistemas están en un cese temporal de actividades. Los niveles de cortisol descendieron y hay una predominancia del sistema nervioso parasimpático. La relajación le dará el espacio y la actitud para hacerles frente a los demás. Mejorará su salud física y le ayudará a conectarse con las emociones a medida que aprende a identificar la aparición de síntomas físicos como resultado de una emoción reprimida. La relajación también puede volver a equilibrar su sistema nervioso simpático y parasimpático.

HiperP: su organismo está activado en forma desmedida y tiene una producción elevada de cortisol, pero el sistema nervioso simpático está tan cargado que puede llegar a agotar la norepinefrina, su principal neurotransmisor. La práctica diaria de técnicas de relajación le ayuda a restablecer la energía consumida y a prevenir los colapsos que sufre periódicamente.

LAS METAS DE LA RELAJACIÓN

Herbert Benson estudia un proceso fisiológico general que se activa con muchos tipos diferentes de relajación. Los últimos estudios sobre relajación se enfocan de un modo más específico en partes físicas del cuerpo, al igual que en una serie de estados psicológicos más definidos. Jonathan C. Smith, psicólogo clínico y director del Instituto de Estrés de la Universidad de Roosevelt, cree que la relajación produce mucho más que un alivio físico del estrés. Demostró que el manejo del estrés no solo reduce la frecuencia cardiaca, sino que va más allá: afecta la percepción y la experiencia que se tiene del mundo.

Aprender y dominar una técnica de desactivación del estrés solo tarda alrededor de un mes, pero, si la práctica continúa, se incrementan los beneficios a largo plazo sobre la salud y la longevidad. Los estados emocionales y mentales que se experimentan con la relajación son gratificantes por sí solos. Si se practican técnicas de restablecimiento como parte de la vida, es posible cambiar y crecer en formas inesperadas.

Jonathan C. Smith estudió las descripciones de miles de personas acerca de las respuestas de relajación que experimentaban y las organizó en doce sensaciones básicas:

Desde el laboratorio

EL CICLO DE RENOVACIÓN

"Toda forma de relajación suscita un proceso fundamental de sanación y crecimiento en el que uno se abstrae de los esfuerzos del día, se recupera y se abre al mundo. Yo lo denomino Ciclo de renovación. El ideal de un proceso cíclico de renovación existe desde hace varios milenios y se manifiesta en varios niveles. Las religiones en el mundo hablan sobre ciclos globales de muerte y renacimiento; arrepentimiento y perdón; al igual que de aceptación e iluminación. Los métodos profesionales de relajación suponen dominar la disciplina de abstraerse del estrés cotidiano para sanarse y recuperarse y regresar al mundo renovado y restablecido. Y cada vez que hacemos una pausa y suspiramos desplegamos un momento de relajación y renovación".

Tomado del libro *ABC Relaxation Theory,* de Jonathan C. Smith.

- Relajado físicamente
- A gusto y apacible (relajado mentalmente)
- Somnoliento
- En aceptación (entrega el control)
- Consciente, enfocado, claro
- Desconectado (se siente abstraído, distante, neutral)
- Optimista
- Dichoso
- Misterio (experimenta una visión del significado profundo)
- Serenidad (mente quieta y sin pensamiento)
- Reverente y devoto
- Eterno, sin límite, infinito, en unidad

La relajación hace posible experimentar una variedad de estados distintos y benéficos. Las doce sensaciones o resultados diferentes le dan a uno una mejor idea de lo que espera de la práctica de meditación. ¿Cuál o cuáles de los estados descritos en la lista anterior serán una meta para usted? Sería aconsejable que los anotara en su diario de estrés.

Smith describió cuatro categorías de relajación y renovación de la siguiente manera:

La relajación básica: implica reducir el estado de excitación o de aceleración de la actividad fisiológica para poder sentirse físicamente relajado, desconectado de cualquier preocupación, somnoliento, apacible y a gusto. El tipo HiperP y el HiperS, en particular, viven en un estado tan sobrecargado que tienen que alcanzar la relajación básica antes de abrirse a otros estados de relajación. Los HipoS necesitan mantener un estado de calma dado que su respuesta al estrés es tan exagerada.

La conciencia plena es el elemento esencial de muchas de las técnicas de relajación. Enfocarse en el mundo circundante y bloquear el flujo constante de pensamientos que generan estrés ayuda a alcanzar sensaciones de conciencia, foco, claridad, serenidad y aceptación. La conciencia plena es una meta importante para los HiperS porque están preocupados crónicamente por pensamientos estresantes y por los desafíos percibidos.

La energía positiva es un estado en el que se toma conciencia de la belleza, la armonía, la felicidad y el humor. La alegría y el optimismo tienen una relación directa con la salud y la longevidad. La energía positiva es una meta particularmente buena para los HipoP y los HipoS que necesitan un estímulo para recuperar la vitalidad general.

La trascendencia es el reconocimiento de algo más grande que uno y el sentimiento de conexión con eso, ya sea que se experimente a Dios o la grandeza del universo. En este estado uno puede sentir reverencia, devoción, misterio, infinitud, o una sensación de unidad con la totalidad. Todos los tipos de estrés se benefician de este estado elevado.

De acuerdo con Smith, el proceso de renovación y la reversión del poderoso impacto del estrés se dan en tres etapas. Primero, uno se abstrae mentalmente del mundo. Luego empieza la fase de recuperación en la que hay una liberación del estrés y un sentimiento de alivio. Por último, hay una nueva apertura para recibir energía positiva y gratificante del mundo dentro y fuera de uno. Independiente de la forma de relajación que elija, pasará por estas tres fases en el proceso. Para alcanzar las sensaciones positivas que Smith describe, hay que dedicarle un poco de tiempo a la relajación todos los días. Practique las técnicas que elija para que se conviertan en un hábito. Así como no saldría de casa en las mañanas sin cepillarse los dientes, queremos que piense en la relajación como algo tan importante para la salud y apariencia como la higiene básica. De hecho, debería considerar la relajación una práctica básica de higiene para la salud.

RITMOS NATURALES Y SUEÑO REPARADOR

Aprender a relajarse tiene un efecto poderoso en nuestras pacientes; los resultados son incluso más impresionantes cuando la salud de ellas mejora gracias al sueño reparador y a la sincronización del cuerpo con los ritmos naturales. El estrés trastorna el ritmo del cuerpo. Esto se debe a que la hormona del estrés o cortisol sincroniza en gran medida el ritmo diario natural del cuerpo, denominado "ritmo circadiano". El estrés altera la producción de cortisol de diferentes maneras en cada uno de los cuatro tipos de respuesta. Los HiperS e HiperP conservan el ritmo inherente de producción de cortisol, pero dentro de estos ciclos tienen aumentos súbitos de los niveles de esta hormona. Los HipoS e HipoP pierden el ritmo natural de producción de cortisol y sus niveles son más bajos, de tal modo que cuando experimentan estrés todavía son capaces de producir una pequeña descarga que sin embargo hace que el cerebro y el cuerpo reaccionen en exceso. Un sueño reparador, una alimentación adecuada, hacer ejercicio con regularidad y practicar técnicas de restablecimiento a diario hacen que el reloj interno vuelva a ajustarse y que el cuerpo recupere el equilibrio.

Para resistir el estrés al máximo también es necesaria una cantidad apropiada de sueño reparador. Para obtener un sueño de alta calidad, el propio reloj biológico debe estar sincronizado con el ritmo natural de veinticuatro horas, el tiempo que le toma a la tierra rotar sobre su eje y que regula toda la vida en nuestro planeta.

EL RELOJ INTERNO

El cuerpo tiene un reloj interno, un ritmo biológico diario o circadiano, que regula los estados de actividad y reposo con reacciones bioquímicas que están sincronizadas con el ciclo de luz y oscuridad del día. La función del reloj circadiano es promover la vigilia durante el día y el sueño durante la noche. El periodo del ciclo humano de vigilia y sueño es más largo y más variable de día en día que el biorritmo de la mayoría de los animales. El cuerpo capta señales del entorno tales como la luz, la temperatura, los alimentos y el grado de actividad alrededor que sincronizan los ritmos internos con la rotación terrestre de veinticuatro horas. La luz tiene el efecto más poderoso sobre el reloj interno.

El tipo de respuesta al estrés que se tenga ejerce un gran impacto en el ritmo circadiano, así que daremos recomendaciones específicas para cada uno de ellos sobre cómo sincronizarlo para equilibrar el sistema y prevenir la enfermedad.

El sueño de mejor calidad se alcanza cuando uno está sincronizado con el ciclo natural de luz y oscuridad, porque todos los circuitos alostáticos son sensibles a estos ritmos inherentes. Los picos de cortisol están asociados durante el día a la vigilia; y los descensos, a la somnolencia. Si el cortisol pulsa de manera fuerte y exagerada, como en el tipo HiperS y el HiperP, uno se levanta de la cama súbitamente y temprano y tiene dificultad para conciliar el sueño; también se despierta varias veces en la noche y tiene dificultad para dormirse de nuevo. El sueño reparador es un elemento fundamental para recuperarse de desórdenes sistémicos por estrés, así que en los capítulos siguientes haremos muchas sugerencias para disminuir la producción de cortisol en los tipos HiperS e HiperP. En el caso de los HipoP o HipoS, ingerir las comidas en un horario previsible, hacer ejercicio con regularidad y tener una hora fija para acostarse y levantarse, regula el ritmo natural de producción del cortisol y los encamina de nuevo hacia la alostasis y la salud.

ALONDRAS Y BÚHOS Y LOS CUATRO TIPOS DE ESTRÉS

Las personas "madrugadoras" o alondras se levantan temprano y saltan a la vida, y las "trasnochadoras" o búhos se quedan despiertas hasta altas horas de la madrugada y duermen hasta tarde, siempre que sea posible. Creemos que los tipos HiperS e HiperP tienden más a ser alondras por los picos fuertes de cortisol que favorecen que se despierten temprano y que les suministran energía en las mañanas.

La melatonina, un neuropéptido producido por el cerebro, también contribuye a la regulación del ritmo circadiano. La melatonina produce somnolencia porque se comunica con los circuitos cerebrales que inducen el sueño. Se puede usar como un suplemento para ayudar a sincronizar el ritmo circadiano con los ciclos naturales de luz y oscuridad del lugar en donde se vive. Pero por favor no considere la melatonina un somnífero. Si se toma al caer la tarde, la melatonina dispone el cuerpo para la noche y ayuda a que uno se duerma y se despierte más temprano. Si se toma en las mañanas, hace que uno se duerma y se despierte más tarde. Usar melatonina para cambiar la hora de dormir y de despertar tiene mejores resultados si se toma a la misma hora todos los días. De hecho, tomarla a horas variables es perjudicial porque altera la sincronización del reloj interno. Los efectos de la ingestión de un suplemento de melatonina son mucho mayores después de varias

Qué hacer si uno es una alondra

- La forma más efectiva de sincronizar el ritmo es exponerse a luz artificial brillante al caer la tarde, así se retrasa el ritmo de producción de melatonina a esa hora. Esto puede mejorar la calidad del sueño y aumentar el tiempo total del mismo.
- Se ha comprobado que tan solo dos días de exposición a la luz, en la tarde, mejoran el sueño y el desempeño cognitivo en los adultos que padecen insomnio al amanecer.
- Si se desea cambiar el ritmo, hay que tratar de acostarse treinta minutos más tarde cada dos días hasta alcanzar el horario en que se quiere dormir.

semanas. Al principio puede dar somnolencia, pero los efectos benéficos duraderos tardan un tiempo en aparecer. Son necesarias dos o tres semanas para volver a sincronizar el ritmo circadiano.

LAS ALONDRAS O LOS MADRUGADORES

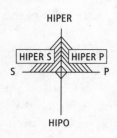

Si uno es una alondra, como los tipos HiperS e HiperP, tiene un reloj biológico que está varias horas adelantado con respecto al de una persona promedio. Tiende a dormirse entre las 6:00 p. m. y las 9:00 p. m. y a despertarse entre las 2:00 a. m. y las 5:00 a. m. Le da muchísimo sueño en las últimas horas de la tarde o en las primeras horas de la noche. Es probable que al comenzar a envejecer, independiente del tipo de estrés de uno, el reloj interno cambie en esta dirección.

LOS BÚHOS O LOS QUE SE ACUESTAN Y SE LEVANTAN TARDE

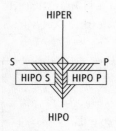

Si usted no logra conciliar el sueño sino hasta después de las 2:00 a. m. y prefiere levantarse entre las 10:00 a.m. y la 1:00 p.m., es un búho, y probablemente sea un tipo HipoS o HipoP. Dormir hasta tarde disminuye la exposición a la luz de las primeras horas de la mañana, lo que a su vez puede promover aún más este hábito. Quedarse despierto hasta tarde, y sobre todo estar bajo luz artificial brillante, retrasa la producción de melatonina. Los búhos son más sensibles a la luz del atardecer. Este ritmo es más común en adolescentes, independiente del tipo de respuesta al estrés que tengan. Cualquier madre sabe que tratar de sacar a un adolescente de la cama un sábado después de que el ave nocturna se

Qué hacer si uno es un búho

- Tome de 0,3 mg a 3 mg de melatonina cinco horas antes de acostarse durante tres semanas.
- Evite la luz brillante en la tarde y atenúe las luces después de que oscurezca.
- Expóngase a la luz brillante de una a tres horas, entre las 7:00 a. m. y las 10:00 a. m.
- Trate de acostarse de quince a treinta minutos más temprano cada dos o tres días, hasta alcanzar el horario en que desea irse a la cama.

quedó despierta hasta la madrugada escuchando música o entretenida con videojuegos es un gran reto.

Si el ritmo circadiano pierde la sincronización y uno deja de dormir, todos los sistemas del cuerpo sufren un estrés físico considerable.

EL SUEÑO ES UN ESTADO DINÁMICO

Por muchos años, los científicos consideraron el sueño un estado pasivo. Muchos creían que su propósito era simplemente darle al cuerpo una oportunidad para recuperar toda la energía que había gastado en el día. Sin embargo, resulta que el sueño tiene un propósito dinámico y muy diferente en la vida de uno: ayuda a procesar emociones, a retener recuerdos y a aliviar el estrés. Queremos que usted entienda cómo sucede esto. Cada noche, mientras uno duerme, ocurren muchos cambios importantes en el cuerpo y en la mente.

El sueño tiene cinco fases bien definidas. Una buena noche de sueño consta más o menos de cinco ciclos de estas fases; se necesitan alrededor de ocho horas para completar el proceso.

Fase 1: es un estado de somnolencia que dura cinco o diez minutos. Los ojos se mueven despacio bajo los párpados, la actividad muscular se ralentiza, pero es fácil despertarse. Se pueden experimentar contracciones musculares repentinas, movimientos bruscos

De la vida real

Rebecca, que tiene diecinueve años, le confesó a Stephanie que estaba preocupada porque quizá tenía un trastorno del sueño, pues no podía dormirse hasta mucho después de la medianoche. Esto no representaba un problema si dormía ocho horas y no tenía que levantarse antes de la media tarde, pero sí lo era cuando tenía clases en la mañana. Para vergüenza suya, ya había cabeceado en varias clases. Además, se quejó de sentir un cansancio fuera de lo común, inclusive si

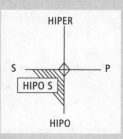

había descansado lo suficiente. La madre de Rebecca estaba preocupada por la falta de energía de su hija. Al revisar su historia clínica, Stephanie observó que varios miembros de la familia de Rebecca sufrían artritis reumatoidea, una enfermedad autoinmune. Stephanie intuyó que Rebecca podría ser del tipo HipoS.

Como Rebecca estaba en la universidad, podía mantener el ritmo natural porque funcionaba para su cuerpo. Podía escoger clases en las últimas horas de la mañana o en la tarde. ¿Pero qué pasaría después de que se graduara y consiguiera un empleo? Stephanie le explicó los ritmos circadianos y le aconsejó hacer ejercicio en las mañanas; ingerir las comidas a la misma hora todos los días; y exponerse a luz brillante en las primeras horas de la mañana y evitarla en las últimas horas de la tarde con el fin de organizar su ritmo a un horario más temprano. También le recomendó tomar melatonina al anochecer. Después de dos o tres semanas de seguir estos consejos, el reloj de Rebecca se reajustó.

que se asemejan a la reacción de sobresalto que uno tiene cuando lo sorprenden.

Fase 2: durante esta etapa de aproximadamente veinte minutos de sueño liviano, el movimiento ocular se detiene, la frecuencia cardiaca se hace más lenta y la temperatura corporal desciende. Las ondas cerebrales se lentifican, excepto por una ráfaga ocasional de ondas rápidas denominadas "husos del sueño".

Fase 3: en esta fase de sueño profundo que dura entre treinta y cuarenta minutos, se reduce el flujo sanguíneo hacia el cerebro y se reencauza hacia los músculos para permitir la reparación celular. La función inmune se disminuye durante el sueño profundo. Las ondas theta y delta, que son ondas cerebrales lentas, se sincronizan en esta etapa y el número de husos del sueño decrece. El sueño reparador comienza en esta fase.

Fase 4: esta fase profunda también dura entre treinta y cuarenta minutos y es muy difícil despertar de ella. Si a uno lo despiertan durante esta fase o la anterior, se sentirá atontado y desorientado. El cerebro emite ondas delta, las ondas cerebrales más lentas. La respiración y la frecuencia cardiaca están en los niveles más bajos del ciclo. Esta es la etapa más reparadora del sueño.

Sueño MOR (en el que se sueña): en cada ciclo, cada setenta o noventa minutos se pasa a un sueño MOR en el cual la presión arterial y la frecuencia cardiaca se elevan. Los ojos se mueven con rapidez bajo los párpados, las ondas cerebrales se parecen a las del estado de vigilia y la respiración se vuelve superficial, rápida e irregular. Si a uno lo despiertan durante el sueño MOR es posible que recuerde historias extrañas que se salen de la lógica normal, que son los sueños. El cuerpo básicamente se paraliza durante esta fase, quizá para evitar que se actúe en los sueños.

Luego de pasar por las cinco fases del sueño, se repite el ciclo completo. Toda la noche el cerebro da vueltas por fases complejas de menor y mayor actividad, del sueño profundo y reparador a fases de más alerta y a fases en las que se sueña. **El sueño profundo es la fase más importante del ciclo**. Si hay privación del sueño, el cerebro pasa más tiempo en el sueño profundo y menos tiempo en otras fases; en este caso, acostarse más temprano sirve para recuperarse. El sueño no MOR prevalece en las primeras fases, pero a medida que la noche avanza, las fases de sueño MOR se alargan y el sueño es más liviano. Los efectos de la privación del sueño se sienten con mayor fuerza si los ciclos de sueño profundo se interrumpen o se acortan. El sueño MOR ayuda a levantar el ánimo durante el día. **Si uno quiere mejorar el temperamento debe permitirse dormir un poco más en las mañanas cuando**

Desde el laboratorio

EL PLACER DE TOMAR UNA SIESTA

Varios estudios han demostrado que una siesta al mediodía restablece el estado de vigilia y mejora el desempeño y el aprendizaje. Un estudio halló que una siesta corta durante el día reducía los niveles de ira y aumentaba la alegría y la relajación, con lo cual, después de la siesta, se mejoraba la disposición mental de los sujetos. Si uno toma una siesta de treinta minutos o menos, no alcanza a llegar a la fase 4, o sueño MOR. En estudios recientes se ha encontrado que las siestas largas y frecuentes de hecho pueden traer a largo plazo consecuencias adversas para la salud, porque afectan la calidad del sueño nocturno y alteran el ritmo circadiano. Es preferible dormir de noche. Hacer una siesta corta en el día es renovador, simplemente no se exceda.

el sueño MOR **es más largo. Media hora extra de sueño ayuda mucho.**

En el transcurso de una noche normal uno pasa el 20 por ciento en un sueño profundo de ondas lentas, el 25 por ciento en un sueño MOR, el 50 por ciento en un sueño no MOR y el 5 por ciento, despierto. Esta proporción cambia a medida que se envejece. Después de los sesenta años, la gente tiende a pasar del 5 al 10 por ciento de la noche en un sueño de ondas lentas, del 10 al 15 por ciento en un sueño MOR, y pueden pasar despiertos hasta el 30 por ciento. Es esencial completar los cinco ciclos del sueño para que el cerebro maneje el estrés de manera efectiva. El sueño reparador permite solucionar la carga alostática y aguza la mente para encarar los retos de un nuevo día. Dormir muy poco, o con interrupciones, también es estresante para el cerebro. El sueño reparador es el primer paso esencial para combatir los efectos del estrés.

UNA ÉPOCA DE PRIVACIÓN DEL SUEÑO

A pesar de que nadie puede negar que necesita sueño de calidad para estar saludable, optimista y lleno de energía, en los últimos cincuenta años los adultos y los adolescentes han estado durmiendo entre una y media y dos horas menos por noche. La gente trabaja de noche en horarios extendidos, juega o trabaja en el computador, o lleva a cabo labores hasta tarde porque no tuvo tiempo de hacerlas más temprano.

Algunas encuestas conducidas por la Fundación Nacional del Sueño revelan que por lo menos 40 millones de estadounidenses sufren trastornos del sueño. Un 60 por ciento de los adultos refirieron tener problemas como dificultades para conciliar el sueño o para permanecer dormidos, despertarse temprano y sueño interrumpido y no reparador unas cuantas noches a la semana o más.

LA PRIVACIÓN DEL SUEÑO Y EL PESO

La tendencia a recortar el tiempo del sueño se ha presentado a la misma vez que el incremento de la obesidad y la diabetes a nivel nacional. De acuerdo con algunas investigaciones, la pérdida parcial del sueño se relaciona con la obesidad y la diabetes, altera en forma evidente los componentes claves de la regulación del apetito y cambia el metabolismo de los carbohidratos. Entre 2000 y 2006 se publicaron diez estudios que de manera uniforme mostraban una relación entre una cantidad insuficiente de sueño y un alto índice de masa corporal en adultos. Estos

Desde el laboratorio

LEPTINA, GRELINA Y LA PRIVACIÓN DEL SUEÑO

Mil hombres y mujeres llevaban diarios de sueño para registrar cuántas horas dormían cada noche. Cada sujeto dormía una noche en un laboratorio y a la mañana siguiente se le hacía un examen de sangre. Los investigadores hallaron que un periodo típico de cinco horas de sueño, comparado con uno de ocho, se asociaba a niveles de leptina (una hormona que suprime el apetito) 18 por ciento más bajos y a niveles de grelina (un péptido que aumenta el apetito) 15 por ciento más altos: una combinación perfecta para engordar.

estudios, realizados en España, Francia, Alemania, Suiza y Estados Unidos, revelaron que la falta de sueño aumenta el riesgo de obesidad.

No dormir lo suficiente también tiene un efecto directo sobre el apetito. Durante el sueño se liberan las sustancias químicas y las hormonas que son determinantes en el control del apetito y del aumento de peso. La leptina, un supresor del apetito, se produce de noche, por lo tanto la cantidad de sueño afecta la cantidad de leptina que se produce. La grelina, un péptido que el estómago libera y que aumenta el apetito, se produce normalmente antes de las comidas para estimular el apetito. Con la privación del sueño, los niveles de leptina descienden, mientras que los de grelina se incrementan, lo que significa que uno tendrá más hambre y por lo tanto querrá comer más.

LA MELATONINA Y EL AUMENTO DE PESO

La melatonina tiene una participación directa en la regulación del peso y el equilibrio de la energía. La melatonina, producida de noche, es una hormona compleja que se relaciona en los seres humanos con el peso corporal, el equilibrio de energía y el sueño. La duración de la producción de melatonina se relaciona con la duración de la fase oscura de cada día. La luz suprime la producción de melatonina. En los meses de invierno, como los días son más cortos y las noches más largas, el cuerpo produce más melatonina. La producción prolongada de melatonina durante los meses invernales se asocia a una pérdida de peso. Por el contrario, las horas prolongadas de luz diurna en el verano dan como resultado periodos más cortos de producción de melatonina y aumento de peso. En los climas fríos, puede verse un aumento de peso en el invierno porque la gente está más sedentaria. En los climas en los que es posible estar activo todo el año, puede observarse un aumento de peso en el verano como resultado del efecto de la melatonina en el metabolismo. Es un mecanismo que el cuerpo utiliza para almacenar grasa para un frío invierno. Todos los tipos de respuesta al estrés notarán este cambio en el metabolismo, con las estaciones. Tomar melatonina en el verano puede ayudar a estimular el metabolismo. Puede probar con una pequeña dosis de 2 mg a 3 mg, alrededor de las 5:00 p. m. o 6:00 p. m., durante los largos días de verano.

EL SUEÑO Y EL EJE HPA

Según George P. Chrousos, destacado investigador del estrés, el insomnio no es solo un problema nocturno, sino también un desorden de hiper-excitación emocional y fisiológica que está presente día y noche. En circunstancias normales, el sueño, en particular el sueño profundo, inhibe las dos ramas principales del sistema del estrés, el eje HPA y el sistema nervioso simpático, e impide un estado permanente de excitación y vigilancia. La alteración del sueño hace que se pierda el equilibrio alostático.

A pesar de que los insomnes se quejan de fatiga diurna, tienden a ser mucho más alertas que la gente que tiene un sueño normal. Esto se debe a que su cerebro y su cuerpo trabajan a toda marcha día y noche. Este estado de hiperexcitación del cerebro y del sistema nervioso autónomo, relacionado con el estrés, y que dura las veinticuatro horas del día, es característico del tipo HiperS. Cuando se sufre de insomnio, la frecuencia cardiaca es más alta, hay menos circulación y más movimientos osteomusculares durante la vigilia y el sueño. El freno vagal no funciona de manera adecuada, Además, en todas las fases se observan patrones de ondas cerebrales más rápidos que en la gente que tiene un sueño normal. El metabolismo del cerebro permanece elevado incluso si uno logra dormir. Como los sistemas nerviosos se quedan encendidos, pasar de la vigilia al sueño es difícil.

El cortisol, que se produce de manera exagerada en el tipo HiperS y en el HiperP, aumenta las ondas cerebrales y estimula el estado de vigilia. También disminuye el sueño MOR y aumenta el tiempo que uno permanece despierto de noche. Los niveles elevados de cortisol al anochecer, cuando normalmente deberían descender, explican por qué una persona se despierta varias veces en la noche. En el tipo HipoS e HipoP también se pueden observar niveles más elevados de cortisol al anochecer debido a la alteración general del ritmo de esta hormona. En un estudio de veinticuatro horas, los niveles de ACTH y de cortisol fueron considerablemente más altos en los insomnes que en los individuos con un sueño normal. El mayor aumento se presentó al caer la tarde y en la primera mitad de la noche, cuando los niveles de cortisol deberían ser menores. Mientras más alto sea el nivel de cortisol, más grande será la cantidad de alteración del sueño que se sufra.

UNA ADVERTENCIA DE SALUD CON RESPECTO AL INSOMNIO FRECUENTE

Si usted presenta insomnio tres o cuatro veces por semana, durante un mes, debe buscar ayuda. Si el insomnio se dispara con factores estresantes externos específicos y dura un mes, la afección se conoce como "insomnio pasajero" y por lo general se resuelve cuando hay una adaptación a los acontecimientos que lo están causando. Si los síntomas duran seis meses o más, entonces se padece insomnio crónico.

Queremos que usted tome conciencia de otros problemas asociados al insomnio. Las mujeres sufren de insomnio con mayor frecuencia que los hombres. La menopausia explica en parte las diferencias en los trastornos del sueño entre mujeres y hombres de edad madura. Un estudio de mujeres menopáusicas encontró que la cantidad de tiempo que uno tarda en conciliar el sueño era mayor en las mujeres posmenopáusicas que no recibían terapia de reemplazo hormonal. Además, era menos probable ver en ellas las fases 3 y 4 del sueño. La alta prevalencia de depresión en las mujeres es otra de las razones que las hace más propensas al insomnio que los hombres. El insomnio se da más a menudo en mujeres separadas, divorciadas o viudas. La gente que tiene un estatus económico más bajo y la que está desempleada son más proclives a tener problemas de sueño. El envejecimiento también es otro factor asociado al insomnio; afecta al 50 por ciento de las personas mayores de sesenta y cinco años. Algunos rasgos de personalidad pueden predisponer al insomnio, particularmente un temperamento depresivo, la cavilación, la ansiedad crónica, la represión de las emociones y la incapacidad para expresar la ira.

Los cambios anormales en el ritmo diario de secreción de cortisol en los tipos HipoS e HipoP también generan problemas específicos en el sueño. Un nivel bajo de cortisol puede limitar la capacidad para dar la vuelta normalmente por las fases del sueño, lo que hace que este sea

De la vida real

Genevieve, de cincuenta y ocho años, estaba preocupada porque estaba engordando poco a poco, de forma inexorable. A pesar de que sus hormonas parecían haberse estabilizado, había aumentado casi cinco kilos en los últimos meses. Solía tener cuidado con lo que comía, pero ahora sentía hambre todo el tiempo. El ejercicio siempre había hecho parte de su vida; sin embargo, ahora creía que debía intensificarlo para tratar de parar el aumento de peso. Visitó a Stephanie para pedirle consejo.

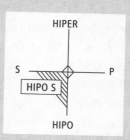

Stephanie sabía que Genevieve se cuidaba muy bien. No era sedentaria ni ingería comidas rápidas. Genevieve le informó que tenía dificultad para conciliar el sueño en las noches y daba vueltas en la cama por horas. Trabajaba en proyectos complejos en la oficina, su jefe le supervisaba el trabajo minuciosamente y esto resultaba contraproducente. Había hablado con él y había intentado mantener el asunto a un nivel profesional, pero él estaba tan tenso que estalló. Desde entonces, no podía hablar en forma abierta con él; su estrés era contagioso. Sentía que nunca iba a terminar ese proyecto.

Stephanie creía que Genevieve tenía una respuesta al estrés de tipo HipoS moderado y que esto le afectaba el sueño, lo que a su vez influía en el aumento de peso. Genevieve se sorprendió al escuchar que esto tenía una conexión, pero cayó en la cuenta de que su aumento de peso coincidía con el comienzo del proyecto.

Stephanie le explicó a Genevieve cómo utilizar la luz para organizar su ritmo circadiano y poder conciliar el sueño con facilidad más temprano, y le sugirió hacer ejercicio al aire libre. La hora del día en que Genevieve se expusiera a la luz podía afectarle el sueño: Stephanie le sugirió que lo hiciera en las mañanas y que atenuara las luces antes de la hora de acostarse. También le recomendó que sacara tiempo en el día para pensar en los roces de la oficina y se concentrara en mejorarlos, le sugirió que el mediodía sería el mejor momento para hacerlo, ya que estaba lejos de la hora de dormir. Le aconsejó llevar un diario sobre los conflictos que tenía con su jefe. Registrar lo que sucedía, cómo se sentía y cómo manejaba la situación le ayudaría a aclarar las emociones negativas y le permitiría comprender mejor el problema.

Genevieve incorporó las sugerencias de Stephanie en su rutina y, aunque no fue capaz de influir en su jefe, comenzó a dormir mejor; además, el final del proyecto ya estaba cerca. En tres meses recuperó su peso normal.

de menor calidad. Es posible que uno duerma ocho o nueve horas cada noche y no se sienta renovado al día siguiente. Además, puede resultarle más difícil levantarse y tener energía en las mañanas por los bajos niveles de cortisol a esa hora del día, en la que deberían ser altos.

La falta de sueño no solo es peligrosa para la salud individual, también ha estado conectada con desastres internacionales como *Exxon Valdez*, *Chernobyl*, *Three Mile Island* y la explosión del transbordador *Challenger*, al igual que con los cien mil accidentes de tránsito anuales que ocurren por cansancio del conductor y que traen como consecuencia mil quinientas muertes.

Algunos de los muchos beneficios del sueño

- Le permite al cerebro organizar recuerdos, consolidar el aprendizaje y mejorar la concentración.
- Ayuda a mantener un pensamiento innovador y flexible.
- Regula el estado de ánimo.
- Afecta la interacción social y la toma de decisiones.
- Afecta las destrezas motoras.
- Fortalece el sistema inmune.
- Regula el metabolismo de los carbohidratos, que evita que uno engorde.
- Permite el descanso y la reparación del sistema nervioso.
- Reabastece las reservas de energía en las células cerebrales, necesarias para reparar el daño celular causado por un metabolismo activo.
- La hormona del crecimiento liberada durante el sueño repara los músculos.
- Contribuye a la salud cardiovascular.

¿CUÁNTO SUEÑO SE NECESITA? ¿ES POSIBLE COMPENSAR EL SUEÑO PERDIDO?

El "termostato del sueño", un mecanismo cerebral, regula la cantidad de sueño que cada individuo necesita. El proceso homeostático funciona incrementando la somnolencia, en proporción directa al tamaño creciente de la deuda de sueño que tenga. El tamaño de la deuda de sueño determina qué tan fuerte serán las ganas de dormir.

Los adultos en general necesitan entre siete y ocho horas de sueño para estar saludables, aunque algunos pueden arreglárselas con cinco, y otros necesitan diez. En los primeros tres meses de embarazo son

De la vida real

Elizabeth es una mujer de ochenta y cinco años, llena de vida, alegre; siempre es un placer recibirla en el consultorio. En el último examen anual parecía preocupada. A su hijo le habían ofrecido un magnífico empleo y él y su familia debían mudarse a miles de kilómetros de distancia. Querían que Elizabeth los acompañara, pero ella estaba renuente a dejar la casa en la que había vivido por más de cincuenta años. Hacía diez años había perdido a su marido y ahora vivía sola en la casa que compartieron, pues sus otros hijos se habían establecido en otros lugares; solo quedaba una nieta en la misma ciudad.

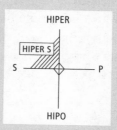

Le preocupaba qué debía hacer. Todavía tenía muchos amigos en la ciudad, pero últimamente rechazaba muchas invitaciones a almorzar y no asistía a los eventos sociales de la iglesia. Tomaba más siestas y era incapaz de dormir más de tres horas seguidas en las noches. Aunque en el día compensaba el sueño que perdía, cada vez le quedaba más y más difícil dormir de noche. Como consecuencia, no obtenía la cantidad suficiente de sueño profundo para reponerse.

Beth le aconsejó aumentar la actividad diurna. Le sugirió que cuando se sintiera somnolienta caminara en vez de hacer una siesta. La animó a que pasara más tiempo con sus amigos y familiares. Incrementar la actividad diurna le ayudaría a reajustar su reloj biológico.

Elizabeth lo intentó. Tres meses después su sueño se había hecho más regular en las noches. Esto le dio nuevas energías y la claridad para encarar la decisión de quedarse en su casa. Además su nieta empezó a involucrarse más en ayudar a cuidarla.

necesarias más de ocho horas de sueño ininterrumpido. No es cierto que las personas mayores necesitan dormir menos: aunque a medida que uno envejece tiene un sueño más liviano y en periodos más cortos, todavía son imprescindibles las mismas siete u ocho horas. La cantidad exacta de sueño que se requiere depende de la edad, la genética y de la actividad que desempeña. Si uno pasa todo el día de pie, realiza una labor física dura o entrena para un triatlón, es probable que necesite dormir más que alguien que se sienta en un escritorio ocho horas diarias.

Algunas señales sirven para evaluar si a uno le falta sueño. ¿Necesita tomar siestas a menudo? ¿Tiene lo que los investigadores del sueño denominan "microsueños", breves episodios de sueño durante el día, en los que simplemente se queda dormido un rato? ¿Se duerme a los pocos minutos de haberse acostado? ¿Tiene que usar un reloj de alarma para despertar en las mañanas? Si respondió de manera afirmativa algu-

De la vida real

Tanya es un ama de casa de treinta y seis años, es madrugadora y tiene una respuesta al estrés de tipo HiperS. Su cuerpo le exige irse a la cama temprano y se levanta al salir el sol, sin importar cuánto desee dormir. Se siente somnolienta en las tardes, pero se esfuerza por superar esta sensación para prepararse para el día siguiente. Después de que sus tres hijos se acuestan, ella les prepara el almuerzo, los refrigerios y los uniformes para el otro día. Al terminar estos quehaceres ve televisión con su marido. Siempre se queda dormida en el sofá y su esposo tiene que despertarla a las 11:30 p. m. para que se acueste. Se despierta todos los días a las 5:00 a. m., independientemente de qué tan bien haya dormido, y se queda en la cama hasta las 7:00 a. m. tratando de volverse a dormir.

Beth le recomendó a Tanya que viera televisión con su esposo después de que los niños se durmieran y que se acostara temprano. Le sugirió que cuando se despertara al amanecer, se levantara y les preparara a los niños todo lo necesario para el día. Cambiar el horario de esta forma encajaría con su ritmo natural.

Qué hacer si uno trabaja por turnos

- Ingiera cafeína al principio del turno.
- Esté en forma continua o intermitente bajo una luz brillante durante la primera mitad del turno nocturno y atenúe la luz, si es posible, durante las dos últimas horas del turno.
- Si trabaja en el turno nocturno, use lentes de sol durante el trayecto a casa bajo la luz de la mañana.
- Ingiera 3 mg de melatonina tres horas antes de acostarse.
- Cúbrase los ojos con un antifaz y bloquee la luz de las ventanas, esto le ayudará a dormir de día.
- Use tapones en los oídos para que no la perturbe el ruido diurno.
- Mantenga la habitación tan fresca como estaría de noche, ya que la temperatura también afecta el ritmo circadiano.

nas de estas preguntas es muy probable que deba cambiar sus hábitos y dormir más.

Compensar el sueño perdido es necesario para mantenerse saludable y productivo. Supongamos que usted pasó una o dos noches malas porque tuvo que trabajar más horas para cumplir con un plazo de entrega. Después de esto simplemente necesita dormir más tiempo los dos días siguientes. **No recomendamos adoptar la rutina de recortar horas de sueño en la semana y dormir hasta tarde el fin de semana. Si esto se convierte en un hábito se puede alterar la calidad general del sueño y provocar efectos secundarios más graves a largo plazo**. Si usted tiene una privación del sueño prolongada porque tal vez cuida a un bebé o a alguien que se restablece de una cirugía, debe tratar de recuperarse cada cierto número de días. Trate de dormir tanto tiempo como sea necesario durante ese periodo de recuperación. El cuerpo regresará al patrón óptimo de sueño.

EL TRABAJO POR TURNOS Y EL TRASTORNO DEL SUEÑO

Sin tener en cuenta su tipo de estrés, si no trabaja en un horario convencional de nueve a cinco, estos consejos aplican para usted. Si hace turnos de noche, o en la tarde hasta la medianoche, necesita saber cómo maximizar el tiempo de sueño reparador. El 20 por ciento de la fuerza laboral de los países industrializados trabaja en horarios no estándar. Las personas cuyo empleo les exige trabajar de noche y dormir de día, pueden desarrollar una privación crónica del sueño y una pérdida total de la sincronización de los sistemas corporales, que genera carga alostática. La gravedad del trastorno del sueño relacionado con el trabajo por turnos depende de la edad, las responsabilidades en el hogar, el tiempo empleado en desplazarse de ida y vuelta, el tipo de horario laboral y las tendencias naturales del ritmo circadiano individual. Muchas veces la rotación de turnos obliga al empleado a trabajar y dormir en forma contraria al ritmo circadiano y esto puede comprometer su grado de alerta de manera muy grave. Los individuos que tienen este tipo de empleo pueden presentar más depresión, abuso de drogas o de alcohol, síntomas gastrointestinales, apnea del sueño, obesidad y aborto.

QUÉ HACER CON RESPECTO AL DESFASE HORARIO

El desfase horario o *jetlag* trastorna los ritmos biológicos. Independientemente de cuál sea el tipo de respuesta al estrés que uno tenga, si viaja con regularidad es necesario prestarle atención a la sincronización del biorritmo, para resistir mejor el estrés que esto genera. El desfase horario se caracteriza por somnolencia y fatiga diurnas, insomnio, cambios de humor, dificultad para concentrarse, malestar general y problemas gastrointestinales. La dirección en la que se viaja y el número de husos horarios que se atraviesen pueden influir en la gravedad del trastorno porque los ritmos corporales no están sincronizados con la hora local. Para minimizar el *jetlag* se debe viajar con prendas sueltas, tomar líquidos y abstenerse de bebidas o comidas con cafeína o alcohol durante el vuelo para evitar la fatiga del viaje. Al llegar al lugar de destino, se debe hacer lo posible por ingerir las comidas de acuerdo a la hora local, hacer ejercicio y permanecer despierto mientras haya luz.

La exposición estratégica a la luz ayuda a disminuir los efectos del desfase horario o a evitarlo del todo. Las personas que viajan en dirección este deben exponerse a la luz brillante en las primeras horas de la mañana y atenuar las luces en la tarde. Si viajan hacia el oeste, deben exponerse a la luz solar en las últimas horas de la tarde y tratar de permanecer despiertas hasta que oscurezca.

CÓMO DORMIR BIEN TODA LA NOCHE

Hay muchos factores en la vida moderna que pueden interferir con la capacidad de uno para dormir bien toda la noche. La cafeína, las pastillas para adelgazar y los descongestionantes pueden estimular partes del cerebro que producen insomnio; además, muchos antidepresivos suprimen el sueño MOR. Fumar también puede hacer que uno tenga un sueño liviano con una fase reducida del sueño MOR. La gente que fuma tiende a despertarse tres o cuatro horas después de dormirse porque experimentan abstención de nicotina. El alcohol puede ayudarle a uno a caer en un sueño liviano del que se despierta fácilmente, pero interfiere con el sueño MOR y con el sueño más profundo. Algunos estudios han demostrado que la edad madura y la menopausia hacen que la mujer sea más susceptible a los trastornos del sueño, sobre todo porque la sensibilidad a sustancias estimulantes como la cafeína se intensifica. El uso prolongado de somníferos no tiene beneficios evidentes sobre la salud y puede acortar la vida. Los somníferos pueden resolver un problema temporal del sueño, pero deben evitarse como una solución a largo plazo.

Esta es una lista de consejos prácticos para cambiar el estilo de vida, que le ayudarán a dormir mejor. Son útiles para los cuatro tipos de estrés:

- No fume, sobre todo cerca a la hora de acostarse o si se despierta en la noche.
- Evite el alcohol y las comidas pesadas antes de dormir.
- Haga ejercicio con regularidad, pero no pocas horas antes de acostarse.
- Utilice técnicas de manejo del estrés a lo largo del día.
- No haga siesta en el día si esto le hace más difícil conciliar el sueño en la noche.

- Acuéstese y levántese a la misma hora todos los días, inclusive los fines de semana o cuando no duerma lo suficiente. Ceñirse a un horario entrena el cuerpo a dormir en la noche.
- Asegúrese de que su habitación sea silenciosa, oscura y fresca. Si es imposible controlar el ruido, use un ventilador, tapones en los oídos o una máquina de ruido blanco.
- Si tiene que dormir durante el día, utilice un antifaz e instale en las ventanas persianas que bloqueen el paso de la luz.
- Tenga una rutina a la hora de acostarse, todas las noches antes de dormirse haga lo mismo: lea, dese un baño de espuma o beba un vaso de leche tibia. La leche contiene triptófano que estimula la producción de serotonina, que a su vez es determinante en la inducción del sueño. Tomarse una taza de infusión de manzanilla también sirve porque aumenta la liberación de GABA, un neuro-transmisor que tranquiliza. La mente asociará estas actividades con el sueño y, con el tiempo, la observancia de esta rutina la adormecerá.
- Use la habitación solo para dormir o tener sexo. Evite las conversaciones intensas, ver televisión o hablar por teléfono en la cama.
- No se quede en la cama preocupándose por cosas. Destine otro momento, quizá después de la cena, para pensar qué puede hacer con respecto a eso que la preocupa. Escribir en el diario de estrés sus inquietudes y las posibles soluciones a estas puede ser útil.
- Si después de treinta minutos de haber intentado dormir sigue despierta, levántese y vaya a otra habitación. Siéntese en silencio más o menos veinte minutos y luego regrese a la cama. Haga esto el tiempo que sea necesario para conciliar el sueño.

EL ÚLTIMO RECURSO: EL ESTRÉS Y LOS MEDICAMENTOS

Como médicas con una práctica clínica activa, sabemos que a veces es necesario recurrir a medicamentos para tratar las quejas absolutamente reales de nuestras pacientes, que a veces les generan incapacidad física

De la vida real

Laura tenía casi cuarenta años de edad, era soltera y vivía sola. Era una estilista muy famosa y su agenda siempre estaba copada. El ritmo de trabajo que tenía era más exigente de lo que quería. Salía a menudo con amigas de la peluquería, pero no se sentía cercana a ellas. Solía beber unas cuantas copas en estas salidas, y comenzó a tener dificultades para dormir.

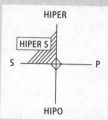

Laura se había mudado a California desde el Medio Oeste y extrañaba a su familia. Añoraba una vida estable con un esposo e hijos, pero no había encontrado todavía al hombre indicado para ella. Pensaba que quizá no tendría hijos y se ponía ansiosa y deprimida. El internista le recetó Effexor, y comenzó a tomarlo. Aunque el medicamento disminuía su ansiedad, se sentía emocionalmente plana y empezó a ganar peso a pesar de no haber cambiado sus hábitos alimenticios ni de ejercicio. Después de seis meses de haber aumentado el ejercicio y disminuido la comida, seguía subiendo de peso. Decidió que prefería estar ansiosa que gorda, y dejó de tomar la medicina de golpe. De inmediato presentó los síntomas de un resfriado, se sintió con náuseas, agotada y aletargada.

Al día siguiente, durante el examen ginecológico anual, Laura le contó a Stephanie lo que le sucedía. Stephanie le explicó que ese tipo de medicamentos no debían suspenderse de manera brusca y que precisamente se sentía enferma por no habérselo tomado durante los dos últimos días. Le dijo que lo empezara de nuevo con una dosis menor y le recomendó una forma segura de disminuirlo. Calmar la preocupación y el estrés no es tan sencillo como tomarse un medicamento. Stephanie le explicó a Laura que, si no realizaba unos ajustes en su estilo de vida, lo más probable era que tendría que tomar cada vez más medicina y enfrentar aun más efectos secundarios y posiblemente, con el tiempo, los efectos benéficos disminuirían. Stephanie motivó a Laura para que hiciera algunos cambios para mejorar el sueño: incluir algo sólido en el desayuno y no solo una taza grande de café; disminuir el consumo de bebidas alcohólicas; empezar el día haciendo ejercicio; ampliar su red social y hallar una técnica de restablecimiento que le diera resultados. Con la implementación de un programa diario bien balanceado, Laura podría mejorar la salud física y mental sin tener que combatir los efectos secundarios de varios medicamentos.

Al principio, la idea de cambiar tanto su vida la desalentó, pero sintió alivio cuando Stephanie le dijo que podía hacerlo en forma gradual. Laura sabía que con los fármacos iba por un camino que no era la forma como ella quería vivir. Estaba motivada para cuidarse mejor y antes del siguiente examen anual ya había dejado de tomarlos. Se veía radiante y estaba ansiosa de contarle a Stephanie en forma detallada cómo le había dado un vuelco total a su vida.

y emocional. El empleo de estos medicamentos debe formar parte de un plan de atención integral e individualizada para cada paciente. Aunque todo medicamento puede ser eficaz, tiene efectos secundarios que pueden resultar intolerables, o que exigen una droga adicional para su manejo. Si en el tratamiento el uso de medicamentos parece decisivo, habrá una mejor respuesta a estos y quizá se requiera una dosis menor, si se incorporan las técnicas que sugerimos. En general, las dosis bajas se asocian a menos efectos secundarios.

El empleo de medicamentos para tratar síntomas asociados al estrés puede ser útil, pero también es complejo y costoso. Creemos que primero se deben probar opciones no farmacológicas.

El capítulo siguiente sobre nutrición le presentará los beneficios comprobados de los alimentos a nivel terapéutico y nutricional, para mantener el cuerpo en equilibrio.

CAPÍTULO SEIS

NUTRICIÓN

Es hora de pensar en el alimento que el cuerpo necesita para funcionar de manera óptima. El principal propósito de la respuesta al estrés es suministrar una descarga de energía, ya sea para escapar de una amenaza o para luchar y protegerse a sí mismo. De modo que, si está estresada, necesita el mejor combustible posible. En este capítulo nuestra preocupación no es adelgazar, aunque si cambia la dieta de la manera que aconsejamos, quizá también obtenga ese efecto. Más bien, queremos que coma de una forma que muestre respeto por ese extraordinario regalo que es el cuerpo y que le ayude a mantener un funcionamiento armonioso y eficiente de todos sus sistemas. Este capítulo le ofrecerá las mejores maneras de nutrir el cuerpo para combatir el estrés.

El alimento tiene tres funciones. La primera de ellas es nutricional, y es esencial para la supervivencia; la segunda es sensorial, es decir que, a través de una combinación de sabores y texturas, los alimentos satisfacen necesidades sensoriales, y la tercera es fisiológica: los alimentos ayudan a regular los biorritmos, el proceso de envejecimiento, el estado de ánimo y el sistema inmune. Los alimentos funcionales son nutrientes que tienen beneficios para la salud que han sido confirmados por investigaciones médicas; en nuestro enfoque sobre la nutrición estamos interesadas en este tipo de alimentos en particular.

Una buena alimentación contribuye de manera significativa a volver a equilibrar las nocivas respuestas al estrés. Si su tipo es HiperS, puede usar los alimentos para serenarse y fortalecer la función inmune. Puede ingerir alimentos que le den una óptima función cerebral y que mantengan un nivel estable de glucosa en la sangre para reducir la tendencia a ser resistente a la insulina. Le diremos qué alimentos contribuyen a disminuir la acidez en el cuerpo y a bajar los niveles de cortisol. Si su tipo es HiperP, le enseñaremos a prevenir los colapsos periódicos. Pero si sufre uno, las proteínas le ayudarán a restablecerse reponiendo el equilibrio de neurotransmisores. Le diremos cómo usar los alimentos para aumentar la energía y respaldar el sistema inmunológico. Si se identifica con el tipo HipoS, necesita ingerir alimentos antiinflamatorios que contrarresten la agresividad del sistema inmune para prevenir el dolor y la fatiga. Programar el horario de las comidas y balancear las proteínas y los carbohidratos le ayudará a mejorar la producción de cortisol y a sincronizar su ritmo. Si su tipo es HipoP, aprenderá qué alimentos previenen los espasmos abdominales y los trastornos intestinales. También deberá recurrir a alimentos que estimulen la producción de cortisol y que sincronicen su ritmo.

A lo largo de este capítulo hay recomendaciones generales nutricionales aplicables a los cuatro tipos, y estrategias nutricionales que le competen solo a uno o dos de ellos. Los íconos correspondientes aparecerán al principio de cada sección. Es aconsejable que anote en su diario de estrés la información concerniente a su tipo. En el capítulo 9, *Programa de desintoxicación del estrés para su tipo*, se le dará una fórmula personal que adapta todos los consejos de este capítulo, en un plan estratégico de alimentación para su tipo.

CALMANTES NATURALES

Si uno no consume una dieta saludable, está estresando el cuerpo, así esté o no bajo otra clase de estrés emocional o ambiental. La deficiencia nutricional es un poderoso factor estresante. Una pequeña deficiencia de hierro reduce el suministro de oxígeno al cerebro y puede causar irritabilidad, cansancio e incapacidad para concentrarse. Si la deficiencia es de vitaminas B, se inhibe la capacidad de las células para convertir los carbohidratos y las grasas en energía. Una cantidad insuficiente de magnesio puede generar sensibilidad al ruido y a las multitudes y, por consiguiente, incrementar los niveles de estrés.

Si uno está estresado es más vulnerable que nunca a las deficiencias nutricionales, esto significa que la respuesta del cuerpo a esas deficiencias aumenta el estrés. La buena nutrición permite enfrentar mejor el estrés. La ironía es que muchas veces este altera por completo los hábitos alimenticios, justo cuando el equilibrio nutricional es más necesario.

UNA ESTRATEGIA SENCILLA

Hoy en día muchas personas consumen alimentos densos en energía, es decir, muy calóricos y de valor nutricional nulo o inclusive peligrosos por los aditivos, conservantes y endulzantes artificiales que contienen. Con tantos alimentos procesados y preempacados disponibles para comer rápido y sabroso, es fácil perder de vista el valor nutricional real de lo que se consume. Los sabores realzados químicamente se han vuelto tan comunes, que ahora muchas personas prefieren la dulzura intensa de los sabores artificiales porque han perdido la capacidad de apreciar la dulzura sutil y la variedad de texturas de la comida fresca y natural. Nuestra filosofía de alimentación es sencilla: reemplazar los alimentos procesados por alimentos frescos, integrales, orgánicos y de producción local, tan a menudo como sea posible. Sabemos que para nosotras es fácil decirlo porque vivimos en el sur de California en donde la temporada de cultivos dura todo el año. Pero le garantizamos que si incorpora más comida sana en su vida, se verá y se sentirá mejor y contrarrestará el impacto nocivo del estrés.

Los alimentos integrales, comparados con los procesados, no están adulterados de ninguna manera y contienen todos los nutrientes originales. Tienen las enzimas y otros elementos necesarios para que el cuerpo los digiera y asimile. No están refinados ni enriquecidos, su contenido nutricional es superior al de los alimentos altamente procesados y refinados, es decir, aquellos que encuentra empacados, en los pasillos centrales de los supermercados.

Por lo general, a la comida se le adicionan nutrientes o químicos porque sus nutrientes naturales fueron eliminados durante el procesamiento.

De la vida real

Sommer, una paciente de treinta y un años, se le quejó a Stephanie de fatiga, dolores de cabeza y aumento de peso. Tenía un hijo de tres años y una hija de dos que la mantenían tan ocupada que nunca tenía tiempo para ella misma. Después de examinarla y de hablar un rato con ella, Stephanie le preguntó qué había comido el día anterior. Sommer lo pensó un poco y sonrió, confesó que la avergonzaba decirlo. Mientras les daba el desayuno a los niños, se comió una barra multicereal acompañada

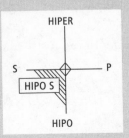

de café negro, y cuando estaba haciendo las labores caseras, se tomó una lata de gaseosa dietética. Al almuerzo, puso de prisa una comida dietética congelada en el microondas. Se tomó una taza grande de café con leche cuando llevó a sus hijos al chequeo médico anual. Al regresar a casa, los niños se acostaron a tomar la siesta y entre tanto ella se comió una bolsa de patatas fritas con otra gaseosa dietética mientras pagaba las cuentas en el computador. Ese día en el parque una de las madres llevó galletas de chips de chocolate horneadas por ella, y no pudo resistirse. Antes de que su marido llegara del trabajo les dio la comida a los niños y picó algunas sobras de dedos de pollo y zanahorias. Pensó en preparar para la cena una pasta sencilla, ensalada y pan con ajo, pero las verduras estaban marchitas así que decidió no hacer la ensalada. Como su esposo quería pizza, ordenaron una pizza de pepperoni con una ensalada de lechuga y viruta de zanahoria. Por la noche, mientras veían televisión, se comió un helado grande.

Stephanie ni siquiera tuvo que hacer comentarios, Sommer era consciente de que comía mal. Stephanie identificó que Sommer tenía una respuesta al estrés de tipo HipoS moderada. Le aconsejó mantener alimentos frescos y sanos en la casa para preparar las comidas y los bocadillos. Después de todo, ella se aseguraba de que sus hijos comieran bien; debía ser igualmente considerada consigo misma.

Con la implementación de un plan semanal, Sommer fue capaz de prepararse con anticipación para esos días de tanta agitación. Mantenía en la nevera una provisión diaria de hortalizas lavadas y cortadas, como zanahorias, apio y pimientos, para picar. Tenía queso cortado en dados para un bocado rápido por si le daba hambre, mantenía nueces y bayas a la mano como tentempiés y bolsas con mezclas de frutos secos en el auto. Planeaba comidas sencillas y nutritivas que pudiera compartir con los niños como pollo orgánico asado, arroz integral, brócoli y una ensalada. Si preparaba un poco de pollo extra, podía usarlo además para un almuerzo con tacos de pollo.

En la siguiente consulta con Stephanie, Sommer se veía más llena de energía. Le contó que sus hijos también estaban más sanos, durante varios meses no habían presentado resfriados ni dolores de garganta. Pensaba que cambiar sus hábitos alimenticios había valido la pena.

El cuerpo tienen dificultad para digerir y utilizar alimentos cuya composición fue alterada por medio de conservantes, aditivos, colorantes, microondas, irradiación y la cocción del fabricante. Si la dieta que consume depende en gran medida de alimentos procesados, su cuerpo no se está nutriendo de una forma apropiada y el estrés de una mala alimentación afectará de un modo negativo su mente y su espíritu.

No vamos a presentarle una pirámide alimenticia, ni a decirle que coma un número determinado de porciones de varios alimentos al día. Cada uno de los cuatro tipos tiene necesidades alimenticias diferentes. Lo que sí le diremos es cómo comer de una forma que proteja el cuerpo del daño del estrés y que lo mantenga en equilibrio alostático.

Queremos que recuerde que un cuerpo que carece de nutrientes seguirá comiendo hasta obtenerlos. Mientras más alimentos de baja calidad ingiera, más querrá consumir. Dado que su dieta tal vez necesite modificaciones, le recomendamos llevar un registro diario de su alimentación durante algunas semanas. Al final del capítulo sobre los programas de desintoxicación encontrará una hoja de registro, llénela en este libro o cópiela en su diario de estrés. Muchas de nuestras pacientes lo hacen y a menudo se sorprenden al descubrir que rara vez consumen hortalizas verdes, o que las gaseosas dietéticas y los refrigerios procesados son su principal fuente de energía. Registrar lo que uno se come en el transcurso de un día y cómo se siente antes y después de comer, puede ser una experiencia reveladora.

Los beneficios de comer cereales integrales son considerables. La fibra ayuda a bajar el colesterol en la sangre y retrasa el tiempo de absorción de la glucosa, así no se presentan elevaciones o picos en los niveles de glicemia. Una absorción más lenta de glucosa significa que el cuerpo produce menos insulina, eso también es algo positivo.

La fibra puede prevenir la formación de coágulos sanguíneos pequeños porque estimula los anticoagulantes naturales del cuerpo. La vitamina E presente en los cereales integrales evita que el colesterol LDL reaccione con el oxígeno, esta reacción con el tiempo produce el taponamiento de las arterias. La capa de salvado que hay en los granos enteros también suministra minerales como magnesio, selenio, cobre y manganeso, que pueden disminuir el riesgo de sufrir enfermedades cardiacas. Un estudio halló que las mujeres que comen dos porciones y media al día de cereales integrales tienen 30 por ciento menos riesgo de sufrir enfermedades cardiacas que las que consumen una porción semanal.

Incorporar más granos enteros en la dieta no debe ser complicado. Intente reemplazar el arroz blanco por arroz integral, la pasta de harina blanca por pasta de trigo entero. También puede probar cereales como

Una nación de alimentos integrales

Paavo Airola, un médico nutricionista y naturópata, y uno de los primeros profesionales que defendió el uso de antioxidantes contra el daño producido por los radicales libres, contó una historia muy convincente sobre los efectos de una alimentación sana.

Durante la Primera Guerra Mundial, Dinamarca sufrió una grave escasez de alimentos. El doctor M. Hindhede, el entonces director del Instituto Danés de Investigación en Nutrición, era el responsable de proteger a la población de la amenaza del hambre. El gobierno aumentó la producción de granos enteros, limitó la ganadería y la producción de alcohol para reservar los cereales para consumo humano. A los agricultores se les ordenó producir más granos, hortalizas verdes, frutas y productos lácteos. Se detuvo el procesamiento de granos para ahorrar energía, entonces solo se vendían productos integrales. Airola contó que, en un año, la tasa de mortalidad cayó en un 40 por ciento. Según él, Dinamarca se convirtió en poco tiempo en el país más saludable de Europa. Los ciudadanos de Dinamarca resistieron la epidemia mortífera de influenza y otras enfermedades que afectaron al resto de Europa en aquella época. No esperamos que usted renuncie a la carne o a un martini de vez en cuando, pero este experimento histórico demuestra de un modo contundente el valor de los alimentos integrales, sin refinar.

la quinua, el amaranto, la cebada, el trigo sarraceno, el burgul y el cus-
cús de trigo integral. Para el desayuno, pruebe la avena de corte grueso
en vez de la avena instantánea; la avena de corte grueso se digiere más
lentamente que la procesada y esto aumenta la sensación de saciedad.
Revise las etiquetas para buscar la palabra "*entero*" o "*integral*". No se
deje engañar por etiquetas que dicen "hecho con harina de trigo". Esto
no significa que el producto esté preparado con trigo entero.

El estrés agota los nutrientes del cuerpo, así que es sensato consumir
los alimentos más ricos en nutrientes que pueda encontrar, pues estos
se los aportarán de la forma más efectiva. Los productos orgánicos son
cultivados sin venenos ni hormonas. Le aconsejamos consumir alimentos
orgánicos en vez de alimentos tratados con químicos que pueden interferir con el funcionamiento natural del organismo. Después de todo, uno
come lo que el alimento come, eso pasa en forma directa al cuerpo.

Los productos que se cultivan de una manera natural tienen muchísimos más minerales, vitaminas y fitonutrientes que los alimentos
cultivados industrialmente. También es importante anotar que la carne y
los productos orgánicos tienen más sabor y aroma. Basta con comparar el
sabor de un pavo orgánico con uno que no lo sea. El pavo no orgánico
tradicional está tratado en exceso y eso le da un sabor artificial y quími-
co, mientras que el pavo orgánico tiene un sabor y una textura mucho
más fresca y bien definida. Si nunca le ha prestado atención al tipo de
productos que compra, inténtelo la próxima vez que vaya a una tienda
de comestibles, la diferencia en sabor la sorprenderá y probablemente
también empezará a sentirse mejor.

Según Michael Pollan, en su extraordinario libro *El dilema del
omnívoro*, toda la cadena alimenticia se ha industrializado y con ello se
degradaron las cualidades químicas y biológicas de los alimentos. Las
plantas necesitan nitrógeno, fósforo y potasio en la tierra para crecer.
La agricultura orgánica depende de la actividad biológica que haya en
el suelo. Los fertilizantes y pesticidas químicos reducen o destruyen el
complejo ecosistema que hay bajo tierra; su uso comenzó a partir de los
años cincuenta y desde entonces la calidad nutricional de los productos
agrícolas decayó.

Conceptos básicos sobre nutrición

Los **macronutrientes**, carbohidratos, proteínas, grasas y agua, son los principales componentes de los alimentos.

Los **carbohidratos** están hechos de compuestos de azúcar y le suministran energía al cuerpo. Hay tres tipos de carbohidratos:

- Los **carbohidratos simples o monosacáridos** que tienen una o dos unidades de azúcar. Algunos ejemplos son: la *fructosa*, que se encuentra en las frutas; la *glucosa* o el azúcar de la sangre, que se produce cuando se digieren los carbohidratos; y la *galactosa*, que se produce a partir de la digestión de la lactosa o azúcar de la leche.

- Los **disacáridos** están compuestos por dos unidades de azúcar; por ejemplo, la *sacarosa,* o el azúcar de mesa, está compuesta por una unidad de fructosa y una de glucosa.

- Los **carbohidratos complejos o polisacáridos** están compuestos por más de dos unidades de azúcar enlazadas. Los miles de azúcares simples pueden entrelazarse y formar estructuras diversas, por esta razón existe tal variedad de cereales, frutas y verduras. Los carbohidratos complejos toman dos formas: almidones y fibras. Los *almidones* son digeribles, aunque a veces necesitan cocción; en cambio las *fibras*, entre las que se encuentran la celulosa, la pectina, los betaglucanos y la goma, tienen unidades de azúcar cuyos enlaces no pueden ser descompuestos por las enzimas digestivas.

Proteína en griego significa de "primordial importancia". Las proteínas suministran el material de construcción básico del cuerpo y son necesarias para la actividad metabólica de cada célula. Las enzimas, muchas hormonas, neurotransmisores y anticuerpos están hechos de proteínas. Cada proteína es una combinación de aminoácidos. Las proteínas corporales están compuestas de veinte aminoácidos diferentes. El cuerpo es capaz de producir once de ellos; la fuente de los otros nueve debe ser la dieta. Hay un gran número de posibles combinaciones de aminoácidos.

Las **grasas (lípidos)** proporcionan otra fuente de energía que se utiliza en el metabolismo basal. Se almacenan para uso futuro; suministran ácidos grasos para actividades químicas; transportan las vitaminas liposolubles como la A, D, E y K y son la base del sabor, la textura, el aroma y la saciedad.

- Los **lípidos simples** son las grasas más comunes en el cuerpo. Se queman para obtener energía y se almacenan como tejido adiposo. Los más conocidos son los triglicéridos.

- Los **ácidos grasos esenciales** como el alfa linolénico y el linoleico no son producidos por el cuerpo, sino que son suministrados por los alimentos consumidos. Los omega-3 y los omega-6 son ácidos grasos esenciales importantes. Los ácidos grasos esenciales pueden ser saturados, insaturados y poliinsaturados. Cada molécula de ácido graso es una cadena de átomos de carbono a los que se enlazan átomos de hidrógeno. Una grasa es **saturada** si están presentes todos los átomos de hidrógeno que podrían enlazarse. Si faltan átomos de hidrógeno y dos átomos de carbono se enlazan, se forma un enlace entre los átomos de carbono. Los ácidos grasos que tienen este tipo de enlace se llaman **monoinsaturados**. Si existen dos o más enlaces de este tipo, el ácido graso es **poliinsaturado** (sí, adivinó). La mayoría de las grasas son una combinación de moléculas saturadas, monoinsaturadas y poliinsaturadas, en proporciones variables.

- Las **grasas trans** son grasas de fabricación humana, se encuentran en la margarina, manteca vegetal, patatas fritas de comidas rápidas, productos comerciales horneados y alimentos procesados. Elevan el colesterol LDL y los triglicéridos en el torrente sanguíneo, hacen que la adhesión plaquetaria sea mayor y favorecen la inflamación.

Los **micronutrientes** son vitaminas y minerales.

- Las **vitaminas** son nutrientes que se necesitan en cantidades pequeñas y que el cuerpo no puede producir, son liposolubles o hidrosolubles. Las vitaminas **liposolubles** como la vitamina A pueden acumularse en el cuerpo, mientras que las vitaminas **hidrosolubles** como la vitamina C no pueden hacerlo. Los **antioxidantes** como las vitaminas C y E estabilizan los radicales libres donándoles un electrón, así protegen las células y los tejidos.

- Los **minerales** son elementos que el cuerpo necesita en cantidades mínimas para tener una buena salud, algunos son: calcio, hierro, magnesio, fósforo, potasio, zinc, cloro, cobre, manganeso, selenio y sodio.

Por ejemplo, las plantas producen polifenoles, potentes antioxidantes que se encuentran en niveles mucho más altos en los productos agrícolas orgánicos, y su función es defenderlas contra pestes y enfermedades. Mientras más exposición haya a estos factores estresantes, mayor será su producción. Si las plantas se protegen con pesticidas ya no necesitan producir polifenoles para defenderse, entonces pierden un importante componente nutricional. Las plantas que crecen en un suelo sano y rico en materia orgánica en vez de químicos producen alimentos más nutritivos, con niveles más altos de vitaminas, minerales, antioxidantes y flavonoides (que les dan el sabor a los alimentos).

APOYE A LOS AGRICULTORES LOCALES

Si va a evaluar los beneficios de comprar alimentos locales, solo piense en el recorrido de un tomate comprado en el supermercado. El tomate se cosecha verde para que no se magulle al ser transportado, luego es rociado con etileno para que se ponga rojo. Como el tomate en realidad nunca se madura, sabe a pulpa, y carece por completo del delicioso sabor de la fruta recién cosechada. Hasta los productos orgánicos de venta en los supermercados hacen un largo recorrido, posiblemente de miles de kilómetros, durante varios días. El valor nutricional de los alimentos se deteriora casi desde el instante en que se cosechan, así que los productos frescos son superiores a las frutas y verduras del supermercado, inclusive si estas son orgánicas. Los productos locales son más sabrosos y nutritivos; además, a menudo, los pequeños agricultores locales no necesitan usar pesticidas, porque diversifican los cultivos.

PROTECCIÓN MICRONUTRICIONAL

Aunque, sin lugar a dudas, es mejor que el cuerpo reciba los micronu-trientes en su estado natural, recomendamos tomar un multivitamínico a diario. Pocas personas tienen una dieta perfecta y es imposible medir, sin exámenes médicos, las deficiencias que hay en el cuerpo y la forma en que el estrés agota las vitaminas y minerales de este. Por supuesto, las necesidades varían de un día a otro según lo que uno se coma, cómo duerma y qué tan estresado esté. Tiene sentido que uno se asegure de recibir todos los micronutrientes que necesita tomando un multivitamínico que incluya minerales. Sin embargo, nuestra intención no es aconsejarle reemplazar una buena alimentación por la ingestión de suplementos.

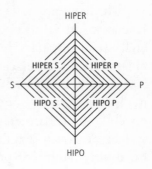

De la vida real

Kate tuvo alguna vez casi 45 kilos de sobrepeso. Tenía una respuesta HiperS al estrés y resistencia a la insulina. Luchó durante tres años para adelgazar y ahora que lo había logrado estaba decidida a no engordarse nunca más. Había seguido un programa que ofrecía comidas procesadas congeladas, ahora su preocupación era controlar las porciones a medida que hacía la transición a la comida real. Seguía concibiendo la dieta en términos

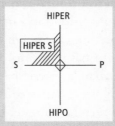

de privación: tomaba varias tazas de café al día para suprimir el apetito, sobre todo a la hora del almuerzo. En su examen anual con Stephanie se mostró preocupada y disgustada porque tenía arranques de irritabilidad y se sentía nerviosa y ansiosa con frecuencia; además, casi siempre al final de la tarde se derrumbaba.

Stephanie le aconsejó a Kate que durante un mes fuera dejando el café en forma gradual para evitar síntomas de abstinencia. Le recomendó beber una o dos tazas diarias de té verde para mejorar la alerta y disminuir la irritabilidad. También le sugirió corregir la idea que tenía de la alimentación: debía considerar la comida como nutrimento para el cuerpo y no como un enemigo. Después de una larga sesión de asesoría nutricional sobre alimentos integrales, deliciosos y frescos, Kate se sintió armada de información útil y empezó a efectuar cambios. Le agradó saber que, si elegía los alimentos correctamente, no tendría que obsesionarse con el tamaño de las porciones. Al año siguiente su peso era estable y se sentía tan bien como se veía.

Últimamente, se les ha hecho muy mala prensa a las vitaminas. La Iniciativa de Salud de las Mujeres publicó un estudio en 2001 para analizar el impacto de la terapia de reemplazo hormonal sobre las enfermedades cardiacas, el cáncer de seno y el de colon. Una parte adicional del estudio analizó el uso de multivitamínicos en alrededor de 165 000 mujeres que participaron; estos resultados se publicaron en 2009. Con base en las estadísticas sobre enfermedades cardiacas y cáncer de colon diagnosticados durante el estudio, se concluyó que los multivitamínicos no eran efectivos en la prevención de estas dos afecciones en mujeres mayores de cincuenta años. Los medios de comunicación cubrieron estos hallazgos con exageraciones que no daban cuenta de la historia ni del contexto completo. Los titulares anunciaban: TABLETAS DE VITAMINAS: ¿UNA FALSA ESPERANZA? y ESTUDIO NO ENCUENTRA BENEFICIOS EN LOS MULTIVITAMÍNICOS DIARIOS. Este estudio no fue diseñado en primera instancia para analizar el impacto de los multivitamínicos en la prevención de enfermedades cardiacas y cáncer de colon. De haber sido así, el proceso de análisis de datos y el diseño habrían sido diferentes. Por ejemplo, los multivitamínicos que tomaban las participantes no estaban estandarizados, tenían contenidos, dosis y calidades diferentes. Finalmente, el no haber podido mostrar una relación directa entre tomar multivitamínicos y la prevención de las enfermedades ya mencionadas no significa que tomarlos no tenga otros beneficios. Creemos que tomar un multivitamínico le ayuda a uno a estar seguro de recibir todos los nutrientes que faltan en la dieta o que se hayan agotado por estrés.

Los suplementos que discutimos en la siguiente lista son importantes para todos los tipos de estrés. Pondremos énfasis en la importancia de algunos para los tipos individuales e incluiremos los íconos en el encabezamiento. Estos son los suplementos básicos que creemos necesitan las mujeres para garantizar la cobertura de sus requerimientos de micronutrientes, pero, por supuesto, usted debe consultar con su médico:

Vitamina A
700 UI a un máximo de 3000 UI

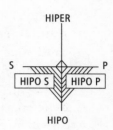

- Mejora la regeneración, adaptabilidad y producción de células cerebrales especialmente en el hipocampo con el fin de conservar la memoria y la función cognitiva bajo estrés.
- Ayuda a estabilizar las membranas celulares en el cerebro para garantizar el óptimo funcionamiento de las neuronas.
- Protege los tejidos neurales del daño por radicales libres también conocido como "estrés oxidativo".
- La vitamina A se encuentra más fácilmente disponible y es seis veces más potente en fuentes animales que vegetales, por esto los vegetarianos tienen riesgo de sufrir una deficiencia.
- Las personas con enfermedad inflamatoria intestinal también están en riesgo de tener una deficiencia porque estas afecciones dificultan la absorción de vitaminas liposolubles; por lo tanto, este suplemento es particularmente importante en los tipos HipoS e HipoP.

Las fuentes naturales incluyen hígado, leche, mantequilla, huevos, algunos quesos, pescado, hortalizas verdes, zanahorias, naranjas y frutas amarillas. (El aceite vegetal incrementa la biodisponibilidad de betacarotenos, una forma de vitamina A).

Complejo B: vitaminas B1, B2, B3
50 mg a 100 mg

- La vitamina B1 facilita el uso de glucosa por parte del cerebro para obtener energía.
- La deficiencia por un periodo de solo seis días puede deteriorar la función cognitiva, producir irritabilidad, calambres musculares y arritmias cardiacas.

- Incluso una deficiencia leve de B1 en mujeres se asocia a cambios bruscos de ánimo.
- La deficiencia de B1 es más común en personas que abusan del alcohol.
- Estudios en animales han demostrado que la deficiencia de B1 causa muerte neuronal, en particular en la región del tálamo.
- La vitamina B2, también conocida como riboflavina, es importante para ayudar a equilibrar los efectos de la B1 y la B3. La deficiencia se asocia a migrañas.
- La vitamina B3 está disponible en dos formas, niacina y niacinamida. Como la B3 tiene un efecto calmante sobre el cerebro, si hay una deficiencia, las neuronas pueden volverse demasiado excitables. Se ha referido que reduce la ansiedad.
- La B3 (niacina) puede bajar el colesterol.
- La niacina, en dosis altas de 1000 mg al día, puede producir sensación de hormigueo o enrojecimiento similares a una reacción alérgica. La niacinamida, la otra forma de B3, no produce enrojecimiento y tampoco baja el colesterol.

Las fuentes naturales incluyen pollo, pavo, res, pescado, pan integral, maní, lentejas, fríjol lima, productos lácteos y huevos.

Vitamina B6 (piridoxina)
1,3 mg a un máximo de 100 mg

- La concentración de B6 en el cerebro es cien veces mayor que en la sangre.
- La B6 ayuda a convertir en glucosa los carbohidratos y otros nutrientes almacenados para mantener la provisión de energía del cerebro cuando la alimentación es insuficiente.
- Se necesita para el funcionamiento normal de más de 100 enzimas usadas en el metabolismo de proteínas.
- Es efectiva para aliviar el SPM y la depresión premenstrual.
- Trabaja junto con el ácido fólico, la vitamina B12 y el triptófano en la producción de serotonina.

• Participa en la producción de dopamina y GABA.

Las fuentes naturales incluyen papas, bananos, garbanzos, pollo, cerdo, res y pescado. Las mujeres por lo general consumen en la dieta solo la mitad de la dosis diaria recomendada de vitamina B6. Consumen menos carne, un alimento rico en vitamina B6, que los hombres.

Vitamina B9: ácido fólico
400 microgramos a 1000 mg

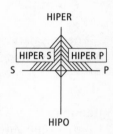

• Es importante para la memoria y la capacidad intelectual en personas de edad.
• Es relevante en el crecimiento y mantenimiento de las neuronas porque participa en la producción de ADN y ARN. Ayuda a proteger el ADN de daños que pueden generar cáncer.
• Participa en la producción de norepinefrina y serotonina. Es necesaria para los HiperP e HiperS.
• Es importante en el desarrollo fetal durante el embarazo. La ingestión de suplementos ayuda a prevenir el desarrollo neurológico anormal causante de la espina bífida. Todas las mujeres embarazadas deberían tomar un suplemento de ácido fólico.

Fuentes naturales: hígado, huevos, berros, espinacas, puerros, lentejas, espárragos, brócoli, coliflor, maíz, garbanzos, almendras, castañas y fríjol castilla.

Vitamina B12
5-12 microgramos al día

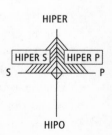

• Mejora la memoria.
• La deficiencia trae como consecuencia trastornos neurológicos y psiquiátricos.

- La deficiencia está asociada a malestar o sensación general de estar enfermo.
- Es importante en la producción de energía a partir de grasas y proteínas.
- La B12 es particularmente importante en los tipos HiperS e HiperP porque participa en el reabastecimiento de los niveles de norepinefrina.
- Los vegetarianos tienen riesgo de sufrir una deficiencia grave que puede causar pérdida de la memoria, dolor y sensaciones anormales en los brazos y las piernas.

Fuentes naturales: alimentos de origen animal como carne, huevos, mariscos, pescado, queso, leche y algunas algas.

Vitamina C
75 mg - 3000 mg al día

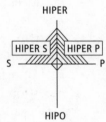

- Se necesita para transformar la dopamina en norepinefrina. Es importante para los HiperS y los HiperP por las mismas razones mencionadas para la vitamina B12.
- En dosis altas tiene un efecto antiestrés porque reduce el cortisol, la presión arterial y las respuestas subjetivas al estrés psicológico. Recomendamos tomar dosis muy altas (1000 mg tres veces al día) solo en situaciones de estrés agudo.
- Las glándulas suprarrenales y la pituitaria, las principales glándulas del estrés, son el lugar más importante de almacenamiento de vitamina C. Las reservas se agotan si uno está estresado y la respuesta al estrés se puede intensificar.
- Tiene efectos de estimulación inmunológica porque aumenta la actividad antimicrobiana y la de las células asesinas naturales, al igual que la proliferación de linfocitos, otra razón más por la cual es muy necesaria en los tipos HiperS e HiperP.
- Se ha demostrado que disminuye la irritabilidad y la fatiga.
- Tiene un efecto antioxidante.

Las fuentes naturales incluyen naranjas, toronjas, pimiento rojo dulce, brócoli, tomates, fresas y patatas.

Vitamina D

La dosis de este suplemento depende de la exposición al sol; se necesitan exámenes sanguíneos para determinarla. Si uno usa bloqueador solar con regularidad es posible que no esté recibiendo suficiente vitamina D. Las personas de piel más oscura necesitan una exposición más prolongada a la luz del sol para producir la misma cantidad de vitamina D que las personas de tez clara.

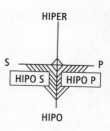

- Se sintetiza en la piel a partir de la radiación UVB o la exposición al sol.
- Si la exposición al sol es mínima, se deben tomar suplementos.
- La vitamina D3 es la forma más biodisponible.
- Es importante hacerse un examen sanguíneo del nivel de vitamina D para determinar si hay necesidad de tomar un suplemento. El examen sanguíneo debe medir los niveles séricos de 25 (OH) D.
- La hora del día, la estación y la latitud influyen en la producción de vitamina D de la piel.
- Es importante para mantener concentraciones normales de calcio sérico que afectan la densidad ósea.
- Participa en la estimulación de la producción de insulina.
- Se ha demostrado que ayuda en la prevención de la enfermedad inflamatoria intestinal, esto tiene importancia sobre todo para los tipos de estrés HipoS e HipoP.
- Modula la acción de los linfocitos T y B activados, con lo cual atenúa o previene una amplia variedad de trastornos autoinmunes. Es importante para los tipos HipoS e HipoP.
- Levanta el estado de ánimo.
- Mejora la ansiedad y la depresión.

Las fuentes alimenticias son, entre otras: salmón, caballa, sardinas, leche fortificada y huevos.

Vitamina E
15 mg-1000 mg

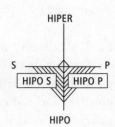

- Es un antioxidante muy importante, brinda protección contra el envejecimiento causado por el daño de radicales libres, especialmente en el cerebro.
- El alfa-tocoferol es la forma más activa biológicamente y la única reconocida que cubre las necesidades humanas. Revise la etiqueta para cerciorarse de que la forma de vitamina E que va a comprar sea alfa-tocoferol.
- Participa en la prevención de enfermedades cardiacas porque ayuda a dilatar los vasos sanguíneos y a prevenir la agregación plaquetaria.
- La enfermedad inflamatoria intestinal dificulta la absorción de esta vitamina liposoluble. Esto es importante para los tipos HipoS e HipoP, proclives a sufrir estos problemas.

Las fuentes naturales incluyen aceite de oliva, aceite de canola, almendras, avellanas, maní, aguacates y zanahorias.

Zinc
10 mg-30 mg

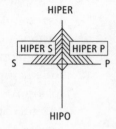

- Es importante para la función inmunológica. Se ha demostrado que inclusive una deficiencia leve deteriora la función de los glóbulos blancos.
- Es importante en la síntesis de ADN y en la división celular.
- Es necesario para tener un sentido apropiado del gusto y del olfato. Esta propiedad afecta sobre todo a las personas de edad

y genera un círculo vicioso. El anciano come menos porque los alimentos le parecen poco atractivos, en consecuencia la deficiencia de zinc empeora.

- Es importante en los HiperS y los HiperP para protegerse contra los efectos del estrés que comprometen la parte inmunológica.

Las fuentes naturales incluyen ostras, mariscos, carne de res, hígados de pollo, yogur, anacardos y queso.

Magnesio
320 mg

- Ayuda a mantener la función normal de los músculos y nervios. Participa en la relajación muscular. La deficiencia puede estar asociada a espasmos musculares y calambres.
- El magnesio es necesario en el metabolismo de carbohidratos, lípidos y proteínas para producir ATP, la principal fuente de energía celular.
- Mantiene estable el ritmo cardiaco.
- Promueve la densidad ósea.

Las fuentes naturales incluyen leche, agua, caracoles, habichuelas, nueces de Castilla, acedera, lentejas, mejillones, almejas, espinaca, remolacha, fletán, almendras y soya.

Calcio
1200 mg

Es el mineral más común en el cuerpo humano y el principal componente estructural de los huesos y de los dientes; se necesita para prevenir la osteoporosis.

- Influye en la vasoconstricción y en la vasodilatación.

- Participa en la conducción de impulsos nerviosos, en la contracción muscular y en la secreción de insulina.
- Se ha demostrado que mejora el SPM posiblemente a través de la producción de serotonina, pero se desconoce el mecanismo exacto.

Las fuentes naturales incluyen productos lácteos, fríjol pinto, fríjoles rojos, fríjoles blancos, tofu, col china, espinacas, brócoli, col rizada, repollo y ruibarbo.

Hierro

La dosis depende en gran medida de la necesidad. Se requieren exámenes sanguíneos para determinarla.

- Es importante en el transporte y almacenamiento de oxígeno.
- La deficiencia con el tiempo produce anemia o disminución en la producción de hemoglobina, la molécula que lleva el oxígeno en la sangre.
- Inclusive antes de que la anemia aparezca, la deficiencia puede producir síntomas como apatía, somnolencia, irritabilidad, incapacidad para concentrarse y pérdida de la memoria.
- El descenso en los niveles de hierro lleva a un menor suministro de oxígeno al cerebro.
- Los niveles bajos pueden reducir la producción de energía en el cerebro porque disminuyen la actividad de la citrocromo-c oxidasa, una enzima importante en ciertas zonas del cerebro.
- La deficiencia durante el embarazo puede causar déficit cognitivo a largo plazo en el bebé.
- El hierro dietético está más biodisponible en la forma de hierro heme que se encuentra principalmente en fuentes animales.
- El hierro dietético de fuentes vegetales depende mucho de lo que uno coma con las verduras. Por ejemplo, el té disminuye la absorción y el fríjol de soya la disminuye ligeramente, mientras que el jugo de naranja y la carne la aumentan.

Las fuentes naturales incluyen la carne de res y la de aves de corral, mariscos, pescado, melaza, pasas, ciruelas pasas, papas, riñones, fríjoles, lentejas, tofu y anacardos.

CALIDAD DEL SUPLEMENTO

Hay una gran variabilidad en la calidad de los suplementos dietéticos. Algunas compañías hacen investigaciones, fabrican y venden sus propios suplementos; sin embargo, la mayoría de los suplementos dietéticos son producidos por unas cuantas empresas y otras los vuelven a empacar con marca propia. Los suplementos no tienen que ser costosos para tener una alta calidad. El cuadro de la página 146 le dará ciertas pautas para evaluar la calidad de estos.

CÓMO SABE EL CUERPO QUÉ COMER Y CUÁNDO

Como es necesario comer para sobrevivir, el cuerpo tiene incorporado un complejo sistema que garantiza que la alimentación sea apropiada. Existe un eje intestino-cerebro que controla el apetito y el tamaño de las comidas. Estos circuitos de detección de nutrientes son un sistema alostático que regula el equilibrio de la energía. Hay varios factores como la genética, el ritmo circadiano, el ciclo reproductivo y la edad, que afectan este sistema. Cuando los mecanismos neurales estimulan el apetito, se siente hambre. Al comer, el sistema digestivo le envía señales al cerebro sobre la cantidad y calidad de la comida consumida. El cuerpo le comunica al cerebro la disponibilidad de combustibles a largo y corto plazo. Los micronutrientes en una comida pueden tener efectos relevantes sobre el sistema nervioso, en especial en la estructura y la función de las neuronas. Los macronutrientes de los alimentos ingeridos proveen energía para el cuerpo y el cerebro.

Control de calidad

Es posible aprender algo sobre la calidad de los suplementos dietéticos revisando la etiqueta y el empaque. Los suplementos no están regulados, así que el contenido de las tabletas a veces es diferente al que aparece en la etiqueta. Jeffrey Moss, DDS, CNS, DACBN, de Nutrición Moss, ayudó a aclarar algunos términos que son herramientas de mercadeo. La palabra natural carece de sentido en una etiqueta porque todo suplemento se produce a partir de alimentos procesados; su estado natural es el alimento en sí a partir del cual se obtiene. Investigue un poco en Internet antes de invertir en suplementos.

- Busque en la etiqueta o en el paquete el sello de calidad del ConsumerLab. com o ingrese a Consumerlab.com para averiguar qué marcas han analizado. La compañía tiene un programa de pruebas independiente y los productos que certifican son de alta calidad.
- El sello USP o NF indica que el productor asegura que el suplemento cumple los estándares de la U.S. Pharmacopeia (Farmacopea de los Estados Unidos) o del National Formulary (Formulario Nacional) para ese producto. Los estándares incluyen la dosis mínima, la potencia y la pureza.
- La National Nutritious Foods Association (NNFA) (Asociación Nacional de Alimentos Nutritivos) entrega un sello GMP que indica que el fabricante pasó una inspección exhaustiva del proceso de producción. Aunque el sello garantiza que el suplemento está bien hecho, no evalúa los ingredientes que el fabricante utilizó, ni los niveles de potencia.
- La marca registrada BioFit significa que el producto pasó una prueba de análisis biológico, es decir, que la actividad bioquímica del producto durante la prueba tiene el efecto correspondiente en el cuerpo humano.
- SupplementWatch.com utiliza un sistema de calificación de cien puntos para evaluar las marcas. Se le otorga un máximo de veinte puntos a cada una de estas cinco categorías: reclamos de salud, teoría científica, investigación científica, seguridad y efectos secundarios y valor.
- Si ninguno de los puntos anteriores le ofrece la información que desea, pregunte en el laboratorio encargado de fabricarlo cómo prueban el producto. La mayoría de las empresas acreditadas cuentan con profesionales que pueden responder estos interrogantes. Según Jeffrey Moss, es aconsejable indagar sobre los informes de toxicología y microbiología como también por un análisis posterior a la producción.
- Busque la fecha de vencimiento para cerciorarse de la frescura del producto. Si la etiqueta no tiene la fecha, no compre el suplemento.

LOS ALIMENTOS Y EL RITMO CIRCADIANO

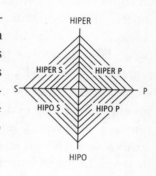

Como ya lo hemos discutido, el nivel de cortisol asciende y desciende en el cuerpo en un ritmo de veinticuatro horas; las concentraciones más altas se dan justo antes de levantarse en las mañanas, y las más bajas alrededor de la medianoche. El horario de comidas es determinante en la sincronización y organización del ritmo circadiano de secreción de cortisol. Como lo mencionamos antes, esto es fundamental en los tipos de estrés HipoS e HipoP que tienen niveles de cortisol bajos o que no están sincronizados.

En el horario acostumbrado de las comidas, el cuerpo se prepara con anticipación para usar la energía que uno está a punto de consumir. A la hora de las comidas los niveles de norepinefrina y de cortisol ascienden y descienden en un patrón determinado que coordina los circuitos de almacenamiento y utilización de energía. Comer establece un vínculo entre los circuitos hormonales y el metabolismo.

Saltarse el desayuno es una mala idea. El ritmo circadiano le avisa al cuerpo que el día empezó, y el cortisol y los ritmos naturales del cuerpo lo preparan a uno a esta hora para recibir y aprovechar los nutrientes de manera eficiente. El almuerzo se asocia a una elevación del cortisol, al mediodía. Un almuerzo demasiado grande puede hacerlo sentir a uno lento y aletargado, porque aumenta los niveles de insulina. Los refrigerios en la tarde pueden favorecer el desempeño cognitivo; pasar del almuerzo a la cena sin ningún aporte energético resulta estresante para el cuerpo. Para estabilizar los niveles de glicemia recomendamos comer un pequeño bocadillo de nueces, fruta o yogur a las tres o cuatro de la tarde. Algunos estudios han demostrado que la cena puede darle a uno energía de una a tres horas después de comer, porque produce un aumento de cortisol. Si la cena se hace demasiado cerca de la hora de acostarse, esta elevación del cortisol puede interferir con el ritmo circadiano y trastornar el sueño.

Cualquiera que sea su tipo, usted tiene que considerar la posibilidad de tener problemas del ritmo circadiano. Los HiperS y los HiperP tienen un ritmo sincronizado de cortisol, el horario de comidas no es tan importante en su caso como lo es para los otros dos tipos. Debe ingerir comidas pequeñas a lo largo del día porque tanto el HiperP como el HiperS tienden a sufrir problemas gástricos por estrés. Sobre todo, debe desayunar bien porque en las mañanas son menos resistentes a la insulina. La producción de insulina se queda a la zaga de la secreción matutina de cortisol, así que puede comer más al desayuno sin engordar. Llene el desayuno de alimentos ricos en nutrientes como huevos revueltos con espinaca y tomate u otras verduras de temporada, o una tostada de pan integral untada con una cucharada de mantequilla de maní. Es importante consumir algo de proteína. Cómase una tajada de toronja junto con estos alimentos para ayudar a neutralizar el pH (equilibrio entre alimentos ácidos y básicos, más adelante explicaremos más este tema) de su desayuno. Incluya también algunas bayas y yogur. **Las personas que tienen una respuesta exagerada al estrés no deben tomar café hasta después de haber desayunado**. Si le hace falta tomar café, espere una o dos horas después de desayunar, si no este interferirá con la absorción de los alimentos que consuma. En vez de café, intente beber té verde; este tiene menos cafeína, pero aun así es estimulante y tiene beneficios adicionales para la salud por ser una rica fuente de antioxidantes. Además, no interferirá con la absorción de los nutrientes matutinos.

Si usted es un HipoS o un HipoP, necesita usar la comida para estimular la producción rítmica de cortisol y para equilibrar la actividad desmedida del sistema nervioso simpático, esto disminuirá los dolores y la fatiga. Los estudios de los niveles de cortisol en saliva humana han demostrado que los almuerzos ricos en proteínas, comparados con comidas ricas en proteínas a otras horas del día o con comidas ricas en carbohidratos, están asociados con la mayor secreción de cortisol. Su meta debe ser un almuerzo grande y rico en proteínas; por ejemplo, una ensalada Cobb fresca sería una excelente elección. Debe recordar ser muy precisa y constante en el horario de comidas, pues esto le ayudará a sincronizar los ritmos corporales. Consuma tres comidas al día en los horarios convencionales; la hora específica no es tan importante como la regularidad diaria.

De la vida real

Erin es una mujer joven, madre de dos niños. Su bebé de cuatro meses todavía se despierta varias veces en la noche. Ella se levanta a amamantarlo cada vez que él se despierta y luego le da dificultad volverse a dormir. Como los niños rara vez hacen la siesta a la misma hora, Erin no tiene tiempo para reponer el sueño. Tiene un horario muy irregular: a veces se levanta a las 5:00 a. m. después de que el bebé la despierta; otras veces duerme

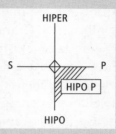

hasta las 7:00 a. m. y algunas noches se acuesta temprano y otras, tarde. Beth le preguntó sobre su alimentación y horario de comidas, Erin no supo qué responder; durante todo este periodo de posparto su atención estaba volcada por completo sobre sus hijos. Le contó a Beth su historia sin mucha expresividad, ni emoción. Beth le preguntó por sus relaciones sociales y ella contestó que por lo general no pasaba tiempo con sus amigos, pero sí ocasionalmente con la familia. Era tímida y retraída, tenía un tipo de respuesta HipoP al estrés. Beth creía que incluso si Erin no estuviera cuidando a sus hijos necesitaría organizar su ritmo circadiano, le sugirió que se beneficiaría de una terapia psicológica. Le aconsejó que empezara a organizar un horario que estuviera coordinado con el de uno de los niños. Debía crear una rutina: comer a una hora específica el desayuno, el almuerzo y la cena. Beth le recomendó llevar a los niños en cochecito y caminar al aire libre en las mañanas para mejorar el estado de ánimo. En la visita de seguimiento, tras haber acatado los consejos de Beth, Erin se veía más animada y se sentía con más energía.

EL PRECIO DEL ESTRÉS

Es probable que el estrés altere los hábitos alimenti-cios; según el tipo de estrés, estos resultan afectados de diversas maneras. Si usted es un tipo HiperS o HiperP quizá se salte comidas porque tiende a tener poco apetito. También es más probable que deba luchar con adicciones a cosas como café, alcohol o cigarrillo, a las que recurre porque la ayudan a tranquilizarse. La inapetencia se debe a los efectos supresores del

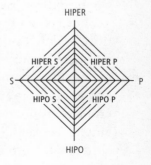

apetito de la HLC que se libera al principio de la respuesta al estrés. A medida que se recupera del estrés, uno de los efectos que persiste del cortisol es la estimulación del apetito para buscar dulces y alimentos reconfortantes. Comer de esta manera con frecuencia puede producir carga alostática. Usted debe prestarle atención a las tendencias que tiene y cerciorarse de hacer tres comidas nutritivas al día y de comer refrigerios pequeños y saludables para que el cuerpo pueda obtener los nutrientes y la energía necesarios para manejar el estado de vigilancia excesiva que la caracteriza. Una dieta rica en grasas mantendrá los niveles de cortisol elevados, esto limita los esfuerzos de su cuerpo por restablecer el equilibrio. Le sugerimos reemplazar los dulces, postres y bocadillos endulzados artificialmente, por frutas frescas. Restrinja el alcohol, consuma de tres a cinco copas semanales. Aunque las bebidas alcohólicas pueden ser relajantes, un número mayor a este puede interferir con el sueño y contribuir a la carga alostática.

Si su tipo es HipoS o HipoP, su sensibilidad al estrés la lleva a buscar consuelo en la comida. Los alimentos reconfortantes, sobre todo aquellos que son a la vez azucarados y cremosos, estimulan la producción de endorfinas. Las endorfinas son analgésicos naturales, es posible que como usted es muy propensa al dolor crónico busque alimentos reconfortantes en un esfuerzo inconsciente por hacerle frente al dolor. Si siente ansias de comer, le sugerimos que se coma un pedazo de chocolate oscuro. El chocolate calmará esas ansias y aumentará la producción de endorfinas. El chocolate oscuro es menos procesado y tiene menos azúcar que otras clases de chocolates. Los tentempiés ricos en fibra son otra buena opción, la harán sentir satisfecha y beneficiarán su digestión. Como usted es proclive a tener un colon irritable, sobre todo bajo estrés, incrementar el consumo de fibra le ayudará con este problema.

El estrés aumenta la descomposición de glucógeno en glucosa, lentifica la digestión y deriva la sangre del estómago hacia los músculos, entonces el cuerpo no es capaz de absorber los nutrientes de un modo tan eficiente como suele hacerlo. Las necesidades diarias cambian y se aumentan porque el estrés agota las vitaminas y minerales. El estrés crónico disminuye las reservas de vitamina C, un antioxidante importante. Las glándulas suprarrenales y la pituitaria son lugares claves de almacenamiento de vitamina C, cuando participan en la respuesta del eje HPA al estrés, las reservas de este importante antioxidante se reducen. Para agravar el problema, una dieta rica en calorías pero baja en nutrientes, típica de la alimentación bajo estrés, agota las vitaminas B. Una dieta rica en azúcar puede aumentar la pérdida de dos minerales tranquilizantes, el magnesio y el cromo, a través de la orina.

CUANDO UNO ESTÁ ESTRESADO, LAS DIETAS LO HACEN COMER MÁS

Algunos estudios también han descubierto que los hombres y las mujeres que hacen dietas con regularidad tienen más inclinación a comer

De la vida real

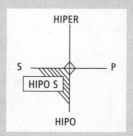

Sonja era una ejecutiva de mercadeo, muy trabajadora. En su examen anual se quejó de aumento de peso y ansiedad. Estaba ocupada en su trabajo como siempre, pero su esposo se había fracturado una pierna mientras esquiaba y necesitaba una cirugía. Lo esperaba un largo periodo de recuperación durante el que estaría incapacitado del todo. En general, a ella le encantaba cuidarlo, pero él tenía mucho dolor y a veces se ponía irritable y exigente. Sonja sabía lo frustrante que era para él estar inactivo, pero a veces la situación la agobiaba. En las noches, después de cenar, le daban ansias de comer dulces o papas fritas con salsa. Se sentaba frente al televisor mientras su esposo dormía y sin darse cuenta se devoraba un helado enorme o bolsas enteras de papas. Estaba engordando y esto la angustiaba.

Sonja tenía tendencias HipoS, así que su cuerpo buscaba carbohidratos y grasas para calmar la mente. Beth le recomendó consumir más alimentos que tuvieran triptófano como huevos, pollo y pescado y combinar en la cena estas proteínas de alta calidad con carbohidratos complejos como pasta integral y verduras. Le sugirió también disfrutar de un pedacito de chocolate oscuro por sus propiedades calmantes. Le recomendó no comer una vez que encendiera el televisor, de este modo podía disfrutar lo que se comiera sin distraerse, y dejaría de sumar calorías inconscientes en las noches.

en exceso. Las personas que se restringen para comer —las que hacen dietas— consumen más calorías y grasas bajo estrés y recurren más a bocadillos que a alimentos nutritivos. Los hombres y las mujeres que no siguen dietas mostraron poca diferencia o una disminución en la comida que consumían, cuando estaban estresados.

Muchas dietas comunes hacen adelgazar negándole al cuerpo nutrientes específicos: algunas están diseñadas para disminuir el consumo de grasas, y otras, el de carbohidratos. Cuando uno restringe la ingesta de alimentos a una lista muy específica de permitido y no permitido, lo más probable es que esté privando al cuerpo de macronutrientes y micronutrientes importantes. Si el cerebro no recibe lo que sabe que el organismo necesita, querrá comer más. Por esta razón, la mayoría de las personas vuelven a engordar después de hacer una dieta durante un tiempo, pues el cerebro sigue buscando lo que necesita para alcanzar el equilibrio alostático.

PIENSE ANTES DE BEBER

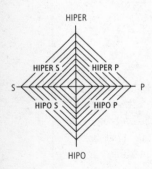

Las bebidas son una fuente importante de calorías en nuestra dieta, pero no siempre son una buena fuente de energía o nutrición. Entre 1977 y 1996, la proporción de energía proveniente del consumo de endulzantes calóricos se incrementó en un 22 por ciento. La fuente más grande de los azúcares sumados proviene de los refrescos no dietéticos. Los estadounidenses aumentaron el consumo de gaseosas en un 135% entre 1977 y 2001. Una lata de gaseosa de doce onzas contiene entre cuarenta y cincuenta gramos de azúcar en la forma de jarabe de maíz de alta fructosa, el equivalente a diez cucharaditas de azúcar. El jarabe de maíz de alta fructosa no solo se encuentra en las bebidas carbonatadas, sino también en el té helado endulzado con azúcar, las bebidas de frutas, muchas aguas saborizadas y bebidas deportivas.

Una serie de investigaciones han demostrado que las bebidas endulzadas con azúcar pueden llevar a la obesidad y al aumento de peso porque las calorías que uno se toma satisfacen menos que las

Los sustitutos del azúcar no son la solución

Nuestro cuerpo evalúa cuántas calorías tiene un alimento por su sabor. Los sustitutos del azúcar, como la sacarina, la sucralosa y el neotame, separan el sabor dulce y las calorías. Las papilas gustativas le comunican al cerebro que va a llegar energía, pero el cuerpo no recibe el combustible que estaba esperando. Los endulzantes artificiales pueden interferir con los procesos reguladores naturales del cuerpo y pueden alterar la química de los alimentos. En un estudio en humanos, aquellos sujetos que comían chocolate endulzado con aspartame tenían un mayor aumento en las endorfinas que los que comían chocolate endulzado con azúcar. Como los edulcorantes artificiales son entre 200 hasta 13 000 veces más dulces que el azúcar, engañan al cuerpo. La elevación de las endorfinas como respuesta a una señal extremadamente dulce se traduce en un incremento del placer, lo que podría llevar a comer más. El sabor dulce es ligeramente adictivo. Mientras más dulces coma uno, más necesitará para sentirse satisfecho.

provenientes de alimentos sólidos, entonces lo incitan a uno a comer más en la siguiente comida. Otros estudios han encontrado que las personas aumentan la ingesta calórica al tomar bebidas endulzadas con azúcar, pero no disminuyen de manera apropiada la cantidad de comida sólida que consumen. El jarabe de maíz de alta fructosa puede llevar a un mayor aumento de peso y a una mayor resistencia a la insulina porque disminuye la producción de insulina y de leptina y no suprime la grelina, esto significa que el sistema nervioso central no recibe señales de saciedad y sigue estimulando los circuitos del apetito. Cuando se toman bebidas endulzadas se están consumiendo más calorías de las que el cerebro registra.

Si usted es HiperS, HiperP o HipoS, es susceptible de tener resistencia a la insulina, y esta advertencia sobre las bebidas endulzadas es particularmente importante para usted. La resistencia a la insulina no es el único problema causado por esta clase de bebidas, pues también promueven la inflamación. Esta es otra razón por la cual los HipoS deben evitarlas.

Todos los tipos de estrés necesitan prestarle atención a la ingestión diaria de agua. El agua, después del oxígeno, es el nutriente más

Nota de advertencia sobre la cafeína

Tan solo una taza de café o una lata de cola puede afectar de manera directa el sistema nervioso central. La cafeína afecta el proceso de pensamiento y la coordinación, y aumenta la frecuencia cardiaca y la respiración. Sin embargo, hay algo más importante aún: la cafeína consumida con los alimentos reduce de manera considerable la absorción de minerales, sobre todo de hierro. Además agota el calcio y el magnesio del cuerpo. Los efectos pueden durar horas.

Le recomendamos a los HiperS evitar la cafeína porque no necesitan ninguna estimulación adicional. Los otros tipos de estrés solo deben ingerir cafeína ocasionalmente y con moderación. Esta se debe dejar de manera gradual. Reducir la ingesta 4 a 6 onzas cada tres días evita sufrir cefaleas, cambios de humor y pereza. Es aconsejable reemplazar el café o las bebidas tipo cola por infusiones de manzanilla, de menta o por té chai, o simplemente por agua caliente con algunas rodajas de limón fresco. Una taza de leche puede ser tranquilizante y también es un relajante muscular.

importante para el cuerpo, es esencial para la salud y el bienestar emocional. Entre el 65 y el 75 por ciento del cuerpo de un adulto está compuesto de agua; y el de un bebé, en un 90 por ciento. El agua constituye gran parte de los alimentos que consumimos, en especial de las frutas y verduras. Las frutas, con un 85 por ciento, tienen el nivel más alto de agua, las verduras tienen un poco menos y los cereales cocidos tienen un 70 por ciento.

El agua es necesaria en todos los procesos corporales: ayuda a regular la temperatura; rodea, llena y nutre las células y tejidos; transporta los nutrientes, inclusive el oxígeno, a través del organismo; ayuda a desechar toxinas; e influye en mantener un pH balanceado para estabilizar los nervios y tejidos. El agua arrastra varios de los productos de desecho que resultan del funcionamiento normal del cuerpo. Una acumulación de estos puede producir sensación de cansancio. Por esta razón, es muy común tener un grado leve de deshidratación crónica y esta es una de las causas de fatiga. El cuerpo a veces confunde la sed con el hambre. **Si tiene antojo de comerse un helado enorme, antes de hacerlo**

Desde el laboratorio

Un estudio de la Universidad de Alberta encontró que las mujeres que padecen SPM toman muchísima menos agua que otras. Quizá evitaban excederse porque temían retener más líquidos, pero, de hecho, no tomar suficiente agua aumenta la retención de estos. El síndrome premenstrual, un proceso complejo, nos hace más vulnerables al estrés porque las fluctuaciones hormonales afectan los principales sistemas neurotransmisores y nos hacen más susceptibles a la irritabilidad y a los cambios de humor. Una hidratación apropiada durante este tiempo mejora algunos de los síntomas como distensión, hinchazón y sensibilidad excesiva en los senos.

---

tómese uno o dos vasos de agua. El agua refrena el apetito y puede evitar esas ansias de comer a altas horas de la noche.

Aunque la recomendación estándar es beber de seis a ocho vasos de agua al día, esto puede ser excesivo. Una dieta diaria de dos mil calorías exige sesenta y cuatro onzas de líquido, pero dentro de estas están incluidas todas las bebidas que se ingieran, como también el agua presente en los alimentos. Mientras mayor sea la ingesta de frutas y verduras, menor será la cantidad de agua que necesita el cuerpo; mientras que con una dieta rica en carne, huevos o sal necesitará más. Si usted está activa físicamente y hace mucho ejercicio, debe tomar más agua que una mujer sedentaria. Si vive en un clima caliente, seco y con viento, la necesidad de agua será alta. Para obtener todos los beneficios de la hidratación, evite calmar la sed con bebidas que contengan azúcar o cafeína.

Si se tiene una hidratación óptima, la orina durante el día debe tener una apariencia transparente y clara (aunque no siempre la primera de la mañana).

ASEGÚRESE DE PERMANECER HIDRATADA CUANDO HAGA EJERCICIO

El ejercicio hace que uno transpire, por lo tanto hay que reponer esa pérdida de agua. Si está al aire libre y planea hacer ejercicio por más de treinta minutos, debe llevar agua. Beba agua antes de la rutina de ejercicios, cada veinte minutos mientras la ejecuta y después de terminarla, para asegurarse de conservar una hidratación adecuada. Pero recuerde, tomar otra bebida que no sea agua puede anular algunos de los magníficos efectos del ejercicio. Sobre todo, aléjese de las populares bebidas energéticas que contienen cafeína, jarabe de maíz de alta fructosa o edulcorantes artificiales. Estas le dan energía inmediata, peros sus efectos son contrarios a los del ejercicio y a las metas de reducción del estrés.

EL pH, OTRO ACTO DE EQUILIBRISMO

El peso del cuerpo está compuesto en un 70 por ciento de líquidos, la misma proporción de agua y tierra del planeta. Los líquidos del cuerpo son ácidos, neutros o alcalinos. Para que todos los sistemas del cuerpo funcionen a niveles óptimos, necesitan que el mar interior sea casi alcalino. Este rango es medido por el pH en una escala de cero a catorce.

Mientras más alto sea el pH, más alcalino será el equilibrio en los líquidos internos; mientras más bajo sea el pH, más ácido será. Para la homeostasis, el pH sanguíneo debe ser 7,4, apenas levemente alcalino, y el pH promedio de la orina debe estar entre 6,8 y 7,2, cerca a neutro. Las células funcionan al máximo cuando el pH es ligeramente alcalino. El agua purificada tiene un pH neutro de 7,0.

Prestarle atención al pH de los alimentos es muy importante para los cuatro tipos de respuesta. El pH ácido se asocia al estrés físico. Si uno es HiperS o HiperP y tiene una dieta muy ácida, la acidez del pH agravará la producción excesiva de cortisol. Los tipos HipoS e HipoP necesitan un pH apropiado para balancear y contrarrestar los efectos de la inflamación.

El pH controla la actividad intracelular, regula el sistema digestivo y determina la forma en que el cuerpo utiliza las enzimas, minerales y vitaminas. El pH normal de todos los tejidos y líquidos es alcalino, excepto el del estómago, que produce enzimas ácidas para la digestión. Cuando el cuerpo convierte los alimentos en energía, el proceso de digestión y el de asimilación generan subproductos que pueden ser ácidos. Los componentes de la dieta occidental moderna como café, comidas procesadas y lácteos, y la carencia de productos agrícolas frescos, promueven la acidez excesiva. Si los niveles de acidez se elevan demasiado, el cuerpo es incapaz de excretar el ácido de manera eficiente para recuperar el equilibrio. Un ambiente interno ácido trae como resultado degeneración y enfermedad.

El estrés puede acidificar el cuerpo, este es el desequilibrio de pH más común en la actualidad. Si todos los sistemas están funcionando normalmente, hay reservas adecuadas de calcio y de otros minerales a nivel intracelular para satisfacer las demandas urgentes exigidas por la respuesta al estrés. Cuando el equilibrio de pH del cuerpo es demasiado ácido, el calcio y los minerales utilizados para el funcionamiento celular normal, sobre todo en los huesos, abandonan las células y entran al torrente sanguíneo para alcalinizar el pH. Estos minerales se reducen de manera drástica en estas células. Si el exceso de ácido no se neutraliza, las reservas alcalinas del cuerpo intentarán hacerlo y con el tiempo se agotarán. Devolverle el equilibrio al pH corporal es parte esencial de nuestro programa de alivio del estrés. Lo que uno come puede aumentar o disminuir la acidez del cuerpo.

ENFERMEDADES ASOCIADAS A UN pH ÁCIDO PERSISTENTE

La acidosis, un aumento en la acidez de la sangre y del líquido extracelular puede debilitar todos los sistemas del cuerpo y agotar los minerales de los huesos y órganos. Algunos de los síntomas y enfermedades relacionados con la acidosis son:

- Aumento de peso
- Pérdida de la elasticidad de la piel (arrugas)
- Dolores articulares
- Dolores musculares
- Estreñimiento
- Problemas en el tracto urinario
- Dolores de estómago

- Náuseas
- Cálculos renales
- Fatiga crónica
- Pérdida de la vitalidad
- Deficiencia inmunológica
- Gastritis
- Úlceras
- Obesidad
- Diabetes

No se deje engañar por las apariencias

Quizá suene absurdo incorporar más limón en la dieta porque parece ser muy ácido, pero los limones tienen una alta concentración de minerales alcalinos. Los ácidos del limón son ácidos orgánicos y suaves que en realidad actúan en el estómago como agentes limpiadores.

- Osteopenia y osteoporosis
- Gota
- Vasoconstricción
- Debilidad circulatoria y cardiovascular

Observe que estas enfermedades afectan a los cuatro tipos de estrés; los problemas de pH son importantes para todos.

Lo que el cuerpo puede hacer para revertir el desequilibrio ácido-básico es limitado; sin embargo, desde afuera es posible hacer algo para balancear el pH: cuidar la dieta. Los alimentos determinan el ambiente de pH en el que viven las células. La buena nutrición ayuda a formar un líquido extracelular levemente alcalino que permite que las células absorban nutrientes, se deshagan de toxinas y trabajen en niveles óptimos que favorezcan el funcionamiento adecuado de los riñones, el hígado, el intestino grueso y la piel. La única manera de construir en el cuerpo reservas de minerales como calcio, sodio, potasio y magnesio es ingerir una dieta que alcalinice, acompañada de suplementos de minerales y vitaminas. La clave de una alimentación que alcalinice es comer frutas y verduras frescas, ricas en enzimas. El equilibrio ideal es un 80 por ciento de alimentos que formen bases y 20 por ciento de alimentos que formen ácidos.

Para alcalinizar la dieta, piense en llevar a cabo los siguientes cambios:

- Comer menos carne
- Disminuir la cantidad de grasa que consume
- Comer menos productos lácteos pasteurizados

Alimentos que forman ácidos y bases					
Más ácido	Ácido	Poco ácido	Poco alcalino	Alcalino	Más alcalino
NutraSweet Equal Aspartame Sweet'N low	Azúcar blanca Azúcar morena	Miel procesada Melaza	Miel cruda Azúcar cruda	Jarabe de maple	Estevia
Arándanos Arándano rojo y agrio Ciruelas pasas	Cereza marrasquina Ruibarbo Frutas sin madurar	Ciruelas Jugos de fruta procesados	Naranjas Bananos Cerezas Piña Duraznos Aguacates	Dátiles Higos Melones Kiwi Bayas Manzanas Peras Pasas	Limones Sandía Limas Toronjas Mangos Papayas
Chucrut	Papas sin piel Fríjol pinto Fríjol blanco Fríjol lima	Espinaca cocida Fríjol rojo Habichuela	Zanahorias Tomates Maíz fresco Champiñones Repollo Arvejas Piel de papas Aceitunas Fríjoles de soya Tofu	Quingombó Zapallo Habichuelas Remolachas Apio Lechuga Calabacín Batatas Algarroba	Espárragos Cebolla Jugos de verduras (frescos) Perejil Hojas de espinaca Brócoli
Maní Nueces de Castilla	Pacanas Anacardos	Semillas de auyama Semillas de girasol	Castañas	Almendras	
Aceites procesados		Aceite de maíz	Aceite de canola	Aceite de linaza	Aceite de oliva Vinagre de cidra de manzana cruda

Más ácido	Ácido	Poco ácido	Poco alcalino	Alcalino	Más alcalino
Trigo Harina blanca Pasteles Pasta	Arroz blanco Maíz Trigo sarraceno Avena Centeno	Trigo germinado Pan Espelta Arroz integral	Amaranto Mijo Arroz salvaje		
Carne de res Cerdo Mariscos	Pavo Pollo Cordero	Carne de venado Pescado de agua fría			
Queso Leche pasteurizada Helado Chocolate	Huevos Mantequilla Yogur Suero de leche Requesón	Leche sin pasteurizar Suero	Queso de soya Leche de soya Leche de cabra Queso de cabra		
Cerveza Refrescos	Café Alcohol	Té	Té de jengibre	Té verde	Té de hierbas Limón y agua caliente

- Evitar el azúcar blanca
- Comer más frutas y verduras, sobre todo crudas, para máxima nutrición
- Comer más nueces, semillas y cereales integrales
- Usar limón fresco

Los signos y síntomas de un desequilibrio en el pH a veces son sutiles e inespecíficos. Puede haber sensación de fatiga y aletargamiento, síntomas que también se asocian a muchos otros trastornos. Este desequilibrio no representa un riesgo inmediato para la salud, pero prestarle atención al pH de los alimentos ayuda a prevenir enfermedades crónicas. Es fácil medir el pH en casa con las tiras reactivas que venden en las droguerías.

EL CEREBRO HAMBRIENTO

Se requiere mucha energía para estar consciente y para que el cuerpo funcione; el cerebro, aunque solo representa el 2 por ciento del peso corporal, consume el 20 por ciento de esa energía. En reposo, el cerebro usa más del 50 por ciento de los carbohidratos de la dieta y consume energía, en una proporción diez veces mayor que el resto del cuerpo, por gramo de tejido.

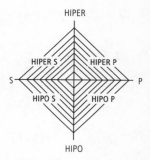

Desde el laboratorio

TÉ AL CAER LA TARDE

El té, una rica fuente de flavonoides, que son antioxidantes, es la bebida más ampliamente consumida en el mundo. Las hojas de té contienen L-teanina, un aminoácido que rara vez se encuentra en la naturaleza y que al parecer afecta la función del cerebro. Varios estudios con EEG del cerebro humano demostraron que la L-teanina relaja la mente sin inducir somnolencia; algunos estudios adicionales encontraron que tiene mayor efectividad en personas ansiosas.

Un grupo de investigadores de los Países Bajos y de la Universidad de Oxford hallaron que los niveles dietéticos de L-teanina tienen un efecto significativo en la alerta mental y la atención. Este aminoácido atraviesa la barrera sangre-cerebro y hace efecto en treinta minutos. Concluyeron que influye en el proceso de alcanzar un estado mental relajado, pero alerta, porque actúa directamente sobre el sistema nervioso central e incrementa el efecto de atención alfa. Así que si se siente flaquear, en vez de encender la cafetera, prepárese una infusión de té. Para obtener estos beneficios específicos, nos referimos a un té hecho de hojas de té de verdad y no a las infusiones de otras hierbas aromáticas y medicinales, aunque estas también tienen una serie de beneficios propios.

El cerebro necesita nutrientes para construir y mantener su estructura, para funcionar con fluidez y aumentar la longevidad. Una deficiencia en la dieta puede alterar las habilidades cognitivas y el estado de ánimo. Las diferentes células necesitan nutrientes específicos para cumplir su labor en las funciones cerebrales. Para conservar el equilibrio se necesitan macronutrientes, micronutrientes, ocho aminoácidos esenciales y dos ácidos grasos esenciales.

EL CEREBRO Y LOS MACRONUTRIENTES TRIPTÓFANO Y TIROSINA

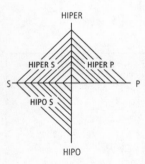

El triptófano, un aminoácido, es el precursor de la serotonina. El triptófano junto con las vitaminas B6, B12 y el ácido fólico son necesarios para producir la serotonina, el neurotransmisor que tiene efectos calmantes, mejora el sueño, levanta el ánimo, disminuye la irritabilidad, refrena las ansias de consumir carbohidratos e incrementa la tolerancia al dolor. El triptófano que se necesita para producir serotonina debe ser suministrado por los alimentos que uno ingiera, concretamente, proteínas de alta calidad. Si usted es un HiperS o un HipoS, necesita triptófano en la dieta para calmar la actividad excesiva del sistema nervioso central. El tipo HipoS también necesita triptófano para aumentar la tolerancia al dolor, mejorar el estado de ánimo y moderar la tendencia a reaccionar de manera intensa al estrés.

Algunas fuentes de triptófano son: pollo, pavo, carne de res, cordero, pescado, leche, yogur, queso, huevos, soya, almendras, anacardos, maní y semillas de girasol.

El triptófano compite con otros aminoácidos que se hayan consumido para atravesar la barrera sangre-cerebro. Después de comer carbohidratos, el páncreas produce más insulina, esto hace que los aminoácidos que están compitiendo abandonen el torrente sanguíneo y penetren al tejido muscular. Mientras los otros aminoácidos están ocupados en esta tarea, el triptófano atraviesa la barrera sangre-cerebro y produce

De la vida real

Anna es una madre muy ocupada: trabaja como profesora en un colegio, para poder estar libre después de que sus tres hijos terminan la jornada escolar. Le encanta disponer de tiempo para llevarlos a todas las actividades que tienen después del colegio. Sin embargo, le dijo a Beth que los fines de semana le falta energía, se siente ansiosa y cansada. A veces, algunos sábados no logra concentrarse, ni hacer ejercicio o funcionar como acostumbra hacerlo.

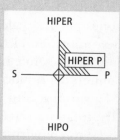

Beth encontró que la alimentación de Anna era poco apropiada. En un día normal, antes de salir de la casa toma una barra de granola y un yogur y se los come mientras espera que el autobús escolar llegue por sus hijos, luego conduce hasta el colegio en el que enseña. Para el almuerzo, se compra un emparedado en la cafetería escolar y se lo engulle sin perder de vista a los alumnos. Luego pica algo de comida mientras prepara la cena. Los niños comen antes de que el padre regrese a casa del trabajo. Por lo general no se sienta a cenar con su esposo porque les ayuda a los niños con la montaña de tareas escolares que deben hacer.

Beth le explicó a Anna la respuesta HiperP al estrés, y le dijo que a pesar de que la calidad de los alimentos que consumía parecía sensata, podía comer más frutas y verduras. Anna también necesitaba comer más despacio para tener tiempo de degustarlas. En vez de una barra de granola en las mañanas, Beth le sugirió que se comiera una taza de granola orgánica, saboreando cada bocado crujiente. Le recomendó llevar su propio almuerzo al colegio: una ensalada, unas verduras partidas con yogur o sobras de la cena del día anterior. Le explicó a Anna que necesitaba incorporar tirosina en la dieta y le dio una lista de alimentos ricos en este aminoácido. Le pidió que pensara en convertir la cena en un momento familiar en el que todos pudieran hablar sobre lo sucedido en el día y darse gusto con la compañía de los demás y con la comida que ella preparaba. Todo esto le pareció lógico a Anna, que en realidad quería desacelerarse para disfrutar más su vida y su familia.

somnolencia. Al envejecer, la cantidad de triptófano que atraviesa la barrera sangre-cerebro disminuye.

Una comida sin carbohidratos, y rica en proteínas, disminuye el triptófano en el cerebro. Se necesitan carbohidratos, al igual que proteínas, para producir serotonina. Por esto un refrigerio que contenga carbohidratos levanta el ánimo. Otro punto en contra de la cafeína es que disminuye la conversión del triptófano en serotonina, esta es una de las razones por las cuales el café puede producir nerviosismo. Aumentar la serotonina en el cerebro puede mejorar la capacidad para hacerle frente al estrés, mientras que una disminución puede llevar a un estado de ánimo deprimido.

La tirosina, otro aminoácido, comparte la entrada al cerebro con el triptófano a través del mismo proceso. La tirosina tiene relación con la norepinefrina, la epinefrina y la dopamina. La dopamina y la norepinefrina producen un estado de alerta y vigilancia y facilitan la concentración en condiciones normales y bajo estrés.

Si usted es HiperP, debe asegurarse de obtener bastante tirosina en la dieta. Esto le ayudará a evitar los días en que sufre colapsos, que se presentan precisamente por una deficiencia de este aminoácido. Incluya fuentes de tirosina y carbohidratos complejos en cada comida para reabastecer los niveles de norepinefrina con mayor rapidez.

Algunas fuentes de tirosina son: carne de res, hígado de pollo, carne de animales salvajes, pescado, aguacates, banano, tofu, fríjoles de soya, ciruelas rojas, pasas, chucrut, espinacas, tomates, zanahorias, garbanzos, papas, arroz integral, avena, nueces (sobre todo almendras), cerveza, vino tinto, oporto, vermut y licores destilados.

CONSERVAR EL EQUILIBRIO

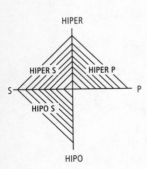

La demanda de energía en el cuerpo es permanente; el cerebro en particular necesita un suministro fijo e ininterrumpido de glucosa para funcionar de manera óptima. El nivel de glucosa en el torrente sanguíneo está regulado por otro acto de equilibrismo, el eje insulina-glucagón. La insulina es la responsable de tomar la energía que sobra y almacenarla como grasa; mientras que el glucógeno es el encargado de movilizar la energía. La insulina actúa para bajar los niveles de glicemia estimulando las células para que absorban la glucosa presente en el torrente sanguíneo y almacenarla como grasa. Si los niveles de glicemia descienden por debajo de un nivel crítico, el cerebro dará una señal para pedir más glucosa. Comienza un círculo vicioso que lleva a más y más aumento de peso.

Si al cerebro hambriento no le llega la provisión de glucosa, la mente se desconecta, y se experimenta fatiga mental y un cambio radical de humor llamado "hipoglicemia" o un nivel bajo de azúcar en la sangre. La hipoglicemia causa fatiga, irritabilidad, taquicardia, cefaleas, ansiedad, dificultad para concentrarse, palidez y temblor. Una forma de contrarrestar esta afección es consumir varias comidas pequeñas para mantener estable el nivel de azúcar. Las comidas deben estar compuestas de proteínas y carbohidratos ricos en fibra.

Los HiperS, HipoS e HiperP son susceptibles de sufrir fluctuaciones en la glicemia y de ser resistentes a la insulina. Esto último puede ser provocado tanto por un exceso de cortisol, como por un sistema nervioso simpático sobreestimulado. Si usted pertenece a uno de estos tipos, necesita entender cómo mantener estable el nivel de azúcar

Índice glicémico

El índice glicémico es la velocidad con la que un carbohidrato penetra en el torrente sanguíneo. Mientras más bajo sea el índice glicémico, más lentamente afectará los niveles de glicemia y de insulina. El índice glicémico se determina con base en la estructura de los azúcares simples y el contenido de fibra y de grasa. Conocer el índice glicémico de los alimentos le ayuda a uno a manejar la producción de insulina en el cuerpo y a minimizar la tendencia a ser resistente a la insulina.

Mientras más bajo sea el número en la escala de índice glicémico, más lenta será la entrada de azúcar al torrente sanguíneo, y más consistente será el suministro de glucosa al cerebro.

100= glucosa pura
Índice glicémico alto   70 y más
Índice glicémico moderado   56–79
Índice glicémico bajo   Por debajo de 55

Alimento	Índice glicémico
Avena (hojuelas)	22
Muffin inglés	11
Pan blanco	14
Trigo entero	13
Tortilla de maíz	46
Arroz blanco	36
Arroz integral	33
Pasta blanca	47
Pasta de trigo integral	37
Naranja	42
Banano	25
Manzana	15
Pera	11
Zanahoria	6
Papa cocida	30
Lentejas	18
Anacardos	9
Maní	6
Dona	23
Helado	13
Jugo de naranja	53
Bagel	69
Macarrones con queso	64
Palomitas de maíz	72
Papas fritas	54
Tortas de arroz	82
Pasas	64

sanguíneo y minimizar el impacto de la resistencia a la insulina sobre la salud. Cuando esta se produce por una respuesta de luchar o huir activada en forma crónica, se desencadena el exceso de carga alostática que se desarrolla en el tipo HiperS. Los HipoS necesitan estar muy atentos a las páginas siguientes, pues su tendencia a ser resistentes a la insulina, sumada a un descenso en el cortisol, hace que sea difícil para ellos recuperar la glicemia que cae demasiado rápido.

La resistencia a la insulina se presenta cuando las células, sobre todo las células musculares, ya no responden a esta. Los niveles de glicemia permanecen elevados y esto obliga al páncreas a producir más insulina en un esfuerzo por controlarlos. Si este estado persiste, las células que la producen pueden agotarse, lo que traería como consecuencia una diabetes de tipo 2. Con la diabetes, el cuerpo no libera suficiente insulina o no la usa de manera eficiente, esto da como resultado una elevación crónica de la glicemia. Además del estrés crónico, hay otra variedad de factores que influyen en la posibilidad de desarrollar una resistencia a la insulina: obesidad, inactividad, las grasas en la dieta y la genética. Algunas investigaciones recientes también han hallado una relación entre la resistencia a la insulina y cáncer de seno, cáncer de colon y síndrome de ovario poliquístico.

Una forma efectiva de manejar la glicemia es la dieta. El equilibrio insulina–glucagón se basa en el tamaño de una comida y en la proporción que esta tenga de carbohidratos y proteínas. La producción de insulina se aumenta con la ingesta de carbohidratos; y la de glucagón, con la ingesta de proteínas. Los alimentos que se ingieren ayudan a conservar el equilibrio hormonal indicado para mantener niveles ideales de glucosa en la sangre. Comer carbohidratos eleva el nivel de glicemia. La magnitud de esta elevación depende de qué se coma uno y en qué cantidad, y de cuánta insulina produzca el cuerpo como respuesta. La glucosa entonces cae rápidamente y se siente la necesidad apremiante de picar algo. Evitar los carbohidratos refinados como el arroz blanco y los alimentos preparados con harina blanca contribuye a mantener niveles óptimos de glicemia. Los carbohidratos refinados provocan incrementos rápidos y grandes en la glicemia. El consumo de cereales integrales, de fríjoles y de la mayoría las de frutas y verduras produce incrementos graduales, más pequeños y lentos. La regla general es que las comidas más fácilmente digeribles hacen que la glicemia y la insulina se disparen, esto es un problema para los tipos HiperS, HipoP e HiperP.

Hay una serie de factores que afectan la velocidad con la que se digiere la comida. Si los granos se hidratan se digieren más rápido; el grano soplado de las tortas de arroz tiene un índice glicémico más alto que el arroz integral. Como se mencionó al principio de este capítulo, procesar los alimentos a menudo elimina la capa protectora exterior que es difícil de digerir. La cantidad de fibra en los alimentos hace que se metabolicen más despacio. Por ejemplo, la digestión de una naranja entera con su contenido de fibra natural tarda más que la de un jugo de la misma fruta. La fibra que no es digerible, al pasar por el intestino arrastra con ella alimentos parcialmente digeridos que por lo tanto no se metabolizan de inmediato. La interacción entre los alimentos también afecta los niveles de glicemia. La grasa hace que la comida se quede en el estómago más tiempo y retrasa la entrada de esta al intestino. Un alimento o una comida que contenga grasa mantendrá niveles de glicemia bajos. Esto le permite al cuerpo conservar niveles estables de glucosa en la sangre y también una producción de insulina más consistente.

Recuerde que mientras más "lento" sea el alimento que consume, es decir, mientras más bajo sea su índice glicémico, más durará la sensación de saciedad. Cambiar la composición de las comidas y refrigerios puede bajar el índice glicémico, este es el efecto que se obtiene al comer grasas y carbohidratos a la vez. **La combinación de grasas y proteínas con carbohidratos puede bajar aún más el índice glicémico**. Por ejemplo, la pasta tiene un índice glicémico de 47, los raviolis de queso tienen un índice de 39 y la pasta de huevo de 32. La pasta sola no tiene grasa ni proteína, pero el queso y el huevo se la añaden y le bajan el índice glicémico porque tardan más en ser digeridos.

ÁCIDOS GRASOS OMEGA-3

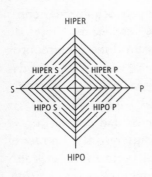

Después del tejido adiposo, el cerebro es la parte del cuerpo que contiene más grasa. Todas las células y organelas del cerebro son muy ricas en ácidos grasos poliinsaturados omega-3, también conocidos como ácidos grasos n-3. Estos son grasas esenciales necesarias para el funcionamiento normal y se obtienen en la dieta. Las grasas omega-3 en nuestra dieta son: ALA (ácido alfa linolénico), EPA (ácido eicosapentaenoico) y DHA (ácido docosahexaenoico).

El ALA es el principal ácido graso omega-3 en la dieta de los occidentales. Se encuentra en aceites vegetales, en especial los de soya, linaza, canola y nuez de Castilla; también se encuentra en los huevos, vegetales de hojas, en la carne de animales salvajes y de animales alimentados con pasto. El EPA y el DHA se encuentran en el pescado.

LAS MEJORES FUENTES
DE ÁCIDOS GRASOS OMEGA-3

La mejor fuente de EPA y DHA es el pescado, pero tenga presentes los niveles tóxicos de mercurio que tiene el pescado hoy en día. Recomendamos, como fuente de omega-3, el pescado que tenga los niveles más altos de ácidos grasos. No se deben comer más de dos o tres raciones semanales. Los pescados que hay que evitar, sobre todo en mujeres embarazadas, son: tiburón, pez espada, caballa, blanquillo y atún.

EPA y DHA	ALA
Salmón	Semillas de linaza
Caballa	Aceite de linaza
Fletán	Aceite de canola (semilla de colza)
Sardinas	Fríjoles de soya y aceite de soya
Arenques	Nuez de Castilla y aceite de nuez de Castilla
Anchoas	Semillas de auyama y aceite de semillas de
Ostras	auyama

Si a usted la preocupa el contenido de mercurio y de BPC en el pescado que consume, o simplemente no le gusta, es aconsejable que tome un suplemento de aceite de pescado. Recomendamos entre 1000 mg y 2000 mg, según la cantidad de pescado que consuma en la dieta.

Los omega-3 son poderosos protectores del sistema nervioso. El DHA les da a las células cerebrales la capacidad de transportar nutrientes con rapidez dentro de ellas y extraer detritus y desechos. Los omega-3 son antiinflamatorios y protegen contra las enfermedades cardiacas; también son esenciales en el desarrollo del cerebro del feto.

Hay una relación entre un descenso en los ácidos grasos omega-3, en particular del EPA, y el riesgo a sufrir depresión. Algunos estudios han demostrado que a mayor consumo de pescado, menor es la tasa de depresión. Idealmente la dieta humana debería tener cantidades iguales de omega-6 y omega-3, sin embargo, la dieta occidental típica contiene quince veces más ácidos grasos omega-6 que omega-3, que no es bueno para la salud. En las últimas décadas, el consumo de ácidos grasos omega-3 disminuyó considerablemente y ha sido reemplazado por cantidades excesivas de aceites vegetales omega-6 como el aceite de maíz y el de girasol. Además, el procesamiento de los alimentos destruye los ácidos grasos omega-3 para alargar la vida del producto.

COMER PARA TENER UNA ÓPTIMA FUNCIÓN INMUNOLÓGICA

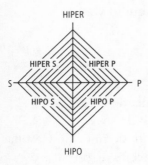

El sistema inmune es muy sensible a lo que uno come; si la alimentación no es adecuada, este se ve comprometido. El principal reto para los HipoS y los HipoP es la actividad desmedida del sistema inmunológico, lo que genera una inflamación excesiva y nociva. La inflamación es la primera respuesta de este sistema a la infección; la inflamación nociva causa asma, alergias, dolor muscular y articular. La buena noticia es que si se añaden en la dieta los nutrientes que faltan, por lo general es posible restaurar la función inmune y disminuir la inflamación que resulta del estrés oxidativo.

Para los HipoS y los HipoP es fundamental usar la alimentación para ayudar a avisarle al sistema inmunológico que se serene.

El estrés oxidativo se presenta cuando la provisión de antioxidantes en el cuerpo no es suficiente para manejar y neutralizar los radicales libres, moléculas inestables que interactúan de manera agresiva con otras moléculas y crean células anormales. Esta falta de equilibrio produce un daño celular masivo que origina mutaciones celulares, descomposición de tejido y debilitamiento del sistema inmune. Si los radicales libres están fuera de control, aceleran el envejecimiento y contribuyen a la aparición de cáncer, Alzheimer, Parkinson y enfermedades cardiacas.

Para evitar el estrés oxidativo, la inflamación crónica silenciosa y promover un funcionamiento óptimo del sistema inmunológico, el cuerpo necesita aminoácidos esenciales, ácido linoleico, vitamina A, ácido fólico, vitamina B6, vitamina B12, vitamina C, vitamina E, zinc, cobre, hierro y selenio. La deficiencia de uno o más de estos nutrientes puede afectar el sistema inmune y aumentar la inflamación. La inflamación a nivel celular acelera el proceso de envejecimiento. Los antioxidantes son claves para tener una función inmune adecuada, para calmar un sistema inmune con una actividad excesiva, como en el caso de los tipos HipoS e HipoP, y para estimular la función de este sistema y ayudar a prevenir resfriados e infecciones, un problema grave en los tipos HiperS e HiperP.

Algunos alimentos promueven la inflamación, entre ellos se encuentran la comida chatarra, las comidas rápidas, el azúcar, las carnes de alto contenido graso, las grasas saturadas y trans usadas en la preparación de alimentos procesados y los nitritos que contienen los perros calientes, algunos embutidos y salchichas. La lista de alimentos antiinflamatorios se asemeja a muchas de las listas que ya hemos presentado en este capítulo. Los ácidos grasos omega-3 del pescado contrarrestan la inflamación y hacen parte esencial de una dieta antiinflamatoria.

Ahora que usted conoce la cantidad de efectos beneficiosos de diversos nutrientes, esperamos que se motive a incluir esos alimentos en la dieta y le permita saber a su familia que la comida sana también es deliciosa.

ALIMENTOS ANTIINFLAMATORIOS

Verduras: rúgula, espárrago, brotes de soya, pimiento, col china, brócoli, brócoli rabe, coles de Bruselas, repollo, coliflor, acelga, coles verdes, pepino cohombro, endivia, lechuga escarola, ajo, habichuela, col rizada, puerro, champiñón, cebolla, olivas, lechuga romana, cebolla escalonia, espinaca, batata y calabacín.

Frutas: manzana, aguacate, arándano, melón cantalupo, cereza, clementina, guayaba, melón de pulpa verdosa, kiwi, quinoto, limón, lima, naranja, papaya, durazno, pera, ciruela, frambuesa, ruibarbo, fresa, mandarina y tomate.

Proteínas animales (preferiblemente salvajes o alimentados con pasto): pechuga de pollo sin piel y deshuesada, pechuga de pavo, anchoas, bacalao, fletán, arenque, caballa, ostras, trucha arco iris, bacalao negro, salmón, sardinas, sábalo, pargo, lubina rayada, atún y corégano blanco.

Nueces y semillas: almendras, semillas de linaza, avellanas, semillas de girasol y nueces de Castilla.

Aceites: aceite de oliva extra virgen.

Hierbas y especias: cacao (70 por ciento cacao), jengibre, orégano y cúrcuma.

Bebidas: té verde, té de jengibre y vino tinto (1 copa diaria).

Los tipos HipoS e HipoP necesitan incorporar en la dieta cotidiana estos alimentos que calman el sistema inmune; deben seleccionar alimentos de las listas en este capítulo para ingerirlos en cada comida y en cada refrigerio.

Algunos alimentos son mejores para uno que otros. El estrés aumenta la necesidad de una dieta sana y queremos que usted entienda los procesos físicos que resultan afectados por los alimentos que ingiere. Cuando uno toma conciencia de los alimentos que elige consumir, fortalece la capacidad para recuperarse del estrés, mejora el estado de ánimo, tiene más vigor y vitalidad y puede prevenir enfermedades. La decisión depende de usted.

CAPÍTULO SIETE

EJERCICIO

Nuestras investigaciones y experiencias con pacientes nos han demostrado, sin lugar a dudas, que aumentar la actividad física es lo más importante que se puede hacer para combatir el estrés y envejecer bien. El ejercicio es renovador porque despeja la mente y las emociones. Mejora el flujo de sangre al cerebro y le suministra más energía para el pensamiento y la memoria; además, da una disposición mental que promueve una perspectiva más positiva de la vida. Un estilo de vida activo no solo hace que uno se vea y se sienta mejor, sino que le permite asumir la existencia de un modo más positivo y experimentar una sensación general de bienestar. Nuestro objetivo en este capítulo es hacerla tomar conciencia de lo fácil que es mejorar su vida si dedica una pequeña parte del día a la práctica de una actividad física; solo media hora de ejercicio moderado casi todos los días de la semana tiene un poderoso efecto en la mente y en el cuerpo. Muchas de nosotras le dedicamos incluso más tiempo diariamente al cabello y al maquillaje. Si usted se compromete con el ejercicio como una forma de vida, comenzará a sentir y a ver los efectos en tan solo dos semanas. Estos son algunos de los magníficos resultados que se pueden obtener con la práctica regular del ejercicio:

- Perder peso, sobre todo alrededor del abdomen, y no recuperarlo
- Verse y sentirse más joven
- Aumento en la autoestima
- Disminución del estrés
- Disminuye la depresión y la ansiedad

- Mejora el sueño
- Formación y mantenimiento de huesos, músculos y articulaciones sanos
- Disminución del riesgo de sufrir una enfermedad cardiaca, diabetes, hipertensión y cáncer
- Reversión o mejoría de estas enfermedades letales

Si los científicos crearan un medicamento que produjera todos estos resultados, ¿quién no querría tomarse un elixir tan poderoso? Pero para obtener esos resultados hay que empezar a moverse. Según *Newsweek*, en 2007, solo el 31,3 por ciento de los adultos mayores de dieciocho años practican una actividad física con regularidad durante el tiempo

---

De la vida real

Louise, de 42 años, es básicamente la que mantiene a su familia. Aunque su esposo intenta contribuir, Louise considera que se esfuerza a medias. Ella también tiene que asumir el rol de gerente general del hogar. Desde el nacimiento de su tercer hijo, hace cuatro años, no había vuelto a consulta con Beth. Se sentía avergonzada por haber faltado a tantas revisiones anuales.

A Beth la sorprendió escuchar que Louise había tenido dificultades. Tenía síndrome de fatiga crónica, posiblemente como resultado de la situación estresante que vivía. No tenía los medios para hacer lo que debía para estar al frente de todo. Una amiga la animó para que nadara en la piscina del barrio. Llevaba cerca de cuatro meses nadando casi a diario. Nadaba despacio y pausadamente y esto la serenaba. Pero ella se juzgaba a sí misma con severidad y sentía que podría esforzarse más.

Beth identificó a Louise como un tipo HipoP. La tranquilizó, diciéndole que trabajar a un ritmo suave era lo indicado para ella, y la elogió por la conexión que tenía con su cuerpo. Louise había empezado a sentirse mucho mejor y estaba recuperando la energía. La natación le había renovado la vitalidad y estaba teniendo un efecto sobre su respuesta al estrés y el síndrome de fatiga crónica.

Desde el laboratorio

LA ACTIVIDAD FÍSICA COMO TRANQUILIZANTE NATURAL

La correlación entre actividad física y bienestar psicológico es más marcada con la actividad física moderada o baja, es decir, caminar solo dos a cuatro horas semanales. Un estudio de 12 018 personas encontró que aquellas que hacían que la actividad física fuera parte de su tiempo libre eran menos propensas al estrés y a la insatisfacción. ¿No es esta una inversión mínima de tiempo para obtener un beneficio tan grande?

libre. Más del 60 por ciento de los estadounidenses no hacen ejercicio con regularidad y el 25 por ciento no son activos en lo absoluto. El 50 por ciento de las personas jóvenes, entre los doce y los veintiún años, no hacen la cantidad de ejercicio que necesitarían regularmente. La inactividad física está asociada a enfermedades cardiovasculares, hipertensión, obesidad, cáncer de colon, de seno y de próstata, diabetes y osteoporosis, todas ellas enfermedades asociadas al estrés; además, la inactividad lleva a niveles más altos de este. Los Centros de Control y Prevención de Enfermedades sostienen que las personas que practican una actividad física tienen gastos médicos anuales más bajos, menos hospitalizaciones, consultas médicas y uso de medicamentos que la gente inactiva. **Algunos científicos sugieren que la inactividad debería considerarse un estado patológico.**

El ejercicio puede funcionar como una estrategia positiva para enfrentar la realidad. Si se asume como una vía de escape o un receso de los problemas y tensiones del día, exigirle al cuerpo resulta relajante, una forma de meditación. Esta sustracción de las tensiones del día contribuye muchísimo a reducir el estrés. Tener la disciplina para hacer ejercicio da una sensación de control sobre la vida y el cuerpo, ¿y qué podía ser mejor que sentirse así en estos tiempos frenéticos?

POR QUÉ EL EJERCICIO DISMINUYE EL ESTRÉS

En nuestra vida, rara vez se presentan amenazas físicas, pero el estrés emocional, social o de trabajo produce la misma respuesta: el cuerpo moviliza energía y lo preparara a uno físicamente para enfrentar la amenaza o para huir de ella. Sin embargo, el estrés psicológico por lo general no se resuelve tan rápido, ni tampoco requiere las exigencias metabólicas tan elevadas que genera. Los problemas metabólicos que resultan de la activación crónica de la respuesta al estrés pueden convertirse en obesidad central, hipertensión, niveles altos de colesterol y triglicéridos en la sangre y disfunción de las paredes celulares, todo esto puede conducir a un síndrome metabólico y a problemas cardiovasculares.

Durante la respuesta al estrés, hay más de mil quinientas reacciones bioquímicas. Los productos derivados de la respuesta al estrés, como el cortisol, continúan circulando en el cuerpo. Ya usted está familiarizada con algunos de los efectos perjudiciales que aparecen posteriormente. El ejercicio extrae estos productos porque proporciona la actividad ordenada por la respuesta de luchar o huir. La actividad física, al utilizar la energía producida por el estrés, le permite al cuerpo regresar a la homeostasis más rápido y reduce el impacto fisiológico del estrés crónico actual. En otras palabras, la respuesta al estrés es un mecanismo neuroendocrino que prepara al cuerpo para la acción física, el ejercicio completa el proceso y se convierte así en una forma natural de prevenir las consecuencias nocivas del estrés. El ejercicio puede desactivar o terminar la respuesta al estrés. Es difícil pensar en otra técnica mejor que esta para enfrentarlo. La actividad física es sobre todo importante para el tipo HiperS.

VISIÓN DETALLADA DE LOS BENEFICIOS DEL EJERCICIO

- El ejercicio ofrece una salida para energías negativas como la ira y la agresividad que pueden generar enfermedades si se reprimen. El esfuerzo físico es catártico, ya que libera emociones negativas de una manera sana.

- El ejercicio contribuye a aumentar la autoestima, la persona decide hacer algo que le ayudará y que modificará su apariencia corporal. Se ha demostrado que una autoestima alta aumenta la capacidad para hacerle frente al estrés.
- El ejercicio reduce la tensión muscular. Los músculos estresados se contraen o se "agarrotan", y pierden el tono en reposo. Si uno los pone a trabajar, liberan la energía guardada; después, regresan al estado normal de reposo que puede disminuir los achaques y dolores producidos por el agarrotamiento.
- El ejercicio puede ser una meditación en movimiento. Es posible que el movimiento repetitivo y constante, como el de la natación, el esquí, el trote y la bicicleta, altere el estado de conciencia. La coordinación entre la respiración y el movimiento es una especie de mantra. El ejercicio puede generar un estado de tranquilidad y calma.
- Puede ser una oportunidad para tener apoyo social si uno elige trabajar con un entrenador, tomar una clase o tener un compañero de ejercicio. Compartir el ejercicio con otras personas es una forma de satisfacer la necesidad de tener apoyo social y de ampliar la red social.
- Produce un sueño más profundo y reduce la fatiga. El bajón de energía al mediodía y el agotamiento en las noches a veces es consecuencia de la inactividad y no de la cantidad insuficiente de sueño. Con el ejercicio aeróbico, el cuerpo transporta y usa el oxígeno de manera más eficiente para producir energía, y como resultado el cansancio tarda más en aparecer. Además, hacer ejercicio moderado tres horas antes de acostarse puede contribuir a la relajación y a dormir mejor.
- El ejercicio propicia una mayor sintonía con el cuerpo, aumenta la conciencia sobre este y permite detectar cambios sutiles que no se percibían antes. Así uno podría llegar a reconocer los efectos físicos del estrés antes de que estos le causaran daño. A las mujeres que no tienen una conexión con el cuerpo se les dificulta realizar los cambios necesarios para permanecer saludables, mientras que las mujeres que están en forma pueden aprender a relajarse con más facilidad.

PERAS O MANZANAS EN MOVIMIENTO

El lugar del cuerpo en el que se acumula la grasa es un buen indicador de salud. Las mujeres que tienen forma de pera tienen depósitos de grasa principalmente en las caderas, muslos y nalgas. Las mujeres del tipo HipoS tienden a tener esta forma. Las mujeres que tienen forma de manzana almacenan la grasa en el abdomen; no hay que ser obesa para tener un exceso de grasa en esta zona. Las mujeres con un peso normal que almacenan grasa principalmente en el abdomen tienen un riesgo mayor de sufrir enfermedades cardiacas. Las mujeres de tipo HiperS, aun si son delgadas, tienen más tendencia a tener forma de manzana.

Para saber si tiene grasa abdominal en la zona de peligro, debe calcular la relación entre la cintura y la cadera. Debe medirse la cadera en la parte más ancha de las nalgas, más o menos dieciocho centímetros por debajo de la cintura. La medida de la cintura se debe tomar en la parte más angosta, justo encima del ombligo. Para obtener la relación entre ambas divida el perímetro de la cintura por el de la cadera. Si la relación es superior a 0,8 usted está en la zona de alerta roja y debe comprometerse seriamente a perder grasa abdominal. La medida de la cintura le da una idea general de cómo está, pero el índice cintura-cadera es más preciso. Si la cintura de una mujer supera los ochenta y ocho centímetros está en el nivel más alto de riesgo de salud.

El índice de masa corporal (IMC) es una importante medida de obesidad. Para calcular el IMC se divide el peso corporal en kilogramos por el cuadrado de la estatura expresada en metros, remítase a la tabla en las páginas 180–181.

De acuerdo con la Organización Mundial de la Salud, una mujer con un IMC por encima de treinta es considerada obesa, pero el IMC no es un indicador universal preciso. El porcentaje de grasa corporal varía de acuerdo con el género, la edad y el nivel de acondicionamiento físico. Las mujeres tienen un porcentaje de grasa mayor que los hombres con el mismo IMC, por la forma normal en que se deposita la grasa según el género. A medida que se envejece, se pierde masa muscular y se tienen niveles de grasa más altos. Las personas que están en muy buena forma física, como por ejemplo los levantadores de pesas, tienen niveles elevados de masa muscular que pesan más que la grasa. Si uno tiene un exceso de grasa alrededor del abdomen, como lo indica la relación cadera cintura, y un IMC entre 25 y 34,9 enfrenta riesgos adicionales de salud como diabetes tipo 2, enfermedades cardiovasculares, colesterol alto e hipertensión.

Si usted tiene sobrepeso o tiene forma de manzana, es hora de que se concentre en volverse más saludable. Debe discutir con su médico un programa adecuado para usted, pero por lo general volverse más saludable significa combinar una buena alimentación con actividad física para mantener a raya el estrés crónico. **El ejercicio tiene un efecto benéfico sobre la forma en que se distribuye la grasa en el cuerpo porque disminuye la grasa abdominal e incrementa la masa corporal magra, independiente de la pérdida de peso**.

EN TODO CASO, ¿QUÉ ES EJERCICIO MODERADO?

La mayoría de nosotras sobreestima el ejercicio que hace y subestima el número de calorías que consume. Con el fin de aliviar el estrés, nos interesa saber cuánta actividad física realiza usted a diario. Al comenzar su rutina, debe anotar en la hoja de registro del Programa de desintoxicación del estrés la hora del día en que hizo ejercicio, qué hizo y durante cuánto tiempo. Las personas de tipo HiperS deben esforzarse al máximo porque esto contribuirá a equilibrar la energía que movilizaron y que necesita ser utilizada. Las personas de tipo HiperP también deben hacer el máximo de ejercicio, excepto en los días en que sufren colapsos. La constitución de un HipoS o de un HipoP no les permite esforzarse tanto. En estos casos, hay que comenzar con un ejercicio leve y aumentarlo en forma gradual hasta alcanzar un nivel moderado. Podría ser muy revelador llevar un registro del estado de ánimo y del nivel de estrés antes y después de la rutina de ejercicio. En la hoja de registro del Programa de desintoxicación del estrés, en la página 273, hay un espacio disponible para anotar esto.

Para usar la tabla de IMC, busque la estatura indicada (en metros) en la columna izquierda marcada "Estatura". Muévase hacia la derecha para buscar el peso (en kilogramos). Si su peso no aparece en la primera tabla, por favor consulte la segunda, en la página 181. El número encima de cada columna es el IMC para esa estatura y ese peso. Los kilogramos se redondearon.

IMC	19	20	21	22	23	24	25	26	27	28	29	30	31	32	33	34	35	36
Estatura (metros)	Peso corporal (kilogramos)																	
1,47 m	41	44	45	48	50	52	54	56	59	61	63	65	67	69	72	73	76	78
1,50 m	43	45	47	49	52	54	56	58	60	63	65	67	69	72	74	76	78	81
1,52 m	44	46	49	51	54	56	58	60	63	65	67	69	72	74	76	79	81	83
1,55 m	45	48	50	53	55	57	60	62	65	67	69	72	74	77	79	82	84	86
1,57 m	47	49	52	54	57	59	62	64	67	69	72	74	77	79	82	84	87	89
1,60 m	49	51	54	56	59	61	64	66	69	72	74	77	79	82	84	87	89	92
1,63 m	50	53	55	58	61	64	66	68	71	74	77	79	82	84	87	89	93	95
1,65 m	52	54	57	60	63	65	68	71	73	76	79	82	84	87	90	93	95	98
1,68 m	54	56	59	62	64	67	70	73	76	78	81	84	87	90	93	95	98	101
1,70 m	55	57	61	64	66	69	72	75	78	81	84	87	90	93	96	98	101	104
1,72 m	57	59	63	65	68	72	74	78	80	83	86	89	92	95	98	101	104	107
1,75 m	58	61	64	68	70	73	77	80	83	86	89	92	95	98	101	104	107	110
1,78 m	60	63	66	69	73	76	79	82	85	88	92	95	98	101	104	107	110	113
1,80 m	62	65	68	71	75	78	81	84	88	91	94	98	101	104	107	110	113	117
1,83 m	64	67	70	73	77	80	83	87	90	93	97	100	103	107	110	113	117	120
1,85 m	65	68	72	75	79	83	86	89	93	96	99	103	107	110	113	117	120	123
1,88 m	67	70	74	78	81	84	88	92	95	99	102	106	109	113	116	120	123	127
1,91 m	69	73	76	80	83	87	91	94	98	102	105	109	112	116	120	123	127	130
1,93 m	71	74	78	82	86	89	93	97	100	104	108	112	115	119	123	127	130	134

EJERCICIO E INMUNIDAD

Hay una relación entre la actividad física regular y una mejor función inmune. Con el ejercicio, las células inmunológicas circulan más rápido a través del cuerpo y tienen mayor potencia para destruir virus y bacterias. En la Universidad de Carolina del Sur, en Columbia, se hizo un estu-

Para usar la tabla de IM, encuentre la estatura indicada (en metros) en la columna marcada "Estatura". Muévase hacia la derecha para buscar el peso (en kilogramos). El número encima de cada columna es el IMC para ese peso y esa estatura. Los kilogramos se redondearon.

IMC	37	38	39	40	41	42	43	44	45	46	47	48	49	50	51	52	53	54
Estatura (metros)	Peso corporal (kilogramos)																	
1,47 m	80	82	84	87	89	91	93	95	98	100	102	104	106	108	111	112	115	117
1,50 m	83	85	88	90	92	94	96	98	101	103	105	108	110	112	114	117	119	121
1,52 m	86	88	90	93	95	98	100	102	104	107	109	111	113	116	118	121	123	125
1,55 m	88	91	93	96	98	101	103	105	108	110	112	115	117	120	122	125	127	129
1,57 m	92	94	97	99	102	104	107	109	112	114	116	119	121	124	126	129	131	134
1,60 m	94	97	100	102	105	108	110	112	115	117	120	123	126	128	130	132	136	138
1,63 m	98	100	103	105	108	111	113	116	119	121	124	127	129	132	134	137	140	142
1,65 m	101	103	106	109	112	114	117	120	123	125	128	131	133	136	139	142	144	147
1,68 m	104	107	109	112	115	118	121	123	126	129	132	135	137	140	143	146	149	151
1,70 m	107	110	113	116	118	122	124	127	130	132	136	139	142	145	147	151	153	156
172 cm	110	113	116	119	122	125	128	131	134	137	140	143	146	149	152	155	158	161
1,75 m	113	117	119	123	126	129	132	135	138	141	144	147	151	153	156	159	162	166
1,78 m	117	120	123	126	129	132	136	139	142	145	148	151	155	158	161	162	167	171
1,80 m	120	123	127	130	132	137	140	143	146	149	153	156	159	162	166	169	172	175
1,83 m	123	127	130	133	137	140	143	147	151	153	157	160	164	167	170	174	177	180
1,85 m	127	131	134	137	141	144	147	151	154	158	161	165	168	171	175	178	182	185
1,88 m	130	134	137	141	145	148	151	155	159	162	166	169	173	176	180	183	187	191
1,91 m	134	137	141	145	148	152	156	159	163	166	170	174	177	181	185	188	192	195
1,93 m	138	142	145	149	152	156	160	164	167	171	175	179	182	186	190	193	197	201

dio en 547 adultos entre veinte y setenta años, para analizar la relación entre los niveles de actividad y el riesgo de resfriarse. Los participantes que hacían ejercicio entre moderado y alto cuatro veces por semana presentaron entre 20 y 30 por ciento menos resfriados.

Es importante observar que la moderación parece ser la clave. El ejercicio físico intenso puede causar una supresión de la función inmune que activa la respuesta al estrés, pues esto aumenta la susceptibilidad. Se ha observado esta reacción en atletas: a menudo sufren un resfriado una semana después de correr una maratón.

EJERCICIO Y ESTADO DE ÁNIMO

La depresión crea un desequilibrio de la serotonina y de la norepinefrina. El ejercicio activa estos dos neurotransmisores. Los científicos creen que el ejercicio puede sincronizar las sustancias químicas del cerebro que afectan el estado de ánimo. Las mujeres inactivas tienen el doble de probabilidad de presentar síntomas de depresión que aquellas que tienen una buena forma física.

El ejercicio también estimula las endorfinas, esto crea una sensación de euforia o de bienestar conocida como la "euforia del corredor". Algunos sienten este estímulo solo a los doce minutos de empezar una rutina de ejercicios. Este estímulo también puede disminuir la ansiedad; un estudio encontró que caminar era tan efectivo como un

Desde el laboratorio

RECUPERARSE DE SUCESOS IMPORTANTES EN LA VIDA

Un estudio analizó a mil estudiantes universitarios después de que estos enfrentaran sucesos estresantes. Los sujetos con altos niveles de acondicionamiento aeróbico reportaron menos problemas de salud y menos depresión que aquellos con niveles bajos. El alto nivel de acondicionamiento estuvo asociado a una respuesta fisiológica más baja frente a factores estresantes de laboratorio que exigían destrezas cognitivas o enfrentarlos de manera activa.

Los investigadores dividieron el grupo en tres. Durante cinco semanas un grupo recibió entrenamiento físico, otro recibió entrenamiento en relajación y el tercero no recibió ningún tratamiento. El grupo del ejercicio físico reportó un mayor descenso en la depresión que los sujetos de los otros dos.

Las diferencias disminuyeron durante las siguientes cinco semanas, quizá por el descenso general de la depresión en este periodo, pero reaparecieron a las ocho semanas. El grupo que hacía ejercicio continuó mostrando menos depresión. Después de una exposición a altos niveles de estrés de vida, el ejercicio aeróbico demostró ser más efectivo que la relajación o que no recibir tratamiento; pero después de ocho semanas ninguno de los dos últimos grupos mostró descensos tan significativos como el que hacía ejercicio.

tranquilizante para disminuir la tensión, y que el beneficio duraba más que con el medicamento. El hecho es que la tensión permanente hace estragos en la autoestima y esta es una de las principales fuentes de ansiedad. Inclusive la gente con depresión por lo general se siente menos deprimida después de hacer ejercicio de veinte a sesenta minutos, tres o cuatro veces por semana.

La actividad física puede estimular el crecimiento de nuevas células cerebrales que mejoran la memoria y el aprendizaje, dos elementos que la depresión afecta de modo negativo. En la actualidad, los científicos están llevando la investigación un paso más allá para saber si el ejercicio regular puede disminuir e incluso prevenir el riesgo de sufrir depresión.

EJERCICIO, COLESTEROL Y PRESIÓN SANGUÍNEA

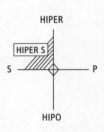

Las personas que tienen una respuesta HiperS, con la respectiva elevación de cortisol, son proclives a tener niveles más altos de colesterol nocivo LDL en el torrente sanguíneo, y una producción aumentada de un precursor de triglicéridos del hígado. El ejercicio regular reduce la cantidad de colesterol nocivo LDL en la sangre y aumenta la concentración de HDL o colesterol bueno. El HDL ayuda a prevenir el taponamiento de los vasos sanguíneos y es importante para mantener la salud del corazón. Caminar entre trece y dieciséis kilómetros a la semana, un promedio de dos kilómetros o cerca de media hora diaria, puede incrementar esta forma de colesterol protector. El ejercicio aumenta la habilidad de los músculos de captar y oxidar los ácidos grasos y aumenta la actividad de una lipoproteína que hace que los ácidos grasos de los triglicéridos estén disponibles para que las células musculares metabolicen energía. Esta acción determina si las grasas de la dieta o el combustible movilizado durante el estrés se almacena o se usa para producir energía.

Los estudios de envejecimiento exitoso de MacArthur encontraron que los niveles bajos de acondicionamiento físico y los niveles elevados

De la vida real

Cindy, una mujer de cincuenta y nueve años, tiene un trabajo muy exigente en mercadeo. Hace poco empezó a engordar sobre todo alrededor del abdomen, y se lo atribuyó a la menopausia. En el chequeo anual se sorprendió al descubrir que tenía la presión arterial alta, en 150/90. Stephanie leyó la historia clínica y le preguntó qué estaba sucediendo en su vida, Cindy lo pensó por un momento. Aunque se consideraba a sí misma adicta al ejercicio, cayó en cuenta de que en los últimos meses lo redujo a una cantidad mínima. Hacía ejercicio con un entrenador personal una vez a la semana en el gimnasio y tenía una sesión semanal personalizada con un entrenador de Pilates. Sin embargo, había abandonado las sesiones de aeróbicos en la banda sinfín en su casa porque estaba muy ocupada cumpliendo fechas de entrega laborales y prefería pasar el tiempo libre que tenía con sus familiares y amigos. Rápidamente había perdido el hábito del ejercicio.

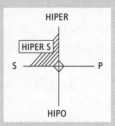

Stephanie decidió que todavía no iba a remitir a Cindy, una mujer de tipo HiperS, a un internista para que le recetara un medicamento para la hipertensión. Le recomendó que retomara las rutinas aeróbicas y que invirtiera en un monitor de presión sanguínea para hacer un seguimiento de su evolución. Le sugirió que separara una cita de revisión en un mes para analizar las lecturas de su presión sanguínea.

Cindy comenzó a hacer entre cuarenta y cincuenta minutos en la banda sinfín cinco veces por semana, a una frecuencia cardiaca mínima de 130. Desde el primer día que retomó el ejercicio aeróbico, la presión de Cindy se normalizó.

de aflicción emocional se asociaban a una mayor prevalencia de síndrome metabólico, comparados con personas con alto grado de acondicionamiento físico. Un seguimiento de dos años y medio reveló que los participantes sedentarios tenían una carga alostática alta, enfermedades cardiacas y deterioro en los procesos cognitivos.

EJERCICIO DURANTE EL ENVEJECIMIENTO: AHORA MÁS QUE NUNCA

La inactividad física afecta más a las mujeres que a los hombres puesto que estas tienen más grasa corporal y menos músculo y hueso. En el proceso de envejecer se pierde tejido muscular y óseo. Como las mujeres desde el principio cuentan con menos, desde más temprana edad presentan mayor riesgo que los hombres a sufrir muchos de los problemas asociados al envejecimiento. En promedio, las mujeres viven más que los hombres, pero su cuerpo empieza a fallar primero. El ejercicio regular, no importa la edad que se tenga, puede ayudar a conservar y a mejorar la flexibilidad, la capacidad pulmonar, la movilidad articular, el equilibrio, la postura y la resistencia; además, ofrece los beneficios estéticos del tono muscular y la elasticidad. El sedentarismo hace que los músculos se vuelvan rígidos y se pongan flácidos por acción de la gravedad. Un cuerpo que no se ejercite mostrará señales de envejecimiento desde más temprana edad.

Según la Clínica Mayo, después de los treinta años muchas funciones corporales básicas comienzan a deteriorarse a razón del 2 por ciento anual. El ejercicio puede ralentizar ese deterioro al 0,5 por ciento anual. Las mujeres que hacen poca o ninguna actividad física pierden el 70 por ciento de la habilidad funcional alrededor de los noventa años; las que convierten la actividad física en parte de su vida pierden solo el 30 por ciento.

Si no se hace algún tipo de ejercicio todos los días, la salud sufrirá. Las mujeres que no están en forma tienden a tener una mayor reactividad del eje HPA al estrés psicológico cuando envejecen. En un estudio se encontró que las mujeres blancas, mayores de sesenta y cinco años que aumentaron su actividad en una proporción equivalente a caminar un kilómetro y medio diario, disminuyeron entre un 40 y un 50 por ciento el riesgo de morir en los siguientes seis años. Correr y practicar caminata rápida pueden contrarrestar algunos de los aspectos negativos del envejecimiento y sumar años de vida. Aunque no se ha demostrado que el entrenamiento de fuerza alargue la vida, sí mejora la calidad de

De la vida real

En el chequeo anual, June, una mujer de tipo HipoP, se quejó de que le dolía todo. Tenía setenta y ocho años y temía que le estuviera dando artritis, aunque el internista no había encontrado ningún problema. Beth le preguntó por su alimentación y era normal. June le contó que dormía entre dos y tres horas seguidas de noche; leía y volvía a dormirse. Tomaba siestas cortas durante el día. Beth le sugirió que comenzara a caminar rutinariamente.

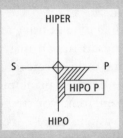

June le dijo que nunca había hecho ejercicio y descartó la idea de empezar cuando estaba a punto de cumplir ochenta años. Beth le explicó que el ejercicio moderado podía aliviar la rigidez y el dolor que la estaban molestando, y que también podía mejorarle el sueño, así la convenció de que valía la pena intentarlo.

Beth le recomendó que empezara a caminar solo diez minutos al día, preferiblemente en las mañanas. June vivía en la Isla Balboa, así que tenía fácil acceso a la playa. Beth le anotó un plan para que aumentara la duración de las caminatas en intervalos de diez minutos semanales hasta alcanzar cuarenta minutos diarios. Le pidió que volviera para una consulta de revisión con un registro de su progreso en el ejercicio que incluyera una descripción de cómo se sentía antes y después de caminar.

Cuando June regresó, ya caminaba los cuarenta minutos diarios y esto le había cambiado mucho la vida. Se sentía mejor y estaba durmiendo muy bien. Inclusive había conseguido una nueva amiga que también caminaba por la playa. Se encontraban cada mañana y hacían el recorrido juntas. June estaba convencida de los beneficios de hacer ejercicio y además disfrutaba de una nueva amistad.

esta porque le da a uno fuerza muscular para desempeñar las actividades diarias y así conservar la independencia por más tiempo. El entrenamiento de fuerza es más importante para las mujeres que para los hombres que están envejeciendo porque aumenta la masa muscular, conserva el hueso y mejora el equilibrio, todos ellos factores de riesgo de fracturas comunes en la vejez.

ARTRITIS, FIBROMIALGIA
Y SÍNDROME DE FATIGA CRÓNICA

Muchas personas de más de cincuenta años utilizan
el dolor articular de la artritis como excusa para
limitar la actividad física. Los achaques y dolores
en las articulaciones dificultan todas las actividades cotidianas, desde abrir un frasco hasta digitar
en un teclado. En especial las mujeres que sufren
de fibromialgia y de fatiga crónica a menudo
sienten que todo les duele muchísimo o que no
tienen suficiente energía para hacer ejercicio. Los

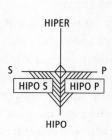

tipos HipoS e HipoP tienden a desarrollar estas enfermedades; por lo
general son personas sin acondicionamiento aeróbico, con poca fuerza
muscular y flexibilidad limitada. El hecho es que el ejercicio es uno de
los tratamientos no médicos más efectivos para disminuir el dolor. Si
usted tiene artritis, antes de empezar un programa de ejercicios consulte
con un médico, pero haga todo lo posible por incorporar una actividad
física a su vida.

Igual que las mujeres con artritis, las pacientes con fibromialgia le
temen al dolor de un ejercicio inadecuado. En todas estas afecciones,
es muy conveniente el ejercicio en el agua.

La intensidad es lo que cuenta cuando se tiene dolor y fatiga extremos. El ejercicio debe ser gradual, se debe comenzar con una intensidad
muy baja. Pero la mejor manera de obtener alivio de estas afecciones,
a veces debilitantes, es volverse activo físicamente. El ejercicio puede
combatir la tendencia al dolor crónico porque le ayuda al cuerpo a
producir endorfinas, que son analgésicos naturales. Si usted padece fatiga
crónica quizá soporte apenas unos pocos minutos de ejercicio al día. Tal
vez pueda empezar por caminar hasta el buzón de correo, o hacer unos
estiramientos leves o usar pesas de dos libras mientras ve televisión. A
medida que el ejercicio le resulte más fácil, puede aumentar la duración
de modo paulatino.

LAS BUENAS NOTICIAS PARA LAS PERSONAS SEDENTARIAS

En la mayoría de las investigaciones, el ejercicio dio mejores resultados en las personas que estaban menos saludables física y psicológicamente al principio del estudio. Esto significa que es posible ver y sentir resultados positivos más rápido de lo que uno cree posible. Aunque durante los primeros días la adaptación puede ser dura, después de hacer ejercicio empezará a sentirse más positiva, más ágil y con menos dolor. **Las mayores ganancias en salud se dan cuando se pasa de un estilo de vida sedentario a uno moderadamente activo**.

¿ESTÁ PREPARADA?

A estas alturas, después de asimilar todo lo que la actividad física hace por uno, debe estar preparada para ponerse ropa deportiva y comenzar a moverse con el fin de cambiar su vida. Recuerde, todo lo que se necesita para cambiar la forma como se siente son solo de treinta a cincuenta minutos de actividad moderada casi todos los días de la semana, es decir, cinco días a la semana. **Según el Colegio Estadounidense de Medicina Deportiva, uno necesita apenas dos horas y media semanales de ejercicios de intensidad moderada para agilizar los esfuerzos por perder peso.**

Sin embargo, empezar a aumentar la actividad física en la vida puede ser desalentador. Siempre hay un millón de razones para no hacer ejercicio, la principal es simplemente la falta de tiempo. Si tiene algo de tiempo libre quizá prefiere pasarlo con sus amigos y familiares; o quizá no le gusta hacer ejercicio; o se dice a sí misma que está muy fuera de forma, muy vieja y muy cansada; o teme hacerse daño o se siente cohibida y decide que quiere perder peso antes de salir a exponerse allá afuera. Tal vez le parezca que matricularse en un gimnasio o comprar equipos para hacer ejercicio es una inversión muy grande. Es posible que se sienta derrotada inclusive antes de empezar porque supone que no será capaz de perseverar, ya que es muy difícil y usted no es una mujer atlética.

Analicemos todas estas excusas. Con toda certeza es posible sacar algo de tiempo los fines de semana. ¿Los fines de semana invierte usted el tiempo libre en sentarse frente al televisor, hablar por teléfono, o hacer compras en línea? ¿Puede levantarse treinta minutos más temprano? No tiene que hacer todo el ejercicio de una vez, una alternativa es hacer sesiones de diez minutos a lo largo del día. Si trabaja, quizá puede hacer una caminata rápida después de almuerzo o antes de empezar a preparar la cena. Si tiene hijos, conviértalo en una actividad familiar: pueden salir todos juntos a disfrutar de una caminata por el vecindario, después de cenar. Podría realizar una rutina de pesas libres mientras ve su programa preferido de televisión. Si la preocupa dedicarles menos tiempo a la familia y a los amigos, deberá pensar en que podrá entregarles a los demás mucho más si se siente energizada y optimista. Considere involucrar a sus amigas en el programa; en vez de reunirse con una amiga a tomar una taza de café, podrían salir a dar un paseo en bicicleta; tomar juntas una clase de *spinning* o jugar tenis. El cuerpo está diseñado para moverse. El ejercicio regular no se limita al trote, a la calistenia o al entrenamiento con pesas. Uno debe escoger un ejercicio que disfrute.

Para la mayoría de las personas la parte más dura de incorporar una actividad física a la vida es empezar. Crear un hábito no tarda mucho. Si uno se compromete a moverse entre veinte minutos y media hora, cinco días a la semana, en poco tiempo comenzará a sentirse mejor. El ejercicio moderado es muy variado; además, no todos los ejercicios fueron creados iguales en términos de cuánto tiempo tarda uno en alcanzar su objetivo. Mientras más intenso sea el ejercicio, menos tiempo hay que invertir en hacerlo. Palear nieve quince minutos equivale a caminar tres kilómetros en media hora. Estos son algunos ejemplos de ejercicios equivalentes:

15 minutos: subir escalas o usar una escaladora, palear nieve, saltar la cuerda, montar en bicicleta 6 km, correr 2,5 km
20 minutos: hacer varias piscinas, jugar baloncesto
30 minutos: hidroaeróbicos, caminar 3 km, barrer hojas con un rastrillo, empujar un coche de bebé 2,5 km, baile aeróbico, montar en bicicleta 8 km, lanzar canastas.

De la vida real

Pat tenía tanto sobrepeso que pedía en las consultas que no la pesaran. En la historia clínica Beth calculó que pesaba alrededor de 113 kg. Pat por lo general era alegre, pero estaba preocupada por su salud. Tenía cuarenta y tres años y su colesterol estaba muy por encima de lo normal y su presión sanguínea estaba por las nubes. El internista le recetó un medicamento para la hipertensión y le recomendó que perdiera peso. Pat

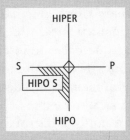

estaba reuniendo la voluntad para entrar a un programa de pérdida de peso que le ayudara a mejorar la dieta, pero se sentía nerviosa porque no sabía ni por dónde empezar. Beth le sugirió que también le adicionara ejercicio al programa; le explicó que el ejercicio combinado con una buena alimentación aceleraría el proceso y haría que los resultados de sus esfuerzos fueran más contundentes. Pat protestó; se sentía demasiado voluminosa y temía hacerse daño. Si se lesionaba la cadera o las rodillas, no podría moverse. Además se sentía cohibida porque estaba muy fuera de forma.

Beth le sugirió que intentara con hidroaeróbicos, pero Pat se mostró reacia a que la vieran en traje de baño en un lugar público. Entonces Beth le aconsejó que asistiera en un horario de poca afluencia o que se matriculara en una clase diseñada para perder peso. Pat encontró un gimnasio cerca de su casa con una piscina al aire libre que rara vez usaban y que le daba la privacidad que buscaba. Por lo general, era la única persona que iba y se sentía suficientemente cómoda para comenzar a hacer los ejercicios que había encontrado en línea. Uno de los entrenadores del gimnasio le ayudó a desarrollar un programa. La presión sanguínea, el colesterol y el peso de Pat comenzaron a bajar.

A los seis meses, Pat regresó a consulta y se veía estupenda. Todos los días hacía varias piscinas, aeróbicos o caminatas al aire libre. Tenía algunas compañeras de ejercicio que había conocido en las reuniones del programa para perder peso. Todas enfrentaban los mismos desafíos y se apoyaban entre sí. Pat estaba eufórica al ver que su salud y su cuerpo volvían a ser lo que habían sido quince años atrás.

30-45 minutos: trabajar en el jardín, caminar 2,8 km (35 minutos)
45-60 minutos: jugar voleibol, limpiar ventanas o pisos, lavar o encerar un auto.

DAR EL SALTO

Cristopher Bergland, un atleta de resistencia de talla mundial, tres veces ganador del *Triple Iron Man*, el triatlón más largo sin paradas, sostiene que es necesario un lapso de ocho semanas para que la mente y el cuerpo establezcan la conexión entre moverse y sentirse bien. Una vez hecha esta conexión, el ejercicio se asociará con el placer, y el movimiento se convertirá en parte esencial de la vida. Dice:

> Para poder reunir el valor de empezar, siempre se debe inspirar profundamente. Primero, relájese. Comprométase a terminar lo que comienza. Amárrese los cordones de las zapatillas y empiece hoy; empiece ahora… ¡haga algo! Recuerde tomarlo con calma. No se tiene que matar, la meta debe ser poner la sangre en movimiento. Comprometer un lapso de tiempo corto le entregará enormes beneficios; apenas veinte o treinta minutos casi todos los días de la semana es todo lo que debe hacer para ver resultados. Eso es menos del 3 por ciento de sus horas activas, el otro 97 por ciento se sentirá mejor. Piénselo. Sea práctico. Esta es una inversión que genera muchas ganancias.
>
> Tomado de *The Athlete's Way: Training Your Mind and Body to Experience the Joy of Exercise*

EJERCICIO AERÓBICO FRENTE A EJERCICIO ANAERÓBICO

El ejercicio aeróbico, es decir, "con oxígeno", supone movimientos rítmicos y sostenidos de baja a mediana intensidad, por más de quince minutos. La idea es poner el corazón a latir. En las páginas siguientes le mostraremos cómo calcular la frecuencia cardiaca y la frecuencia cardiaca máxima para hacer ejercicio con metas para su tipo de estrés. Caminar, usar una elíptica, montar en bicicleta, nadar y correr le imponen una exigencia al corazón y a los pulmones para llevar oxígeno al torrente sanguíneo. El movimiento aeróbico saca energía de la glucosa y de los ácidos grasos, o de las grasas almacenadas provenientes de los alimentos. El entrenamiento aeróbico estimula el crecimiento de capilares (vasos sanguíneos pequeños) en los músculos, que permiten la remoción de ácido láctico y una mayor eficiencia en la entrega de oxígeno. **Si el objetivo de uno es quemar grasa, las sesiones de ejercicio más efectivas son las de larga duración, lentas y que cubran distancias**.

El ejercicio aeróbico trae los siguientes beneficios para la salud:

- Disminución de la grasa corporal
- Menor frecuencia cardiaca en reposo
- Presión sanguínea más baja
- Disminución del colesterol LDL
- Aumento del colesterol HDL
- Aumento de la esperanza de vida
- Cierto grado de mejoría en la densidad ósea
- Disminución del estrés

El ejercicio anaeróbico consiste en arranques de actividad, cortos e intensos, a veces separados por momentos de descanso, como cuando se hace un circuito de pesas en un gimnasio. Algunos ejemplos de ejercicio anaeróbico son: hacer *sprints*, levantar pesas, la natación competitiva o jugar dobles en tenis. El ejercicio anaeróbico no usa oxígeno para convertir el glucógeno en energía, sino que el combustible se encuentra disponible al instante en los músculos y en el hígado. El arranque de actividad le comunica una exigencia inmediata al cuerpo. La forma más fácilmente disponible de energía proviene de las reservas de glucosa en el hígado. Este arranque dura solamente de cuarenta y cinco a noventa segundos. Otra forma de energía proviene del fosfato de creatina, un compuesto que se almacena en los músculos. El trabajo anaeróbico solamente quema glucosa, no quema ni grasa ni oxígeno. Produce ácido láctico que es el responsable del "ardor" que se siente en los músculos después de una sesión intensa de ejercicio. El ácido láctico comienza a acumularse si el ejercicio se hace entre el 85 y el 90 por ciento de la frecuencia cardiaca máxima, por encima de la zona aeróbica del 60 al 80 por ciento. Aunque el ejercicio anaeróbico no quema grasa, produce masa muscular magra que acelera el metabolismo, esto hace que se queme grasa incluso después del ejercicio.

El ejercicio anaeróbico produce beneficios en la salud diferentes a los del ejercicio aeróbico:

- Mejora el IMC
- Acelera el metabolismo
- Fortalece los huesos y el tejido conectivo
- Evita el dolor de espalda y otras lesiones porque fortalece los músculos
- Alivia el estrés

Para ganar y mantener un buen estado físico, muchos expertos recomiendan dos entrenamientos de fuerza para todo el cuerpo y por lo menos tres sesiones de ejercicio aeróbico semanales. Algunas personas combinan el ejercicio aeróbico con sesiones de ejercicio para el tren superior o el tren inferior, en días consecutivos. Se puede combinar ejercicio aeróbico y anaeróbico en una caminata cuesta arriba o en una clase de *step*, actividades que exigen tanto movimientos rápidos y fuertes, como sostenidos. Es posible sumarle un elemento anaeróbico a una sesión aeróbica si se incorporan algunos intervalos de alta intensidad, basta con aumentar la velocidad y la frecuencia cardiaca por unos cuantos minutos. Por ejemplo, en una caminata de media hora puede correr o trotar tres o cuatro minutos y luego retomar un paso más lento durante cinco minutos y volver a correr tres o cuatro minutos. Agregar un periodo corto de alta intensidad aumenta la fuerza y la capacidad aeróbica y por lo tanto mejorar el estado físico. Esto se denomina entrenamiento por intervalos. Esta clase de entrenamiento logra confundir al cuerpo y evita que queme menos calorías que cuando se adapta a un ritmo o a una resistencia constantes.

CÓMO CALCULAR LA FRECUENCIA CARDIACA MÁXIMA

La fórmula general para calcular la frecuencia cardiaca máxima es 220 menos la edad del sujeto. Un nivel moderado de ejercicio se haría entre el 60 y el 80 por ciento de la frecuencia cardiaca máxima.

CÓMO MEDIR LA FRECUENCIA CARDIACA

Voltee una mano con la palma hacia arriba y ponga el dedo índice y el dedo medio sobre la muñeca de la otra mano, por debajo de la base del pulgar o en el borde del cuello. Tenga como referencia un reloj con segundero. Cuando encuentre el pulso, cuente el número de pulsaciones en diez segundos. Multiplique este número por seis para obtener la frecuencia cardiaca por minuto, o contabilice las pulsaciones durante seis segundos y añádale un cero a ese número. La frecuencia cardiaca en reposo se toma en la mañana, antes de incorporarse de la cama. Mientras menor sea la frecuencia cardiaca, mejor condición física se tiene. La tabla siguiente le dará una idea de su ubicación en la escala de acondicionamiento cardiovascular.

Frecuencia cardiaca en reposo en mujeres						
Edad:	18-25	26-35	36-45	46-55	56-65	65+
Excelente:	61-65	60-64	60-64	61-65	60-64	60-64
Buena:	66-69	65-68	65-69	66-69	65-68	65-68
Por encima del promedio:	70-73	69-72	70-73	70-73	69-73	69-72
Promedio:	74-78	73-76	74-78	74-77	74-77	73-76
Por debajo del promedio:	79-84	77-82	79-84	78-83	78-83	77-84
Mala:	85+	83+	85+	84+	84+	84+

Para contextualizar esta tabla, un estudio utilizó información de 129 135 mujeres posmenopáusicas inscritas en la Iniciativa de Salud de las Mujeres. Encontró que el 20 por ciento de ellas tenían una frecuencia cardiaca en reposo de 76 pulsaciones por minuto o más y 26 por ciento más riesgo de sufrir un ataque cardiaco en un periodo de seguimiento de casi ocho años.

La frecuencia cardiaca es una de las maneras de medir la exigencia que el ejercicio le impone al cuerpo. La Escala Borg de Esfuerzo Percibido es una forma fácil de medir qué tan duro se está trabajando; con esta se determina la intensidad del esfuerzo, el estrés físico y cuánto se cansa uno mientras desempeña una actividad física. La escala normal tiene veinte gradaciones, nosotras la simplificamos a cinco puntos.

LA ESCALA BORG DE ESFUERZO PERCIBIDO

1. **Muy fácil:** puede silbar una tonada o cantar una canción. Está trabajando entre el 40 y el 50 por ciento de la frecuencia cardiaca máxima. El tipo HipoP debe empezar aquí.
2. **Fácil:** es posible sostener una conversación normal. La frecuencia cardiaca está entre el 50 y el 60 por ciento de la máxima. El tipo HipoS debe comenzar aquí. Esta debe ser la meta para los HiperP en los días en que sufren colapsos.

    Ejercicio leve: montar a caballo despacio; *stretching* suave; jugar bolos; jugar golf usando un carro; caminar despacio (1,6 km-3,2 km/h); tiro con arco; billar; croquet; tocar piano; y pescar sentado.
3. **Moderado:** puede decir frases cortas, que tengan entre cuatro y seis palabras. La frecuencia cardiaca está entre el 60 y el 80 por ciento de la máxima. Si usted es HiperS, comience el programa a partir de esta intensidad y suba de manera gradual. El tipo HipoS y el HipoP, por lo regular, deben tener como meta este nivel.

    Ejercicio moderado: caminata rápida (4,8 km-6,4 km/h); empujar un cochecito 2,4 km en treinta minutos; hacer varias piscinas; canotaje, montar en kayak, remar (3,2 km-6,2 km/h); montar en bicicleta (a menos de 16 km/h); bailar rápido; jugar golf cargando los palos; barrer hojas con un rastrillo; palear nieve; esquiar; patinar despacio en el hielo; deporte de vela; montar en trineo; tenis de mesa; danza del vientre; calistenia; clases de aeróbicos; hatha yoga; Pilates; danza aeróbica; trabajo con pesas livianas; caminata veloz; ejercicio virtual con un videojuego.
4. **Duro:** es posible pronunciar dos o tres fragmentos de palabras. Se trabaja entre el 80 y el 85 por ciento de la frecuencia cardiaca máxima. El tipo HiperS debe trabajar paulatinamente hasta alcanzar este nivel.

5. **Muy duro:** puede asentir con la cabeza, usar lenguaje de señas y emitir sonidos ininteligibles. En este nivel se trabaja entre el 85 y el 100 por ciento de la frecuencia cardiaca máxima. En un mal día, un HiperS se beneficia si fuerza al máximo la sesión de ejercicio, aunque sea durante unos cuantos minutos.

   Ejercicio vigoroso: subir montañas; cortar leña; *spinning*; trotar (9,6 km/h); saltar la cuerda; practicar surf; jugar tenis, *racquetball* o *squash*; viajar con morral; patinar en el hielo o en línea; kundalini yoga; esquí de fondo; boxeo; montar en bicicleta (a más de 16 km/h); esgrima; mover muebles; caminata con raquetas de nieve; *kick boxing*; fútbol; caminata rápida cuesta arriba cargando algo; *lacrosse*; *hockey* sobre césped; baloncesto; bikram yoga.

A medida que usted tenga un mejor estado físico, será capaz de desafiar el cuerpo, pero excederse al principio del compromiso solo minará sus esfuerzos. Tómelo con calma. La sesión de ejercicios será igualmente buena si está dispuesta a invertir un poco más de tiempo.

PLAN DE ACCIÓN

Si piensa comenzar un programa, analice las experiencias anteriores que tuvo. ¿Se matriculó en un gimnasio cerca de la oficina y nunca tenía tiempo para ir? ¿Era demasiado difícil llegar al gimnasio cerca de su casa? ¿Solía tomar una clase de *step* y a menudo los eventos inesperados en el horario de sus hijos interferían con ella? ¿Caminaba a diario con una amiga hasta que el frío se hizo insoportable? ¿Tenía una rutina de ejercicios que simplemente la aburrió? Si define con precisión qué falló en el pasado, quizá logre evitar las dificultades. Cualquier forma en que decida abordarlo, no sea demasiado ambiciosa.

Si sabe que nunca va a obligarse a sí misma a ir al gimnasio con todo el atuendo encima, varias veces a la semana, o que le es imposible pagar la mensualidad, considere otras alternativas: caminar, hacer Pilates de piso con un DVD, conseguir un programa de pesas libres en Internet o en un libro y comprar unas mancuernas baratas (de tres a cinco libras

De la vida real

Una amiga cercana de Stephanie estaba muy preocupada por su hermana, Charlotte, y le pidió asesoría. Charlotte era muy retraída, no tenía amistades y no salía con nadie. Llevaba diez años en el mismo puesto y rara vez hablaba sobre el trabajo o sus colegas. Los parientes cercanos parecían ser el único contacto social que tenía. Su hermana estaba preocupada porque Charlotte, que ya tenía 35 años, nunca se había hecho una mamografía. Charlotte aceptó ir a la consulta de Stephanie porque ya se conocían de vista.

Charlotte no se mostró muy abierta durante la cita; respondió las preguntas de Stephanie de manera inexpresiva e imprecisa. Se hizo evidente que el círculo de amistades de Charlotte era prácticamente nulo, y que además era por completo sedentaria. Stephanie sabía de antemano que Charlotte manifestaba síntomas de una respuesta HipoP al estrés, así que ya había pensado en una forma de sacarla de su concha. Le dijo que si quería tener más energía debía gastar alguna. Le sugirió que diera una caminata corta con su hermana unas cuantas veces a la semana, a sabiendas de que su amiga seguiría la recomendación, y se aseguraría de que Charlotte obedeciera.

Más adelante, su amiga le contó que estaban caminando con regularidad y que había convencido a Charlotte para que la acompañara a su clase de *stretching* y yoga. Charlotte parecía disfrutar estar en contacto con su cuerpo y siempre salía sonriente de clase. Por iniciativa propia se inscribió en un curso de aeróbicos para principiantes. Empezó a cuidar más su apariencia y se sintió feliz porque varias compañeras la invitaron a almorzar. Una mujer de la clase de yoga la invitó a asistir a una conferencia que iba a dictar un famoso profesor. Gracias al ejercicio, Charlotte se estaba transformando.

estarían bien para comenzar). Empiece el programa con cuidado; según el nivel de acondicionamiento que tenga quizá necesite empezar con cinco minutos una o dos veces al día. Camine diez minutos diarios, tres veces a la semana. Si cada semana camina tres minutos más, en tres meses alcanzará los cuarenta y cinco minutos. No hay razón para apresurarse, tiene el resto de la vida para mejorar.

Si tiene un horario complicado, ¿y el de quién no lo es?, levántese antes que el resto de las personas en su casa, y disponga de media hora de calma para sí misma, para ponerse en movimiento. El ejercicio a primera hora de la mañana eleva el metabolismo durante seis horas y da energía extra para enfrentar el día. Mire su agenda y trate de sacar un rato cada día solo para hacer ejercicio. **Recuerde que no tiene que hacer todo el ejercicio del día de una sola vez. Tres sesiones de diez minutos son tan efectivas como una sesión de media hora.**

Es mejor programarlo a la misma hora, al menos al principio. Si trata de ser flexible quizá sea demasiado fácil posponer la sesión de ejercicio y terminar saltándosela. Algunas personas deciden trabajar con un entrenador, aunque es costoso, porque saben que cumplirán la cita. Pero no hay ninguna razón por la cual usted no pueda hacer una cita consigo misma. Enumere las metas que tiene en su diario de estrés y en el registro del Programa de desintoxicación para poder recompensarse cuando vea adelantos. Tal vez su objetivo sea dormir mejor, perder peso, competir en un torneo de golf, aumentar la velocidad al correr o la distancia, mejorar el servicio en el tenis o simplemente sentirse mejor. Lleve un seguimiento de su progreso en el diario. Evaluar el desempeño la motivará a seguir adelante y a redefinir metas cuando evidencie los beneficios de todo su trabajo.

CONSEJOS GENERALES SOBRE EL EJERCICIO

- Para quemar la máxima cantidad de calorías y de grasa, haga ejercicio con el estómago vacío.
- Para un máximo rendimiento, ingiera carbohidratos una hora antes de hacer ejercicio.
- Tome líquidos, ojalá tomar agua, a menos de que esté haciendo ejercicio muy intenso o en un calor extremo; en este caso puede necesitar bebidas con electrolitos.
- Hacer ejercicio al sol puede mejorarle el estado de ánimo, sobre todo si tiene síntomas de depresión.

- Hacer ejercicio a la luz del sol con énfasis en la duración más que en la intensidad mejora el sueño, sin importar el nivel de acondicionamiento que tenga.
- Las zapatillas para correr no son eternas. Según la intensidad con la que corra, el tiempo que lo haga y la distancia que recorra, se desgastan y le dan menos apoyo, esto puede generar lesiones por estrés. Unas buenas zapatillas para correr deben durar entre seis y ocho meses, excepto si está entrenando para una maratón.
- No deje que viajar interfiera con su rutina. Empaque siempre la ropa de gimnasia, incluso en los viajes de negocios. Muchos hoteles cuentan con centros de acondicionamiento físico o tienen acuerdos con gimnasios locales. Si todo lo demás falla, entonces haga una caminata larga o trote en un parque local.

Es aconsejable incorporar algunas recompensas cuando cumpla una meta o alcance un nuevo nivel. Aunque un traje nuevo o una manicura siempre son un deleite, centrarse en cosas que hagan más placentero el ejercicio reforzará su compromiso. Regálese un podómetro, un monitor de frecuencia cardiaca para la muñeca, un atuendo lindo y cómodo para gimnasia, un DVD de *stretching*, un equipo de bandas de resistencia o una pelota para hacer ejercicio.

Elija actividades que disfrute. La actividad física no tiene que ser un trabajo pesado y aburrido. Si encuentra que el entrenamiento con pesas es una tortura, entonces monte en bicicleta, practique un deporte, tome clases de baile de salón o incluso pase una tarde sembrando flores. Para evitar aburrirse, algunos días cambie de actividad.

Hágales saber a los amigos y parientes el compromiso de cambiar que adquirió. Ellos la aman y querrán animarla y apoyar su esfuerzo. Hacer ejercicio con una amiga o con un nuevo conocido, o tomar una clase, puede ser de gran ayuda. Compartir una actividad física con un grupo de personas o conversar con una amiga mientras caminan puede tener un doble beneficio en la reducción del estrés porque satisface además una necesidad social. Si pasa tiempo con gente que está activa físicamente, es más probable que usted participe.

De otro lado, quizá prefiera reservar el tiempo de ejercicio para sí misma. En una vida agitada y llena de trabajo, es posible que una sesión solitaria de ejercicio se convierta en unas minivacaciones, en una especie de oasis. Sus amigos y familiares respetarán la necesidad que usted tiene de centrarse. Si no lo hacen, sea firme en su decisión y explíqueles de manera convincente el compromiso que adquirió.

UN TESTIMONIO VISIBLE Y CRECIENTE DE SU COMPROMISO

Cuando empiece el programa, cómprese una bolsita de bandas elásticas. Cada mañana, o justo antes de hacer ejercicio, póngase una banda elástica nueva en la muñeca. Esta será un recordatorio del compromiso adquirido. Después de la primera sesión de ejercicio, quítesela y enróllela sobre sí misma para formar el centro de lo que será una pelota de bandas elásticas. Cada día, al terminar una sesión de ejercicios, retírese la banda de la muñeca y agréguesela a la pelota. Verá cómo crece, será un recordatorio tangible de sus logros.

"Y puede hacerla rebotar alrededor suyo", dice Cristopher Bergland, que ha utilizado esta técnica en su propia vida y con las personas que ha entrenado. "Los cambios que perduran se hacen un día a la vez. Renueve su compromiso a diario".

ACALLE ESA VOZ QUEJUMBROSA EN SU CABEZA

Al principio, adoptar un estilo de vida activo exige disciplina, pero a medida que vea y sienta su transformación estará ansiosa por empezar la sesión de ejercicios. En esos días en que esté desanimada o que sienta que es demasiado esfuerzo, dele vuelta a ese pensamiento y véale el lado luminoso. En vez de ceder a esa voz quejumbrosa que tiene en la cabeza, sea optimista y anímese a seguir. Saltarse el ejercicio si está estresada es lo peor que puede hacer porque es cuando más se necesita la actividad física.

VEA EL LADO BUENO

Si cae en cuenta de que los pensamientos negativos interfieren con su capacidad para cumplir la rutina, intente contrarrestarlos con mensajes positivos:

Negativo	Positivo
Estoy tan exhausta que ni siquiera puedo pensar en moverme.	Siempre tengo mucha más energía después de hacer ejercicio.
Es que soy tan lenta.	Cuando empecé me quedé sin aliento muy rápido. Tal vez ahora no soy el as de la velocidad, pero en verdad he fortalecido mi resistencia.
He hecho esto durante dos semanas. Hoy simplemente no tengo deseos de hacerlo.	Miro mi pelota de bandas elásticas, ya está más grande que una bola de ping-pong. No puedo parar ahora.
Me duele todo el cuerpo por esa última sesión de ejercicios.	Si me estiro bien o tomo un baño caliente, mis músculos se calentarán y no sentiré dolor cuando empiece a moverme.
Tuve que saltarme tres días porque me dio un virus. Me es difícil perseverar, algo siempre se cruza en el camino.	Cada día es un nuevo día y puedo retomar donde dejé.

Afuera está haciendo un clima terrible, me voy a quedar durmiendo toda la mañana.

Está lloviendo muy duro como para disfrutar mi caminata, creo que voy a ensayar el nuevo DVD de yoga.

Este ha sido el día más estresante que haya tenido en el trabajo en mucho tiempo. Me prepararé un martini.

Hacía mucho no me sentía tan estresada. Apuesto a que una buena sesión de ejercicio me ayudará a quemar esta tensión.

EN SUS MARCAS

En el capítulo 9, *Programa de desintoxicación del estrés para su tipo*, sugerimos la clase de ejercicio más provechosa para aliviar el estrés en cada tipo, pero para encontrar qué funciona mejor para usted, deberá experimentar. A lo largo de este capítulo hemos mencionado muchas formas diferentes para satisfacer su deseo real de hacer ejercicio. Al fin y al cabo, si no disfruta el ejercicio se está poniendo un obstáculo gigantesco en el camino hacia el acondicionamiento físico. Usted, y solo usted, es la responsable de convertir el ejercicio en una parte agradable y satisfactoria de su vida.

En este capítulo no describimos programas específicos en detalle debido a la cantidad de material sobre acondicionamiento físico que hay disponible. Nuestra meta es motivarla para que se vuelva más activa físicamente explicándole los beneficios y dándole las bases para evaluar el nivel de acondicionamiento que tiene. Mire revistas, libros y páginas web sobre el tema y pruebe cosas diferentes. Encontrará programas completos en línea. No se olvide de los programas de acondicionamiento físico en la televisión; a través de este medio, ensaye a hacer ejercicio con diferentes entrenadores. Busque qué hay en las bibliotecas públicas; llene una suscripción de prueba en un gimnasio y pida asesoría con los equipos. Abra su mente y explore. Cuando piense en desarrollar un programa flexible, considérelo una aventura. Este es un compromiso que nunca lamentará.

CAPÍTULO OCHO

RESTABLECIMIENTO

Técnicas para des-estresarse

La mejor defensa contra el estrés es llevar un estilo de vida sano que lo haga a uno más resistente a las presiones cotidianas. Ahora tiene conocimientos básicos sobre el sueño, la capacidad de recuperación mental y emocional, la alimentación y el ejercicio. La parte final de nuestro programa le ofrece una serie de técnicas que han demostrado ser de ayuda para la relajación y para restablecer el equilibrio natural que el estrés altera de manera tan radical. Para que los esfuerzos que emprenda tengan el máximo de efectividad, debe observar cómo invierte el tiempo, cómo interactúa con los demás y qué le da sentido y propósito a su vida.

Alcanzar un buen equilibrio entre el trabajo y la vida es un elemento clave para disminuir el estrés. Cuando hablamos de trabajo no nos referimos solo a la profesión, encargarse de manejar un hogar y de levantar una familia son labores muy exigentes de por sí, y muchas madres que trabajan tienen que hacer malabares para combinar las responsabilidades profesionales y familiares. Aun si a usted la apasiona su trabajo o si es una auténtica mujer maravilla, necesita tiempo para sí misma. Si no se cuida, nadie más lo hará. Hacer cosas exclusivamente para usted o tener pasatiempos agradables la mantendrá vital, interesada e interesante. En este capítulo describimos varias técnicas de restablecimiento. Hacemos sugerencias específicas para cada tipo, pero debe ensayarlas para decidir cuáles le dan mejores resultados.

Estamos acostumbradas a escuchar las protestas de nuestras pacientes frente a estos consejos. Dicen: "El día no tiene suficientes horas",

"No dejo de correr de una cosa a otra", "Nunca tengo tiempo para mí misma ni para mis amigas". Al igual que con el ejercicio, empiece con una inversión modesta de tiempo. Cuando empiece a disfrutar los beneficios de estas técnicas, el tiempo de restablecimiento se convertirá en una parte anhelada y necesaria del día.

Debe analizar con detenimiento cómo emplea el tiempo, sobre todo si siente que está a punto de perder el control. Aunque la mayoría de nosotras desearía que el día tuviera unas cuantas horas más, aprender destrezas para administrar el tiempo es muy útil para disminuir el estrés y para hacer las cosas que disfruta.

SEA CONSCIENTE DE LA FORMA
EN QUE EMPLEA EL TIEMPO

Los expertos en administración del tiempo sugieren llevar un registro de actividades durante varios días. Como ya usted ha estado usando el diario de estrés con propósitos diferentes, por favor agréguele un registro de actividades por unos cuantos días. Si le resulta más conveniente, hágalo en un bloc pequeño o en fichas. Solo anote lo que hace cada vez que cambia de actividad. Este ejercicio no solo le ayudará a analizar cómo emplea el tiempo, sino que le dará una idea de la hora del día en la que es más productiva. Ya sea que esté preparándoles a los niños el almuerzo para el colegio mientras desayunan; o haciendo fila en un café para tomarse la primera taza de la mañana; o corriendo temprano y luego duchándose o pagando cuentas, simplemente escríbalo. Usted debe anotar los cambios de ánimo y energía en las diferentes horas del día, esto le dará una representación concreta de sus ritmos. Al final del día sabrá la cantidad total de tiempo que invirtió en actividades tales como conducir, limpiar, cocinar, hablar por teléfono y responder correos electrónicos. Con base en este registro podrá identificar en qué pierde el tiempo, como también formarse una idea de las horas en que se encuentra en mejores condiciones para ciertas labores.

Llevar una agenda diaria y mensual le ayudará a ceñirse al Programa de desintoxicación del estrés. Tener el mes organizado frente a sus ojos, con citas médicas, compromisos sociales, clases, fiestas y eventos

De la vida real

Sara llegó al consultorio a punto de sufrir una crisis nerviosa. Le contó a Beth que su familia tenía dificultades económicas. Se habían extralimitado gravemente en este aspecto y el negocio de su esposo iba por mal camino. Él diseñaba e instalaba cocinas y gabinetes y concebía su casa como una muestra de su trabajo, como su tarjeta de presentación; casi todo lo que tenían estaba invertido en ella. Cada mes luchaban por cumplir con los pagos de la hipoteca, sus ahorros estaban a punto de tocar fondo y no sabían a quién acudir.

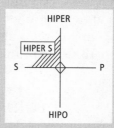

Su esposo quería que ella les pidiera un préstamo a sus padres. Ellos habían sido muy generosos a lo largo de estos años, pero Sara no le veía fin a sus necesidades; aunque los sacaran de apuros ahora, pronto tendrían que volver a pedirles ayuda. A través de todo este periodo de estrés y conflicto, Sara estaba sufriendo infecciones crónicas de los senos nasales y tomaba un medicamento que la noqueaba. Había estado ansiosa, irritable y no dormía. Beth le dijo que tenía que empezar a cuidarse. Cuando se sintiera mejor, podría pensar con más claridad y las respuestas llegarían. Le recomendó hacer ejercicio con regularidad y agregarle a su día quince minutos de meditación de conciencia plena.

Sara llamó unas semanas después para decir que había seguido las recomendaciones de Beth al pie de la letra. Hacía ejercicio por lo menos cinco veces a la semana, meditaba y oraba para encontrar una solución. Se había dado cuenta de que el costoso estilo de vida que llevaban no tenía nada que ver con la felicidad de su familia; y aunque su esposo al principio se enfureció, se mantuvo firme en no pedirles ayuda a sus padres. Si estaban viviendo por encima de los medios económicos que tenían, ya era hora de cambiar.

Pusieron la casa a la venta, y como era un lugar tan llamativo se vendió pronto a pesar de las dificultades del mercado inmobiliario. Encontraron una casa de campo sencilla que compraron de contado. A medida que la nube de ansiedad y de estrés se disipaba, el marido de Sara le agradeció su sentido común y su firmeza. Todos en la familia estaban felices y deseosos de pasar juntos un tiempo acogedor en su nuevo hogar.

atléticos de los niños y fechas de entrega, le ayudará a planear un horario relativamente equilibrado. En la agenda diaria, que puede ser una libreta de bolsillo o una versión electrónica de esta, asegúrese de separar tiempo todos los días para el ejercicio y la relajación. Si reserva con anticipación ese tiempo valioso, será más factible que lo cumpla. Programe el resto alrededor de estas actividades: ya es hora de que lo primero sea lo primero.

DECIDA SU LISTA DE PRIORIDADES

Todas nosotras tenemos una lista interminable de cosas pendientes; enfrentar todo lo que pensamos que debemos hacer a veces es abrumador. La forma de evitar esa sensación de estar enterrada en vida es evaluar esa lista y establecer prioridades para tener un plan de acción eficiente. Al mirarla, seleccione las tareas que debe hacer ese día o esa semana, o que parezcan mucho más importantes que otros quehaceres y actividades. Estos asuntos conformarán su lista de prioridades. Si usted prioriza lo que tiene que hacer y tiene una lista que va rotando, podrá llevar a cabo muchas cosas. Además, quizá descubra que algunas de esas cosas que se supone debe hacer pueden eliminarse. La otra cara de esto es que está bien decir no si tenemos demasiadas cosas para hacer. La mayoría de nosotras tiende a hacerse cargo de muchos asuntos y decir "no" nos hace sentir culpables y egoístas. **La verdad es que uno no tiene que aceptar todas las invitaciones que recibe o hacer todo lo que la familia, los amigos, el jefe y los colegas le pidan**. Si usted tiene un exceso de ocupaciones y compromisos, empiece a fijar límites de manera amable y firme. La capacidad para decir "no", sin sentir culpa, la protegerá de una sobrecarga de trabajo.

SIMPLIFIQUE SU VIDA

Ser desorganizada produce mucho estrés. El desorden desperdicia tiempo y genera frustración. **Si simplifica, la vida transcurrirá de un modo más fluido**. En los Estados Unidos la gente tiende a poseer demasiadas cosas. En los últimos tiempos, se hacen casas cada vez más grandes, con más habitaciones y guardarropas para llenar. La crisis financiera le ha dado mucho que pensar a todo el mundo y nos recordó que lo que uno necesita tiene límite. Es hora de hacer la vida menos complicada.

Empiece en pequeño, no por el ático ni el sótano, que en muchas casas suelen ser las áreas más desalentadoras para enfrentar. Más bien elija un lugar que deba ordenar: los cajones de su ropa, el clóset de la ropa blanca, los gabinetes de la cocina o los juguetes. Haga una pila con las cosas que definitivamente desea conservar, otra con las que quiere desechar y otra con las que "tal vez" desechará. Si las cosas desechadas están en buenas condiciones, regáleselas a un familiar, a una amiga o a una institución de caridad. Cuando revise la pila de las que "tal vez" desechará, hágalo con firmeza; lo más probable es que no extrañará ninguna de esas cosas y que nunca las usará. Si un vestido tiene valor sentimental para usted, pero ya no le sirve, tómele una foto y regálelo. En realidad lo único que uno necesita es el recuerdo, no hay razón para atiborrar la vida de cosas innecesarias.

Luego de haber aprendido a descongestionar las cosas, podrá enfrentar labores más grandes quizá con la ayuda de su compañero o de una amiga objetiva. No hay nada igual a tener superficies pulcras y vacías en los gabinetes, cajones y clósets para sentirse liviana y sin trabas. Imagínese poder poner las manos sobre algo apenas lo necesita, sin tener que tomarse el tiempo de buscarlo. Eso podría ser un reductor importante de estrés.

Algunas personas tienen por norma deshacerse de algo cuando compran una cosa nueva. La idea es comprar y acumular menos. **Solo compre lo que necesite y, cuando lo haga, solo compre lo que le guste**. Eso hará que se rodee de cosas que la hagan feliz y que complazcan sus sentidos.

LA IMPORTANCIA DE LA CONEXIÓN

Uno de los temas centrales de este libro es que el ser humano es por naturaleza un ser social. El cerebro funciona de una manera que refleja el mundo y las personas alrededor de uno. La respuesta al estrés

De la vida real

Janine es profesora de la escuela intermedia, tiene veintiséis años y una respuesta HipoS al estrés. Consultó varias veces con Beth porque sufría dolores de cabeza debilitantes durante la menstruación. Su madre, que era autoritaria, a menudo la acompañaba a las citas; apenas dejaba que su hija hablara o corregía cualquier cosa que esta intentara decir. Para Beth era claro que este había sido el patrón de toda una vida. Se preguntaba si Janine tenía algo de independencia o si la madre controlaba todos los aspectos de su vida, incluso sus amistades.

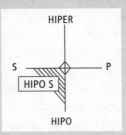

Beth le hizo una serie de exámenes que mostraban que Janine no tenía ningún problema físico. La madre de Janine llamó casi a diario a pedir los resultados y el personal le respondió que esa información solo podían dársela a la paciente. La señora se salió de casillas y amenazó con ir al consultorio personalmente. Beth llamó a Janine para informarle que los resultados mostraban que todo estaba bien a nivel físico. Esta se deshizo en excusas por el comportamiento descontrolado de su madre, Beth le dijo que pidiera otra cita para hablar sobre los resultados y para decidir qué curso de acción tomarían. Beth no quería ni pensar en el enfrentamiento que habría cuando Janine se apareciera con su madre.

La sorpresa de Beth fue evidente al ver a Janine sola en la sala de exámenes, lucía radiante y dijo que se había rehusado a que su madre fuera a la cita, ni siquiera le había dicho para cuándo estaba programada. Expresó que su madre se había extralimitado al armar semejante escándalo por los resultados y que ella había tenido que asumir una posición firme. Estaba cansada de que se entrometiera en su vida y sentía que se había quitado un enorme peso de encima.

Beth revisó los resultados de los exámenes con Janine y le sugirió que tomara algunas clases de Pilates y que probara la relajación muscular progresiva para relajar la tensión que su cuerpo evidenciaba. Le recomendó que buscara a sus mejores amigas para que la apoyaran mientras atravesaba este tiempo difícil en el que intentaba reestructurar su vida para disminuir la influencia materna. Le recordó que el apoyo emocional femenino resulta muy benéfico a nivel físico y psicológico. Tres meses después, en la visita de revisión, Janine mostraba una mejoría casi milagrosa.

de "cuidar y entablar amistades", incluso más importante en la mujer, hace que uno busque apoyo social. **Al establecer un contacto social positivo, los circuitos opioides entran en acción y la respuesta al estrés se calma.** Ayudarles a personas menos afortunadas es una de las mejores formas de contrarrestar el estrés; al hacerlo, se cumple una verdadera función social. Podría ofrecerse para trabajar como voluntaria en un comedor de beneficencia o con ancianos.

Los amigos y consejeros brindan apoyo emocional, además pueden ayudar a evaluar una situación; a evitar por completo circunstancias estresantes y a enfrentar consecuencias desfavorables. Es posible que tengan información o un punto de vista que aporte nuevas claridades sobre un asunto. Las personas en las que se confía le ayudan a uno a encarar emociones negativas y a tomar distancia de los problemas para verlos con más objetividad. La red social con la que uno cuenta puede darle orientación y también puede ampliar los recursos que tiene. Todo esto hace que estar en el mundo sea más fácil y agradable. El aislamiento mata el espíritu humano.

REMEDIOS RÁPIDOS PARA CALMARSE

En esas ocasiones en que se siente hecha un nudo, puede hacer muchas cosas para relajarse. Las pocas técnicas de restablecimiento que brindamos en este capítulo han sido probadas por investigadores, pero hay muchas otras formas de hacer una pausa para calmarse. Nuestras pacientes contribuyeron a hacer una lista para darle a usted una idea de los remedios rápidos que les dan resultados a ellas. Use la imaginación y consiéntase.

Dese un baño con aceites aromáticos

Sumérjase en un buen libro

Pruebe una nueva receta

Tome una siesta

Vea una película para mujeres

Dele un paseo largo al perro

Busque agua: la playa, un lago, un río, laguna o arroyo

Recoja frutas

Hable con un extraño

Siembre un jardín de hierbas aromáticas en la repisa de una ventana

Baile

Limpie y organice

Mire perros y gatos cachorros en una tienda de mascotas

Visite una feria de campo o una feria en la calle

Pase un rato en una librería o en una biblioteca

Váyase a ver vitrinas

Asista a una cata de vinos

Planee unas minivacaciones

Acuéstese temprano

Explore clases que podría tomar

Haga un crucigrama

Trabaje como voluntaria

Compre flores frescas

Salga a ver pájaros

Hojee una revista

Organice sus fotografías

Llame a una vieja amiga para ponerse al día

Visite tiendas de antigüedades

Tómese una taza de té

Escuche música maravillosa

Llame a una persona amiga

Visite un jardín botánico

Haga ejercicio

Hágase un tratamiento facial

Visite el zoológico

Ayúdele a alguien

Vea obras de arte en un libro, una galería o museo

Pida una cita para una manicura y una pedicura, o hágaselas usted misma

Cante

Haga una cita para reunirse con una amiga

Juegue con sus hijos

Vaya a un parque

Siéntese en un café a ver gente

Desconéctese de todas las noticias

Visite una iglesia o un templo

Únase a un grupo

Encienda una vela aromática

Siéntese en una banca, en un parque

Permita que una maquilladora en una tienda de departamentos le haga una sesión de maquillaje de cortesía

Explore un nuevo vecindario

Vaya a un mercado de productos agrícolas locales

Camine bajo la lluvia

Planee una fiesta

Tome el sol (con bloqueador solar)

Siéntese en una silla mecedora

Toque un instrumento musical

Ríase o llore

Siéntase agradecida

Esta es la idea. Hay una infinidad de cosas que se pueden hacer para levantar el ánimo y reducir la tensión. Sea buena consigo misma. No solo se lo merece, sino que lo necesita.

Advertencia

En caso de sufrir hipertensión, enfermedades cardiovasculares, diabetes, epilepsia o trastornos psiquiátricos, es esencial que consulte con su médico antes de ensayar algunas de las siguientes técnicas.

RESPIRACIÓN QUE CALMA

Esta es una técnica fundamental de relajación que todos los tipos de estrés deben practicar. Es probable que haya inspirado profundamente antes de emprender una conversación difícil, o de sacar la bola en tenis o de tratar de reprimir el llanto. Cuando uno suspira, usa de manera inconsciente una técnica de relajación al inhalar más aire que de costumbre y exhalar. La res-

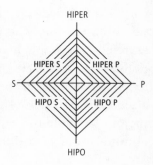

Tres tipos de respiración

Respiración costal superior: involucra el tercio superior del pecho, mueve principalmente los músculos intercostales que unen las costillas entre sí. Es una respiración muy superficial y rápida. Se da cuando suben los niveles de tensión y los músculos del abdomen se aprietan.

Respiración torácica o mediocostal: es la respiración normal que involucra el tercio medio del pecho, de la sexta costilla hacia abajo.

Respiración diafragmática: expande el abdomen y mueve el diafragma. Respirar desde el abdomen disminuye el estrés e induce un estado de quietud y calma. En la respiración profunda participa todo el pecho.

piración profunda tiene un efecto que tranquiliza y centra; es posible hacerla en cualquier lugar y en cualquier momento como un remedio rápido para el estrés agudo.

La función más obvia de la respiración es aprovisionar la sangre de oxígeno y eliminar dióxido de carbono. El paso del aire también es importante en la comunicación. Si el aire no pasara a través de los pulmones no sería posible tener voz u olfato. Dada la función fundamental que tiene el aire en la capacidad de expresión, las dificultades respiratorias tal vez denoten problemas en la interacción y en la experiencia social.

La respiración con frecuencia es un indicador de cómo se siente uno. Si uno está relajado, la respiración suele ser estable, regular e involucra el diafragma e inclusive los músculos abdominales. Si uno está alterado o estresado, la respiración se vuelve superficial, irregular y rápida; solo participa la parte superior de los pulmones. La terapia respiratoria ha sido utilizada con éxito en una serie de afecciones causadas por el estrés, entre ellas: el simple hecho de estar tenso, problemas de concentración, dolores de cabeza, fatiga crónica y agotamiento. La respiración profunda puede atenuar síntomas de depresión, síndrome de pánico, fobias y ansiedad. Se ha demostrado que la práctica de la respiración profunda mejora las molestias en el cuello, hombros y parte baja de la espalda, el dolor crónico, la disnea y el tartamudeo. Además, las enfermedades cardiacas, el asma, el EPOC y las enfermedades neurológicas, inclusive el Parkinson, responden bien a esta técnica.

CÓMO REALIZAR LA RESPIRACIÓN DIAFRAGMÁTICA

ACOSTADA

- Acuéstese de espaldas en el suelo sobre una estera o una toalla. Asegúrese de tener la cabeza bien apoyada.
- Póngase un libro sobre el abdomen.
- Inhale mientras cuenta 1, 2, 3, 4, 5 y observa el libro subir.
- Exhale mientras cuenta 1, 2, 3, 4, 5 y observa el libro bajar.

SENTADA

- Siéntese cómodamente en una silla de espaldar recto con los pies sobre el suelo.
- Póngase la mano derecha sobre el abdomen; al inhalar, la mano asciende empujada por su abdomen y, al exhalar, desciende.
- Si desea, cuente durante la inhalación y la exhalación.

Solo tenga cuidado con la hiperventilación: si respira muy profundo o muy rápido o practica la respiración profunda por un rato demasiado largo, corre este riesgo. La hiperventilación es el resultado de una disminución de dióxido de carbono en la sangre que provoca una vasoconstricción en el cerebro. La hiperventilación hace que el equilibrio del pH sanguíneo se vuelva más alcalino y esto produce excitabilidad nerviosa y muscular. Si durante la práctica de la respiración profunda experimenta cualquiera de los siguientes síntomas, respire menos profundo, o más despacio o deténgase por completo: mareo, desvanecimiento, visión borrosa, manos o pies fríos, escalofrío, espasmos abdominales, opresión en el pecho, ráfagas de calor, cefalea, rigidez alrededor de la boca, sudoración, sensación de calor en la cabeza, taquicardia, tensión, pánico y sensaciones surrealistas.

MEDITACIÓN

La meditación es una de las técnicas de restablecimiento más populares porque es posible aprenderla con rapidez e incorporarla con facilidad a la vida cotidiana. La práctica de la meditación es una forma estructurada y efectiva de usar la mente para relajar el cuerpo. Al sustraer los sentidos de las exigencias de la vida y de las distracciones y preocupaciones personales, se gana control sobre la atención.

Cuando Herbert Benson y sus colegas estudiaron los efectos y los procesos de la meditación en la respuesta de relajación, descubrieron que eran necesarios dos elementos: un recurso mental y una actitud pasiva. El recurso mental puede ser un sonido, una palabra, un mantra o una oración que se repite en silencio o que se canta en voz alta; también puede ser visual: contemplar un solo objeto, por ejemplo, una pintura. La actitud pasiva consiste en vaciar la mente de los pensamientos que la distraen, con el fin de recuperar la atención. La respuesta de relajación se puede dar incluso mientras se hace ejercicio en un gimnasio ruidoso, siempre y cuando uno se mantenga enfocado y sea capaz de impedir la intromisión de otros pensamientos.

La meditación genera un extraño estado de conciencia fluida que tiene cualidades del sueño y de la vigilia, similar al estado hipnagógico del sueño. Los EEG de personas que meditan muestran patrones de ondas alfa de alta frecuencia, patrones esporádicos de ondas theta y transiciones suaves de onda alfa a frecuencias que se asemejan a las del sueño. Durante la meditación se entra en un estado de relajación fisiológica profunda semejante a la fase más profunda de sueño no MOR, pero esto sucede estando despierto.

Las personas que meditan con regularidad afirman que se vuelven más productivas y más capaces de desempeñarse en cargos de mucho estrés. Después de meditar, muchas experimentan un incremento repentino de la energía y un aumento de la resistencia y de la creatividad. La meditación le permite a uno debilitar la forma habitual en que reacciona, para responder a los hechos en forma natural, según se vayan presentando. Así uno gana eficiencia y no desperdicia tanta energía como cuando recurre a viejos hábitos para responder a circunstancias nuevas.

La meditación mejora la habilidad para controlar las emociones y lentificar las reacciones; enseña a tolerar el estrés y a resistirse a los deseos en vez de actuar impulsivamente; además, interrumpe el flujo del pensamiento negativo. La meditación puede liberarlo a uno de patrones de evasión y atracción que lo hayan guiado durante toda la vida. La interiorización puede cambiar la conducta de alimentación y la selección de alimentos a medida que crece en uno la conciencia del hambre, la saciedad y la necesidad emocional de comer. Algunos estudios de monjes tibetanos demuestran que la meditación mejora actividades en áreas de la corteza prefrontal que subyacen a las emociones positivas. ¿Con todo esto, no quisiera empezar ahora mismo? Pero todavía hay más.

Aunque en los Estados Unidos los estudios sobre meditación se enfocan en la práctica meditativa laica, la meditación siempre ha sido una parte tradicional del entrenamiento religioso; los practicantes alcanzan la paz interior, la trascendencia y algunas veces experiencias místicas. A nivel espiritual, la meditación permite evolucionar hasta llegar a comprender que uno está separado de sus pensamientos. Esta autoconciencia acrecentada lleva a la aceptación de sí mismo. Debido a que juzgarse uno mismo con dureza y a que el pensamiento que pondera están en el núcleo de la respuesta al estrés, la meditación es una poderosa técnica de restablecimiento. Si uno es más compasivo consigo mismo, esa generosidad se extenderá a las relaciones con los demás y aumentará el apoyo social tan necesario para el bienestar de todo el mundo.

Hay diversas formas de meditación, pero nos vamos a enfocar solo en dos clases generales: la meditación que utiliza mantras y la meditación de conciencia plena. La meditación con mantras concentra la atención mediante la repetición mental de una palabra o de una frase, o mediante la concentración en algo inmutable. La meditación de conciencia plena no es concentrativa, es decir, uno traslada el foco y la atención al mundo que lo rodea, y lo "observa" pasar de largo en forma pasiva. Con la práctica de esta clase de meditación uno se abre y expande su campo de atención para abarcar tanta actividad mental como sea posible. Independiente de cuál de las dos clases prefiera, la meditación le dará una mayor conciencia de sus procesos interiores. Abstraerse del mundo a través de la meditación genera una mayor comprensión del yo interior. La adopción de esta práctica desarrolla en uno una nueva forma de comunión con el yo interior.

MEDITACIÓN CON MANTRAS

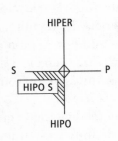

La meditación con mantras utiliza un sonido como centro de atención. Muchas personas piensan en repetir la palabra *Om* durante la meditación, pero cualquier palabra funciona. Herbert Benson utiliza la palabra "*uno*" en sus estudios. En la Meditación Trascendental se le asigna a cada individuo un mantra personal, pero cualquier cosa sirve de mantra. Es posible concentrarse solo en la respiración y repetir mentalmente "adentro, afuera". El mantra ni siquiera tiene que tener un significado, puede ser un sonido. Sea lo que sea que elija, repítalo mentalmente y conéctelo con la respiración. Si la mente comienza a apartarse del mantra, traiga de nuevo la atención hacia este. No se juzgue a sí misma, dirija la atención otra vez hacia el mantra de un modo suave y relajado y despídase de ese pensamiento.

Para muchas personas es más fácil aprender la meditación con mantras que la meditación de conciencia plena. El mantra funciona como una distracción del incesante fluir de pensamientos, sensaciones y emociones que llenan la mente. Le recomendamos esta clase de meditación al tipo HipoS para liberar la mente de pensamientos desgastadores y para renovar la energía. Con el tiempo, el mantra se convertirá en una señal para la interiorización. La repetición rítmica del mantra actúa como un tranquilizante natural y la palabra por sí sola actúa como un activador del estado de relajación asociado a la meditación. La actitud permisiva con la que uno deja que crucen por la mente pensamientos, imágenes o sensaciones, sin rechazarlos y sin apegarse a ellos, creará un estado subjetivo más rico.

Equilibrar los hemisferios cerebrales

Las imágenes digitales del cerebro muestran que la carga de trabajo de los hemisferios cerebrales se puede igualar a través de la meditación. Por lo general, el hemisferio izquierdo domina el pensamiento, casi al punto de excluir el derecho. Con la meditación, la actividad del lado izquierdo del cerebro, que es verbal, lineal y ligada al tiempo, disminuye; mientras la del lado derecho del cerebro, que no se expresa en palabras y que es intuitiva y holística, se vuelve más dominante. Hay una transición en el equilibrio del poder entre los dos hemisferios. Esto sucede cuando uno es nuevo en la meditación. A medida que se avanza, la actividad de ambos hemisferios alcanza un equilibrio, con el cual el poder del cerebro se maximiza en forma permanente.

Muchas personas que meditan expresan sentir una frescura al terminar la meditación y una conciencia acrecentada cuando vuelven a poner la atención en el mundo. Esto último los hace altamente receptivos, afirman que los colores son más brillantes, los sonidos más claros y que todos sus sentidos se aguzan. Rápidamente se encontrará analizando una amplia gama de suposiciones, recuerdos, emociones e inquietudes en un estado de profunda relajación. El efecto calmante de la repetición rítmica de un mantra neutraliza los pensamientos perturbadores. El ritmo lo conecta a uno a su vez con ritmos biológicos profundos, lo estabiliza y le permite enfrentar el entorno de un modo más eficiente.

MEDITACIÓN DE CONCIENCIA PLENA

La meditación de conciencia plena es una meditación pasiva que se hizo popular a través de John Kabat-Zinn, profesor de medicina de la Universidad de Massachusetts. En vez de enfocar la atención en un solo objeto, se medita en el fluir presente de cualquier cosa que se cruce por la mente o interfiera desde el entorno. Se le presta atención a cada instante y a los estímulos que vienen y van.

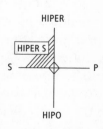

La conciencia plena es concentrarse en el aquí y ahora prestándole atención a lo que es, sin emitir juicios. La conciencia es amplia y fluida y se evita ser analítico. Esto tranquiliza el cerebro y el cuerpo porque detiene el torrente de pensamientos que a menudo generan o prolongan el estrés.

No estamos acostumbradas a pensar de este modo; nuestra mente siempre está activa, se mantiene ocupada con el constante fluir de la conciencia. Los budistas se refieren a este intenso monólogo interior como a la "mente de mono", ese incesante cotorrear y saltar de una cosa a otra, en la cabeza. La meta en la meditación de conciencia plena es observar hacia dónde quiere dirigir la atención la mente de mono, sin seguirla. Simplemente observe los pensamientos que fluyen por su mente, sin responder a ellos. Si pasa un auto de la policía por la calle con las sirenas a todo volumen, piense: "está pasando un auto de la policía". Solo confirme lo que sus sentidos experimentan. Al meditar uno trata de desarrollar una conciencia estable, y no reactiva, de lo que pasa en el entorno y de sus sentimientos y sensaciones. Este tipo de meditación funciona bien para las mujeres de tipo HiperS. Evita que la mente se acelere y les ayuda a atenuar parte de la ansiedad.

Para practicar ese tipo de meditación, observe en qué tiene puesta la atención. ¿Está haciendo planes o se está preocupando? ¿Piensa en lo que pasó ayer o en lo que pasó años atrás? ¿Se siente bien, neutral, ansiosa o triste? ¿Tiene el cuerpo tenso o relajado, su respiración es profunda o superficial? ¿Siente el olor de la vela aromatizada que encendió? ¿Se siente relajada en la silla en la que está sentada? ¿Tiene la mandíbula tensionada? Con este tipo de conciencia uno se transforma en un espejo que refleja el mundo interno y externo sin comentarios.

No se sorprenda si su vida interior es caótica. A medida que observa lo que flota en su mente, empezará a distinguir ciertos patrones y aprenderá a prestar atención sin involucrarse o sin reaccionar. Si está enojada por algo que hizo su compañero, puede pensar en ello, pero se mantiene desligada de esa emoción y no siente el mismo estrés que sentiría si no estuviera meditando. Mientras se medita, las reacciones se suspenden. De este modo se empieza a aprender, de un modo visceral, que la mayoría de las experiencias físicas y emocionales son pasajeras, y que esas reacciones tienden a ser reacciones automáticas y no reacciones

necesarias, bien pensadas. A medida que se adquiere el hábito de desconectarse reiteradamente, la mente crea patrones diferentes de respuesta.
En vez de reaccionar de manera automática, tendrá la oportunidad de
poner en práctica respuestas más integradas. Verá que tiene control sobre
su forma de reaccionar ante las cosas. Igual que con la terapia cognitiva,
será capaz de cambiar las respuestas reflejas, condicionadas. El hecho de
no reaccionar de maneras establecidas al ruido proveniente de "la mente
de mono" le dará una sensación de libertad.

LA TÉCNICA DE LA MEDITACIÓN

Con el tiempo será capaz de meditar en cualquier lugar, pero mientras
aprende a hacerlo debe encontrar un sitio silencioso para evitar las
distracciones. Póngase ropa cómoda que no le quede ceñida, ni le dé
comezón. Trate de meditar dos veces al día entre diez y veinte minutos,
lo ideal sería antes del desayuno y de la cena. No alargue mucho las
meditaciones, excederse puede generar un efecto perjudicial, pues en
ocasiones aflora material emocional difícil.

Si tiene problemas para quedarse sentada ese tiempo, como podría
ocurrirle a un HiperS, entonces medite durante el tiempo que le sea posible. Si es necesario, empiece solo con tres minutos; obligarse a quedarse
quieta y meditar va en contra de lo que está tratando de lograr. Ensaye
a hacer una pausa cada hora de por medio para hacer una meditación
muy corta. Haga una meditación de tres o cinco minutos en cualquier
momento en el que se sienta estresada.

No medite después de las comidas porque la sangre se acumula en
el abdomen para ayudar a la digestión. Trate de no tomar bebidas con
cafeína ni fumar antes de hacerlo porque la estimulación extra sobra si
lo que se busca es la relajación. La meditación puede potenciar la acción
de ciertos medicamentos, en particular ansiolíticos, antidepresivos, anti-
hipertensivos y para la tiroides. Su médico debe encargarse de supervisar
las dosis de estos. A veces esta se puede rebajar o incluso suprimir como
resultado de la práctica, pero es el médico el que debe definirlo.

Si no sabe con certeza cuánto tiempo ha meditado, mire un reloj
cerca de usted o programe un cronómetro o una alarma, solo cerciórese

de que no sea muy estridente. Un tono suave en el celular también funciona. No pasará mucho tiempo antes de que su reloj natural la traiga de regreso a la conciencia normal en el momento indicado.

CÓMO MEDITAR

1. Siéntese erguida en una silla cómoda, con las manos sobre el regazo.
2. Permita que su cuerpo se aquiete. Sienta como si se hundiera en la silla. Cierre los ojos. Haga dos o tres respiraciones diafragmáticas. Observe que la sensación de calma aumenta.
3. Comience a respirar de manera natural. Sienta que el aire entra por la nariz, pasa por la garganta y penetra en los pulmones mientras su estómago se expande y desciende de nuevo.
4. Si está haciendo **meditación con mantras** comience a repetir este en silencio. No se concentre en los ruidos, pensamientos, preocupaciones y sensaciones que fluyen por su mente. Si se queda atrapada en un pensamiento, una sensación o ruido, obsérvelo, deséchelo y regrese al mantra. No se critique a sí misma por haberse desconcentrado. Continúe la sesión de esta manera.
5. Si está haciendo **meditación de conciencia plena**, concéntrese en la respiración. Como "la mente de mono" reparte pensamientos y sentimientos, intente dejarlos pasar sin ninguna reacción. Solo observe los pensamientos que van y vienen como si se tratara de una película. Deje pasar de largo las ideas e imágenes.
6. Quizá recuerde algo del pasado o piense en el futuro. Si un pensamiento la distrae, solo obsérvelo y entienda que la costumbre de la mente es ir tras el pensamiento. Cuando esto empiece a suceder, aleje la atención de ese pensamiento con sutileza y regrese a la respiración.
7. Cuando la mente divague, no se juzgue a sí misma. La mente se conecta con las preocupaciones cotidianas, los sentimientos y los planes futuros. Si la mente se posa en un pensamiento, no vaya tras él. Regrese la atención a la respiración.

8. **Si está incómoda, mareada, tiene imágenes perturbadoras o alucinaciones, abra los ojos y suspenda la meditación.**

9. Cuando esté preparada para terminar la sesión de meditación, primero regrese la atención a la respiración. Luego dirija la atención hacia su cuerpo y la habitación. Muévase con suavidad en la silla. Cuando esté lista, abra los ojos y estírese.

YOGA

El yoga es una disciplina física y mental que se desarrolló hace miles de años en la India. La palabra *yoga* se deriva del la palabra sánscrita *yuj*, que significa control, yunta o unidad. La práctica del yoga está diseñada para dirigir y concentrar la atención y para desarrollar la salud física y mental, la armonía interior y una comunión entre uno y una existencia universal, trascendental.

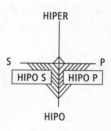

En términos muy generales, la práctica del yoga mejora la conciencia del cuerpo; disminuye la frecuencia cardiaca; produce un estado de calma, pero a la vez estimula; aumenta la relajación y ayuda a recuperar el centro. Las declaraciones sobre los efectos de esta disciplina en la salud son tantas que es imposible enumerarlas. Se puede practicar solo por hacer ejercicio, sin ninguna intención espiritual, y se puede buscar la paz y la calma que están en el corazón de la filosofía yóguica. El yoga es excelente para los tipos HipoS e HipoP, mejorar la flexibilidad y el flujo sanguíneo les ayuda con los dolores musculares.

Aunque el yoga tradicional tiene muchas ramas, en Occidente estamos más familiarizados con el Hatha yoga y el yoga dinámico que consisten en una serie de posiciones que estiran y relajan el cuerpo. En el Bikram yoga y en otros yogas "calientes", las posiciones se hacen en un orden fijo en una habitación a temperatura muy alta que permite estirar los músculos fácilmente. El yoga caliente es una rutina de ejercicio muy exigente y no es apta para todo el mundo.

Hay tanto material disponible y de fácil acceso sobre yoga que no hablaremos con mucho detalle de esta técnica de restablecimiento. La práctica de esta disciplina se convirtió en parte de nuestra cultura. En Internet es posible leer acerca del tema, además hay numerosas revistas, miles de libros, CD y DVD disponibles. En cualquier ciudad o pueblo hay profesores y talleres. Se ofrecen clases en gimnasios, centros comunitarios, centros para adultos mayores y cursos de extensión para adultos. Es recomendable ensayar una clase con una amiga, o sola, para conocer un nuevo grupo de personas. En algunos casos, la privacidad de la propia casa puede resultar más tranquilizante; sin embargo, es bueno contar con la guía de un profesor para aprender las posiciones. No hay nada como empezar el día con un Saludo al sol, una serie de posiciones que lo llenan a uno de energía.

RELAJACIÓN MUSCULAR PROGRESIVA

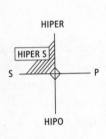

En 1905, Edmund Jacobson estudió la reacción de sobresalto producida por un ruido fuerte inesperado. Jacobson realizó el primer estudio sistemático sobre relajación; en el transcurso de este lo intrigaba observar que la gente relajada no tenía una respuesta de sobresalto obvia ante un ruido repentino. Continuó estudiando las respuestas reflejas y encontró que la amplitud de la respuesta era más baja en sujetos relajados. Con la invención de la electromiografía (EMG) pudo medir la tensión muscular de manera directa. Fue entonces cuando hizo un hallazgo muy importante: descubrió que el solo pensamiento de mover un brazo o una pierna iba acompañado de una respuesta EMG en ese miembro. Si uno piensa en tocar una puerta dos veces, se producen dos impulsos EMG en ese brazo.

Jacobson y sus colegas observaron que, cuando uno se encuentra en una situación estresante, el cuerpo reacciona en forma refleja con un patrón primitivo de sobresalto. Nos levantamos en la bola del pie y nos encorvamos hacia adelante. Esta postura puede ser real o interna, demarcada por la tensión en los músculos. Todo el sistema osteomuscular reacciona en 100 milisegundos para preparar el cuerpo para luchar o huir. El aumento en la tensión muscular desencadena una descarga de actividad simpática y provoca una vasoconstricción muscular. La respuesta al estrés comienza a rodar. El apretamiento crónico y excesivo de los músculos pone al sistema nervioso en un estado de actividad desmedida que a su vez aumenta la actividad del sistema nervioso autónomo, cardiovascular y endocrino.

En la relajación muscular progresiva se tensa un grupo de músculos y luego se relaja. La técnica se basa en la idea de que, una vez que uno identifique la sensación de tensión, puede relajarla para que desaparezca. Esta técnica permite identificar un lugar específico de tensión en el cuerpo y relajarlo. Uno observa la diferencia y la aplica a todos los grupos musculares. La técnica es similar a la biorretroalimentación interna, un proceso que discutiremos más adelante. A través de la práctica de esta técnica se aprende en forma automática a tener conciencia de la tensión en el cuerpo y a soltarla. La relajación de los músculos disminuye la actividad del eje HPA y la excitabilidad del sistema nervioso simpático. A medida que el cuerpo se relaje, la mente se relajará. **Los músculos relajados equivalen a una mente relajada y viceversa.**

Esta técnica se recomienda sobremanera en el tipo HiperS. El alivio de la tensión muscular generalizada ayuda a calmar la mente y a disminuir el dolor.

EL OBJETIVO DE LA RELAJACIÓN MUSCULAR PROGRESIVA

Jacobson creó la relajación muscular progresiva para ayudarle a la gente a sensibilizarse con lo que les sucedía en el cuerpo. Es un método diseñado para intensificar la observación interna. Así como la terapia cognitiva brinda herramientas para la introspección psicológica, la relajación muscular progresiva ofrece medios para la introspección fisiológica. Con la práctica de esta técnica se aprenden a reconocer los estados de tensión en el cuerpo. No requiere una inversión grande de tiempo: tres sesiones diarias, de solo cinco minutos cada una, pueden tener un efecto significativo en pocas semanas.

Si sufre de hipertensión, le aconsejamos que use una técnica de relajación diferente. Las contracciones que este método exige pueden subir la presión sistólica. Después de que su presión arterial haya disminuido con otras técnicas, puede ensayar esta.

CÓMO REALIZAR LA RELAJACIÓN MUSCULAR PROGRESIVA

Practique la relajación muscular progresiva en una habitación cálida y silenciosa. Los músculos no se relajan de manera tan eficiente en ambientes más fríos. Es mejor practicarla antes de comer para que el flujo sanguíneo no esté dirigido hacia la digestión. Cuando empiece a aprender la técnica, acuéstese en el suelo para apoyar los músculos por completo. Si prefiere, use una silla reclinable. Deje caer los brazos y piernas y rótelos hacia afuera, ponga las manos sobre el abdomen o a los lados. Acomódese bien, si es necesario póngase una almohada pequeña debajo del cuello o de las rodillas. A medida que se haga más diestra puede hacer el ejercicio sentada o de pie.

La relajación muscular progresiva trabaja con dieciséis grupos musculares. Enfóquese en primer lugar en las manos y los brazos, comience por la mano dominante, es decir, la derecha para la mayoría. Si es zurda, comience por el lado izquierdo. Luego, avance hacia la cara, el cuello y baje por el cuerpo hasta llegar a los pies. El primer paso de la técnica es contraer un grupo específico de músculos con el fin de producir una gran tensión. La tensión se libera de una solo vez para crear un impulso que hará que los músculos se relajen más profundamente. Usted se relajará tanto como se tensione, como un péndulo que oscila de un lado a otro. Gracias a este impulso la relajación es más profunda que cuando los músculos se relajan sin haberlos tensado previamente.

La tabla siguiente la guiará en orden por los movimientos y le explicará la mejor manera de tensar cada grupo muscular.

GUIÓN PARA LA RELAJACIÓN MUSCULAR PROGRESIVA

CÓMO ESTRUCTURARLA

La relajación muscular progresiva es muy sencilla. Consta solo de unos cuantos pasos:

-
- Inhale profundamente y sostenga la respiración antes de tensarse.
- Al contraer un grupo muscular, concentre toda la atención en esos músculos.
- Tense los músculos con tanta fuerza como sea posible, sostenga la contracción cerca de cinco segundos.
- Observe cómo se siente el apretamiento y la tensión en esos músculos.
- Afloje toda la tensión.
- Observe la sensación agradable en esos músculos. Respire lentamente de treinta a cuarenta segundos.

Repita el procedimiento en el mismo grupo muscular. Luego pase a la siguiente parte del cuerpo.

Músculos	*Cómo tensarlos*
1. Mano y antebrazo derechos	Apriete el puño con la parte superior del brazo relajada.
2. Parte superior del brazo derecho	Presione el codo contra el suelo o la silla.
3. Mano y antebrazo izquierdos	Igual que el # 1.
4. Parte superior del brazo izquierdo	Igual que el # 2.

Músculos	*Cómo tensarlos*
5. Frente	Levante las cejas tanto como sea posible.
6. Nariz y parte superior de las mejillas	Arrugue la nariz y entrecierre los ojos.
7. Parte inferior del rostro	Apriete la mandíbula y sonría burlonamente
8. Cuello	Trate de subir y bajar el mentón sucesivamente.
9. Pecho, hombros, parte superior de la espalda	Haga una inspiración profunda, sosténgala, y junte los omoplatos.
10. Abdomen	Intente empujar el estómago hacia adentro y hacia afuera a la vez.
11. Parte superior de la pierna derecha	Contraiga los músculos grandes de la parte frontal de la pierna simultáneamente con los músculos pequeños que están por debajo.
12. Pantorrilla derecha	Presione los talones contra el suelo. Flexione el pie apuntando los dedos hacia la cabeza.
13. Pie derecho	Extienda los dedos, voltee el pie hacia adentro y curve los dedos con suavidad.
14. Parte superior de la pierna izquierda	Igual que el # 11.
15. Pantorrilla izquierda	Igual que el # 12.
16. Pie izquierdo	Igual que el # 13.

A lo largo del día revise el nivel de tensión en puntos específicos. Si después de hacer una presentación en la oficina siente el cuello y los hombros tensos o dolorosos, puede aliviar esta sensación levantando los hombros hasta las orejas y relajándolos varias veces. Quizá tenga tensión retenida en el centro del cuerpo porque mantiene rígidos los músculos del abdomen. Apriete esos músculos hacia adentro aún más, presionando la parte inferior de la espalda contra la silla o el suelo. Si está de pie, bascule la pelvis hacia adelante y luego afloje los músculos del abdomen. Si se da cuenta de que su respiración es superficial, presione los hombros hacia atrás para expandir el pecho e inhale profundamente. Si aprieta los dientes o frunce el ceño, trabaje en el rostro. El sitio donde reside la tensión varía de una persona a otra. Cuando tenga tiempo de hacer la rutina completa, podrá medir el nivel de relajación que alcanza en los puntos molestos, comparados con otras áreas. Esta es la forma como uno se entrena a sí mismo para disolver la tensión corporal, esto hará que los músculos dejen de enviar señales de estrés al cerebro y desactivará la respuesta al estrés.

El **escaneado del cuerpo** es una técnica con la que se hace una revisión rápida de todo el organismo. Por más tensión que se tenga, alguna parte de este está relajada. Después de aprender relajación muscular progresiva, será capaz de localizar un área relajada y extender esa sensación a todas las demás. Imagínese esa sensación de relajación como una pelota que recorre las diferentes partes del cuerpo para calentarlas y relajarlas.

ENTRENAMIENTO AUTÓGENO CON IMAGINACIÓN GUIADA

El entrenamiento autógeno es una de las técnicas más antiguas de relajación, es ampliamente utilizada en Europa, Rusia y Japón y es menos conocida en los Estados Unidos. En 1900, Oska Vogt, un fisiólogo del cerebro, descubrió que las personas podían ponerse a sí mismas en un trance autohipnótico y producir sensaciones de pesadez y calor en las extremidades, a voluntad. Esta técnica es más conveniente para los tipos HipoS e HipoP. Ayuda a alterar la disfunción autonómica porque promueve el equilibrio entre

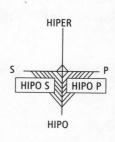

el sistema simpático y el parasimpático. La sensación de pesadez es el resultado de la relajación muscular; y el calor es el resultado de la vasodilatación que incrementa el flujo sanguíneo. Vogt encontró que esos sujetos experimentaban menos tensión, fatiga y dolores de cabeza que otros pacientes. Johannes Schultz, un neurólogo alemán que practicaba la psiquiatría, sintetizó su experiencia clínica con la hipnosis usando las observaciones sobre investigación cerebral de Oska Vogt para crear el entrenamiento autógeno.

El entrenamiento autógeno aprovecha el poder de autosanación y de autorregulación del cuerpo, conecta la mente y el cuerpo, promueve la homeostasis y el conocimiento de que podemos aprender a regular ese mecanismo inherente. El entrenamiento autógeno es bidireccional, trabaja para reducir la excitación excesiva del sistema nervioso autónomo y también para elevar el bajo nivel de funcionamiento de este. La autohipnosis, una forma pasiva de concentración, al igual que la meditación, permite alcanzar una relajación profunda.

Se puede usar la imaginación guiada para personalizar esta técnica. Si necesita disminuir la sensibilidad extrema al estrés imagínese un escenario calmado y apacible, y si necesita estimulación porque está fatigada, imagine experiencias emocionantes o motivadoras. Trate de no hacer nada. Simplemente concéntrese en sensaciones internas mientras hace los ejercicios. La meditación utiliza la mente para relajar el cuerpo, en cambio, el entrenamiento autógeno utiliza las sensaciones de pesadez y calor, y luego, por medio de la imaginación, extiende esa relajación hacia la mente.

Advertencia: si tiene problemas psiquiátricos debe realizar el entrenamiento autógeno bajo supervisión clínica con médicos entrenados. Consulte con su médico.

LA TÉCNICA DEL ENTRENAMIENTO AUTÓGENO

Para alcanzar la destreza en esta técnica, se debe practicar dos veces al día, entre diez y cuarenta minutos. Para dominarla, son necesarios varios meses de práctica regular; sin embargo, no ceda ante el deseo de acelerar el proceso. El cuerpo responderá a su propio ritmo, así que tenga paciencia. Es posible practicar el entrenamiento autógeno en tres posturas: acostada, sentada erguida o sentada relajada. Estos son los detalles específicos:

Acostada: acuéstese boca arriba con los pies ligeramente separados, un poco caídos hacia afuera. Use cojines en donde sea necesario para que el cuerpo se sienta cómodo. Asegúrese de estar alineada. Ponga los brazos al lado del torso, sin que toquen el cuerpo, con los codos ligeramente flexionados. Mantenga las palmas hacia arriba. Esta es la posición ideal porque el cuello está bien apoyado.

Sentada erguida: siéntese en una silla de espaldar alto que le permita alinear la cabeza con el torso. Siéntese de tal manera que los muslos queden apoyados. Descanse los brazos a los lados de la silla o déjelos sobre el regazo.

Sentada relajada: utilice una silla de espaldar bajo o un banco sin espaldar. Siéntese en la parte de adelante, con los pies separados al ancho de los hombros. Inclínese hacia adelante y apoye los brazos sobre los muslos. Deje que las manos y los dedos pendan de las rodillas. Deje caer el mentón hacia el pecho y deje colgar la cabeza relajadamente.

Elija la posición que mejor funcione para usted. El objetivo es que el cuerpo se relaje tanto como sea posible, sin que haya ninguna contracción muscular. El ejercicio se hace con los ojos cerrados.

GUIÓN PARA EL ENTRENAMIENTO AUTÓGENO

Este entrenamiento tiene seis fases:

1. Concéntrese en la sensación de pesadez en cada brazo y en cada pierna (empiece por el derecho si ese es su lado dominante; de lo contrario, empiece por el izquierdo). Comience por los brazos y luego siga con las piernas.

2. Concéntrese en la sensación de calor en cada brazo y en cada pierna.
3. Concéntrese en los latidos calmados y uniformes del corazón.
4. Concéntrese en la respiración, esta se dará por sí misma de forma natural.
5. Concéntrese en el calor del abdomen.
6. Concéntrese en la frescura de la frente.

Tendrá que preparar un guión propio. Mientras que se lo aprende, será más relajante hacer una grabación con las instrucciones, o hacer que alguien se las lea. Por supuesto, hay CD disponibles para ayudarle. Estos ejercicios fluyen de manera lógica, por esto son fáciles de aprender. El guión debe ser algo así:

1. Mi brazo derecho está pesado. (repetirlo 6 veces)
2. Mi brazo izquierdo está pesado. (repetirlo 6 veces)
3. Estoy muy tranquila. (1 vez)
4. Mi pierna derecha está pesada. (repetirlo 6 veces)
5. Mi pierna izquierda está pesada. (repetirlo 6 veces)
6. Estoy muy tranquila. (1 vez)
7. Mi brazo derecho siente un calor agradable. (6 veces)
8. Mi brazo izquierdo siente un calor agradable. (6 veces)
9. Estoy muy tranquila. (1 vez)
10. Mi pierna derecha siente un calor agradable. (6 veces)
11. Mi pierna izquierda siente un calor agradable. (6 veces)
12. Estoy muy tranquila. (1 vez)
13. Mi corazón late con calma y regularidad. (6 veces)
14. Estoy muy tranquila. (1 vez)
15. Algo respira en mí. (6 veces)

En ocho semanas será capaz de producir estas sensaciones de manera voluntaria y en pocos minutos alcanzará un estado de relajación profunda. No se alarme si siente un hormigueo en los brazos y piernas, la congestión de sangre en las extremidades a veces ejerce presión sobre los nervios de estas.

BENEFICIOS DEL ENTRENAMIENTO AUTÓGENO

El entrenamiento autógeno afecta el tono simpático y la actividad parasimpática. Al igual que con otras técnicas de relajación, este método disminuye la frecuencia cardiaca, la frecuencia respiratoria, el nivel de colesterol y la tensión muscular. Algunos estudios han demostrado que es efectivo para las personas que padecen insomnio, migrañas e hipertensión. Numerosos estudios han demostrado que tiene un efecto positivo en las siguientes afecciones: dolor lumbar, asma, diabetes, úlceras, hemorroides, indigestión, estreñimiento y tuberculosis; además, produce una mayor tolerancia al dolor en personas que sufren dolores crónicos. Los efectos psicológicos del entrenamiento autógeno pueden ser muy poderosos, se ha asociado a la reducción de la ansiedad, la depresión y el cansancio. En general, aquellos que lo practican con regularidad toleran mejor el estrés.

LA MEDITACIÓN O IMAGINACIÓN AUTÓGENA

Si quiere llevar la relajación a un nivel más profundo, utilice la imaginación para relajar la mente aún más después de practicar el guión de entrenamiento autógeno. Lo único que debe hacer es mantener los ojos cerrados, tírelos hacia arriba como para mirarse la frente. Empiece visualizando un color y luego una combinación de colores para hacer un dibujo. Después, imagínese un objeto único contra un fondo oscuro y concéntrese en esto. Ahora está lista para hacer algo de trabajo con imaginación guiada.

Un ejercicio efectivo es imaginarse a sí misma en una escena relajante: quizá flota en las azulosas aguas caribeñas y siente el sol sobre la piel, al fondo, las olas lamen con suavidad la playa blanca y brillante; camina sobre un campo de flores silvestres, coloridas y aromáticas y las mariposas revolotean alrededor suyo; está acurrucada debajo de una manta de cachemira frente a un fuego resplandeciente, mientras afuera una tormenta de nieve sopla con fuerza, o tal vez acaba de comerse una cena espléndida en una terraza con vista a un viñedo y el hermoso atardecer la deja sin aliento.

Al imaginar la escena, observe hasta el más mínimo detalle. ¿Cómo se siente el aire? ¿Qué colores la rodean? ¿Escucha el viento rugir afuera, los pájaros volar en lo alto o el murmullo de un arroyo? ¿Puede oler el fuego que crepita o el buqué de un delicioso vino tinto? ¿Cómo se siente? Utilice tantos sentidos como sea posible para describir la escena. Esto alejará la mente de las preocupaciones cotidianas.

Si desea aumentar su percepción, podría visualizarse a sí misma en diversos estados emocionales, en situaciones diferentes. Podría imaginar que flota sobre una nube y deja que la ansiedad se aleje. Podría ver que culmina un proyecto desafiante y que su jefe la elogia por ello. Podría visualizar, desde un punto de vista imparcial, a alguien con quien tiene un conflicto con el fin de ganar claridad sobre la raíz del mismo. Los usos terapéuticos de la imaginación son infinitos si uno es creativo y relajado con el procedimiento.

BIORRETROALIMENTACIÓN

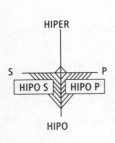

La biorretroalimentación enseña a usar las señales del cuerpo para mejorar la salud. Esta técnica crea conciencia sobre las funciones corporales y da la posibilidad de controlarlas de manera voluntaria. Por medio de la utilización de instrumentos para medir varias funciones, como la presión arterial, la frecuencia cardiaca, la temperatura de la piel, la actividad de las glándulas sudoríparas y la tensión muscular, se aprende qué sucede en el cuerpo y cómo controlarlo. Así como la relajación muscular progresiva permite identificar cómo se siente el cuerpo cuando los músculos están tensos, la biorretroalimentación usa instrumentos externos para medir los diferentes parámetros en el organismo para poder reconocer cómo es la sensación de desequilibrio interno y cómo se diferencia de la de equilibrio. Si es posible crear sensación de calor y pesadez en el cuerpo con la práctica del entrenamiento autógeno, o bajar la presión sanguínea con la meditación, también es posible ganar control sobre muchos procesos físicos que solían considerarse respuestas automáticas. Esta técnica lo familiariza a uno con las sensaciones de relajación y mide correlatos físicos particulares para darle una idea en cifras del funcionamiento de su cuerpo en un estado de relajación.

El cuerpo tiene permanentemente un patrón complejo de oscilación. La frecuencia cardiaca, la presión arterial, la temperatura corporal y la energía disponible, al igual que el estado de ánimo y la atención, nunca son estables. La ciencia ha explicado esta variabilidad, en apariencia caótica, y ha descubierto que esos patrones son los reflejos autorreguladores del cuerpo. Si hay una buena regulación en el cuerpo, las fluctuaciones tienen una amplitud alta. La reducción de la amplitud de las fluctuaciones es una señal de vulnerabilidad que indica que los mecanismos autorreguladores del cuerpo están dañados o no funcionan bien y no logran enfrentar el estrés, una lesión o una enfermedad. La biorretroalimentación está diseñada para medir estas fluctuaciones y permitirle a uno restablecer los mecanismos de autorregulación. La meta es que uno sea capaz de controlar la frecuencia cardiaca, la dilatación de los vasos sanguíneos, la conductancia de la piel, las ondas cerebrales, la tensión muscular, la presión sanguínea y la secreción de ácido clorhídrico en el estómago.

La recompensa inmediata del proceso de biorretroalimentación es una buena motivación.

LOS BENEFICIOS DE LA BIORRETROALIMENTACIÓN

El entrenamiento mide la forma en que ciertos estados mentales afectan el cuerpo. Al obtener una lectura directa de cómo se reflejan los sentimientos y procesos de pensamiento en las funciones corporales, la atención puede enfocarse en estados mentales que hay cambiar por el bien de la salud. Se puede utilizar el registro ABCDE (ver el capítulo 2) para trabajar en estas actitudes y reacciones emocionales.

Se ha encontrado que la biorretroalimentación es provechosa en las siguientes afecciones: asma, insomnio, palmas sudorosas, ronquido excesivo, trastorno temporomandibular, trastorno de hiperactividad y déficit de atención, debilidad muscular en las piernas e incontinencia. A nivel psicológico es de utilidad en fobias, ansiedad, miedo escénico, depresión, alcoholismo, abuso de drogas, tos psicógena y agotamiento.

Se cree que la biorretroalimentación tiene un efecto aún más global. Si ya uno sabe que es posible controlar sistemas corporales que antes creía imposible, entonces quizá también pueda controlar otras áreas de su vida que sí maneja por completo como comer bien, hacer ejercicio y restablecerse con regularidad. Este proceso quizá le sirva de inspiración para tomar mejores decisiones para la salud.

La biorretroalimentación es una opción importante para los HipoP que tienen poca conexión con el cuerpo y que se encuentran en un estado extremo. Es la forma más eficiente de reconectarse con la sensación de recuperar el equilibrio; además le da a uno el poder de controlar la respuesta.

DÓNDE ENCONTRAR EQUIPO PARA BIORRETROALIMENTACIÓN

Aunque existen equipos de biorretroalimentación que funcionan en un computador común o un portátil, son costosos. Averigüe en un hospital local o en el departamento de asesoría psicológica o el de educación en salud de una universidad cercana si tienen programas de biorretroalimentación. En su comunidad también debe haber psicólogos que trabajen con esta técnica. Es posible que ofrezcan cursos económicos dentro de un programa de extensión para adultos, un spa o un centro urbano. Si se ofrece a ser parte de una investigación en un hospital o en una universidad, quizá pueda aprender la técnica y que además le paguen, en vez de pagar por ello. Aunque sí haya que tomarse la molestia de encontrar equipos disponibles y alguien que lo entrene a uno, la biorretroalimentación es una técnica muy eficiente con la que verá resultados rápidamente.

MASAJE, REFLEXOLOGÍA Y ACUPRESIÓN

Recibir un masaje maravilloso es una forma placentera y efectiva de aliviar el estrés. El masaje ayuda a aliviar la tensión muscular y la rigidez; dar mayor flexibilidad articular y rango de movimiento; atenuar la incomodidad durante el embarazo; reducir la formación de tejido cicatrizal, el dolor y la hinchazón; aumentar el desempeño atlético; mejorar la circulación sanguínea y linfática; disminuir la presión arterial; aliviar las cefaleas por tensión y los efectos del cansancio ocular; aumentar la salud y la nutrición de la piel; mejorar la postura; fortalecer el sistema inmune, y rehabilitarse después de una cirugía o de una lesión.

La terapia de masaje consiste en la manipulación de los tejidos blandos del cuerpo para producir efectos en los músculos, venas y nervios. Un masajista siente dónde está acumulando estrés el cuerpo y lo elimina. Un masaje de una hora tiene un efecto similar al de muchas sesiones de relajación muscular progresiva. Hay muchas formas de terapia de masaje, entre ellas:

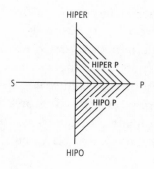

Masaje sueco: fue desarrollado por Per Hendrik Ling en el siglo XVIII, hace movimientos largos, amasado y fricción sobre los músculos y mueve las articulaciones para mejorar la flexibilidad. Esta clase de masaje es más conveniente para el tipo HipoP porque mejora la circulación en los músculos y articulaciones adoloridos. Un masaje sueco revitaliza a los HiperP en los días en que sufren colapsos.

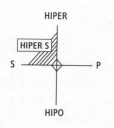

Masaje de tejidos profundo: emplea patrones de movimientos y presión digital profunda sobre los músculos que están tensos o nudosos, y se concentra en la musculatura localizada muy por debajo de la piel. Alivia la tensión muscular de origen profundo de los HiperS, y de paso también la tensión mental.

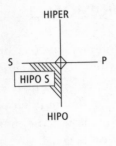

Masaje por presión en puntos: utiliza diferentes movimientos y hace presión más profunda en los puntos gatillo o nudos que se forman en los músculos, que resultan dolorosos a la presión y que suelen producir síntomas en otros lugares del cuerpo. Los HipoS deben considerar este masaje para aliviar los puntos gatillo de los músculos inflamados.

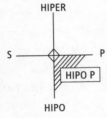

Masaje Shiatsu: es una técnica japonesa tradicional, consiste en presionar en forma variable y rítmica los puntos en los meridianos de acupresión del cuerpo. Los HipoP se benefician del Shiatsu porque equilibra la alteración y falta de sincronización de sus sistemas corporales.

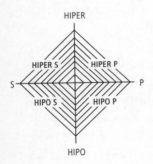

Reflexología: se concentra en masajear y ejercer presión en la planta de los pies. Se cree que hay áreas específicas del pie que corresponden a órganos o estructuras del cuerpo. El propósito de la reflexología es despejar los bloqueos en estos órganos y puntos para que la energía o la fuerza vital fluya libremente por el organismo. La reflexología es provechosa en todos los tipos de estrés. Los pies tienen una inervación abundante, así que masajearlos estimula la liberación de oxitocina y esto genera un efecto tranquilizante.

LOS BENEFICIOS DEL MASAJE

Algunos estudios han demostrado que, después de un masaje de veinte o treinta minutos, los niveles de cortisol y la frecuencia cardiaca disminuyen de manera significativa. Al reducir la ansiedad, el masaje puede aumentar la creatividad y la capacidad de pensar serenamente. Si uno está estresado, un masaje logra satisfacer la necesidad de contacto afectuoso, de cuidado y protección.

Los masajes suelen enriquecerse con aromaterapia, un toque adicional que resulta relajante, vigorizante y que disminuye el estrés. Los aceites extraídos de plantas medicinales se mezclan con aceite para masaje con el fin de agregarle a la terapia fragancia y beneficios adicionales. Algunas esencias herbales sanan heridas, combaten infecciones, ayudan a la circulación sanguínea y a la digestión porque las propiedades sanadoras de las plantas son absorbidas por el torrente sanguíneo. Se puede hacer también una infusión con estos aceites aromáticos para esparcirlos en el aire que se respira. Algunos estudios demuestran que los aceites esenciales de lavanda y romero bajan los niveles de cortisol. Un estudio demostró que la aromaterapia y el masaje mejoraron de manera significativa el estado de ánimo y el nivel de ansiedad de los pacientes de una sala de cuidados intensivos. Estos refirieron sentirse más positivos después de la terapia.

Si quiere darse gusto, regálese un masaje en un spa de día. Busque una escuela de masaje cercana que necesite voluntarias para las prácticas estudiantiles o planee una noche de spa en casa. Usted y su pareja pueden aprender técnicas de masaje con un libro o un DVD; esto puede ser muy provechoso para la relación.

Masaje y pudor

Si nunca le han hecho un masaje y le da pudor, tal vez se sienta más cómoda al saber que el masajista trabaja en una extremidad a la vez, mientras que el resto del cuerpo permanece cubierto. Cuando esté bocabajo, el terapeuta baja la toalla hasta la cintura para masajearle la espalda, ese es el momento en que más descubierta estará. Mientras esté boca arriba, solo le trabaja el rostro, la cabeza, los hombros y las extremidades. Tendrá cubierto el resto del cuerpo, recatadamente, con una toalla.

QIGONG Y TAI CHI

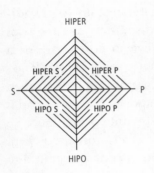

El *qigong*, que se pronuncia "qui gong", es el término que se utiliza para una serie de ejercicios de energía y prácticas sanadoras tradicionales y antiguas de la China. La práctica comienza con movimientos físicos guiados que exigen concentración y que estimulan el flujo de la energía qi en el cuerpo. El movimiento es controlado, sin impacto y sutil.

Se dice que esta práctica mejora muchas afecciones relacionadas con el estrés, entre ellas alergias, asma, hipertensión, síndrome premenstrual, insomnio, cefalea, dolor de espalda o de cuello, adicciones, depresión y ansiedad. Creemos que todos los tipos se benefician de esta antigua técnica que combina casi todas las demás y que trabaja en muchos sistemas del cuerpo a la vez. Las personas que practican qigong afirman que su vida mejoró de manera significativa: refieren un estado mental y corporal más armónico; se sienten menos estresadas; sus dolencias se atenúan; resisten las enfermedades; se vuelven más sensibles a los procesos corporales y, además, desarrollan la capacidad de regular su propia salud y vitalidad. Aunque el qigong pueda parecer esotérico, lo mencionamos aquí porque combina muchas de las técnicas discutidas en este capítulo: relajación, trabajo con la respiración, imaginación guiada, movimientos lentos, biorretroalimentación, meditación de conciencia plena e integración de la mente y el cuerpo.

El tai chi, desarrollado hace cientos de años en la China, es un tipo de arte marcial que utiliza el ejercicio, la relajación, las técnicas de respiración y la meditación. Tiene como principio fundamental la filosofía del Yin y del Yang, o de las fuerzas opuestas. Consiste en movimientos lentos y gráciles con desplazamientos del equilibrio que parecen una danza combinada con meditación y control de la respiración. El objetivo de esta práctica es integrar la mente y el cuerpo.

Tenemos una pila enorme de estudios que demuestran que el tai chi es una técnica muy poderosa de reducción del estrés. Diversos estudios encontraron que es beneficioso en la prevención o tratamiento de las enfermedades cardiovasculares y que aumenta la densidad ósea, la agilidad y la flexibilidad.

Aunque el qigong y el tai chi no son tan populares en Occidente como el yoga, valdría la pena que averiguara si alguna de estas técnicas funciona para usted. Hay una gran selección disponible de libros, CD y DVD. Tanto el qigong como el tai chi se enseñan en talleres en todo Estados Unidos.

LLEVAR UN DIARIO

Llevar un diario es muy importante para el tipo HipoP. Se hace con el objetivo de conectar los sentimientos con las expresiones físicas de las emociones. Es una forma privada y segura de conexión con las emociones. Con el tiempo, será capaz de expresar verbalmente más cosas sobre sí misma. Se ha observado que llevar un diario mitiga el dolor en el tipo HipoP.

Los HiperS, que tienden a ser ansiosos y que tienen una multitud de pensamientos que cruzan por su cabeza, se pueden serenar si llevan un diario. Escribir las preocupaciones a la misma hora todos los días ayuda a aclarar la mente y a conciliar el sueño. Mantenga un bloc de notas al lado de la cama para hacer anotaciones cuando se despierte en la noche con algo en mente.

Llevar un diario, el proceso de describir la reacción ante un suceso, emoción o preocupación, puede transformar las emociones negativas y dar luces sobre lo que uno está experimentando, en especial si antes de empezar a escribir se emplea una de las técnicas de relajación descritas en este capítulo. Registrar los pensamientos y sentimientos más profundos relacionados con hechos traumáticos o simplemente con experiencias desagradables puede mejorar el estado de ánimo y la salud y ofrecer una perspectiva más positiva.

Desde el laboratorio

ESCRIBIRLO PUEDE AYUDAR

En un estudio de cuarenta y siete mujeres víctimas de abuso sexual, a algunas de las participantes se les asignaron al azar cuatro sesiones de escritura en las que se les pidió que se enfocaran en hechos traumáticos de su vida o en un tema neutro. Encontraron que las mujeres deprimidas a las que se les asignó la escritura experimentaron una disminución de los síntomas depresivos. Los investigadores concluyeron que la escritura expresiva puede disminuir la depresión. Otro estudio en el que participaron mujeres hipertensas, encontró que la presión sistólica y diastólica disminuía considerablemente en el grupo al que se le asignó la escritura expresiva.

Siéntese frente al computador, o tome una hoja de papel o un cuaderno hermoso que solo use para este propósito, y escriba sobre un suceso, un recuerdo o un pensamiento que la perturba, ya sea algo trivial, como alguien que le quitó el puesto en la fila, o algo más relevante como descubrir que su hijo adolescente estuvo bebiendo en una fiesta. Solo describa el hecho, cómo se sintió, cómo lo manejó, si la solución fue satisfactoria o si exige algo más de su parte. De vez en cuando, acuérdese de escribir sobre algo que la hizo feliz o por lo que se siente agradecida. Aunque describir y expresar los sentimientos sobre un hecho negativo puede aumentar la comprensión del mismo y ser un alivio, escribir sobre algo positivo puede expandir la sensación de bienestar. Si le pasa algo maravilloso, sáquele el mayor provecho posible.

Escribir sobre la frustración, la ira, la desesperación, la duda, la envidia o las preocupaciones lo obliga a uno a aclarar los sentimientos y a liberarlos. Usted escribe lo que quiere sin temer el juicio de los demás. Este esfuerzo puede alejarla de esos sentimientos negativos, el proceso la ayuda a dejar atrás lo que pasó y a evitar que esa situación siga teniendo poder sobre usted. Expresar lo que siente es una forma de diluir el estrés y de restablecerse a sí misma.

LA ESPIRITUALIDAD Y LA ORACIÓN

La espiritualidad representa muchas cosas para muchas personas, pero independiente de la forma que asuma, le da a la vida un significado. En el sentido más amplio, la espiritualidad es la búsqueda de lo sagrado en la vida, la búsqueda de experiencias y valores trascendentes. Para algunos, la espiritualidad tiene relación con vivir de acuerdo con una doctrina religiosa que promueva una experiencia espiritual. Creer

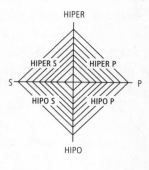

en Dios o en un poder supremo hace que las preocupaciones de uno parezcan menos apremiantes en ese orden de cosas. Otros definen la búsqueda espiritual como encontrar el propósito de la vida. Todo el

---

De la vida real

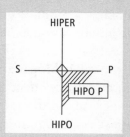

La colitis ulcerativa de Hannah empeoró. Las crisis se habían vuelto más frecuentes y en extremo dolorosas. Hannah no hablaba mucho, rara vez sonreía y parecía haberse cerrado emocionalmente. En una consulta reciente le contó a Stephanie que su enfermedad había empeorado. Stephanie sentía que nunca había llegado a conocerla muy bien. Sabía por la historia clínica que tenía cuarenta y ocho años y que estaba casada. Stephanie estaba segura de estar frente a síntomas de una respuesta al estrés tipo HipoP y le dijo a Hannah que pensaba que llevar un diario le serviría de ayuda. Le aconsejó hacer un registro de cómo se sentía cuando empezaba a experimentar los espasmos en el abdomen. Le comentó que, con el tiempo, podría observar un patrón o una conexión entre lo que pensaba y sentía y el recrudecimiento de su colitis. Verbalizar estos sentimientos podría convertirse en una forma de canalizarlos. Hannah parecía escéptica, pero estuvo de acuerdo en intentarlo.

Algunos meses después, en la revisión anual, Hannah le agradeció afectuosamente a Stephanie su consejo. Llevar un diario la había alejado de su tendencia a reprimir las emociones; al expresarlas en el papel, con el tiempo se fueron desvaneciendo y su colitis estaba bajo control.

mundo quiere aprender a generar más amor, alegría, paz, realización y conexión. Algunos quieren comprometerse con el crecimiento continuo para alcanzar la plenitud de su potencial. La espiritualidad también tiene relación con vivir el momento presente, con una conciencia de cada aspecto de la existencia. La espiritualidad abarca todas estas cosas y más, y no son mutuamente excluyentes, sino que se complementan entre sí.

En esencia, anhelamos tener un norte y ser íntegras. Sabemos que nuestras vidas no son un hecho aislado; estamos conectadas con todo lo que nos antecede y sucede. Si uno tiene un sentido global de dirección, propósito y conexión, tendrá una mayor capacidad para resistir y manejar acontecimientos estresantes que perturben la ecuanimidad y destruyan la salud. Las técnicas de restablecimiento discutidas en este capítulo además de relajarla le darán una conexión a tierra y la centrarán. La meta es experimentar paz, autoconciencia y reflexión seria. La mayoría de nosotras se ocupa de vivir, pensar, organizar y trabajar. Valorar los prodigios de la vida cotidiana la alejará del ritmo caótico que amenaza con agobiarla.

A estas alturas es probable que ya se haya dado cuenta de que **creer se refleja biológicamente en el cuerpo**. Sin importar cuál sea su tipo de estrés, conectarse con una fuerza más grande le brindará alivio. Los pensamientos, sentimientos y esperanzas producen y son producidos por actividades químicas y eléctricas en las células nerviosas del cerebro y eso afecta la totalidad del ser. Creer en Dios, en una fuerza suprema, una realidad más grande o más profunda, o pertenecer a una comunidad que comparte creencias, disminuye la importancia de los problemas y preocupaciones personales que parecen insignificantes en este enorme orden de cosas. La creencia en algo que trasciende la existencia individual eleva el espíritu y lo sustrae a uno de las exigencias cotidianas.

Mientras que la meditación es un monólogo, la oración es una conversación. La oración es una conversación con una fuerza más grande que uno. La oración asume muchas formas: una acción de gracias, una súplica de guía o ayuda, una confesión, una solicitud de perdón y redención, una alabanza, un compromiso profundo, una adoración o una renuncia. Orar significa renunciar a tener el control, darse cuenta de que el poder que se tiene sobre los hechos de la vida es limitado.

Reconocer que uno no está a cargo de todo puede ser una revelación liberadora. La oración, una forma poderosa de reducir el estrés, enaltece y da consuelo en épocas de necesidad y en el diario vivir.

RELIGIÓN, ESPIRITUALIDAD Y MEDICINA

Casi todas las investigaciones demuestran que la participación religiosa y la espiritualidad están asociadas a un mejor estado de salud, a una mayor esperanza de vida, a destrezas para hacerles frente a las cosas, a una mejor calidad de vida relacionada con la salud, a menos ansiedad, depresión y suicidio. Sin embargo, la medicina sigue ignorando las necesidades espirituales de los pacientes.

Creer es algo personal, pero reconocer y apoyar las necesidades espirituales de los pacientes no tiene que ser algo controvertido. Las creencias y prácticas espirituales ayudan a crear un mundo con sentido personal. Esta realidad cobra mucha importancia sobre todo cuando hay que encarar la enfermedad, la discapacidad y la muerte. Esperamos que en el futuro la medicina incorpore el aspecto espiritual de nuestras vidas al sistema.

En el siguiente y último capítulo, *Programa de desintoxicación del estrés para su tipo*, combinaremos nuestras recomendaciones en un programa diseñado específicamente para tipos particulares de respuesta al estrés.

CAPÍTULO NUEVE

PROGRAMA DE DESINTOXICACIÓN DEL ESTRÉS PARA SU TIPO

Ahora que está familiarizada con una amplia gama de opciones para reducir el estrés físico y psicológico, queremos reunirlas todas. Tenemos recomendaciones sobre nutrición, ejercicio y técnicas de restablecimiento que creemos le brindarán el alivio más efectivo para su tipo particular de estrés. Cada tipo de respuesta al estrés tiene sus propios puntos vulnerables. Aunque es imposible eliminar los desafíos y conflictos de la vida, hay muchas áreas que sí se pueden controlar; nuestras sugerencias están diseñadas para ayudarle a hacer eso exactamente. No están escritas en piedra, y usted debe, por supuesto, consultar con su médico antes de poner en práctica cualquiera de nuestras sugerencias.

Trate de no ser demasiado ambiciosa al principio. Es recomendable que no se imponga a sí misma, ni al tiempo del que dispone, exigencias irracionales. Si lo hace, será demasiado fácil regresar a los hábitos anteriores de alimentación inadecuada, muy poco ejercicio y nada de tiempo para restablecerse. Más bien, asuma el programa con calma. Después de familiarizarse con el plan estratégico de alimentación para su tipo de estrés, empiece por hacer un cambio, ya sea recortar poco a poco la cantidad de café que consume, o comerse un desayuno saludable o agregarle más frutas y verduras a la dieta. Una vez que domine la primera meta, continúe con la siguiente. Si no ha hecho nada de ejercicio, comience con la intensidad y la duración más bajas para su tipo. La clave es perseverar y alcanzar los treinta minutos diarios, cuatro o cinco veces semanales. Muchas de las técnicas de restablecimiento exigen solo entre quince y treinta minutos diarios. Es fundamental que deje separada media hora diaria en total para practicar alguna forma de manejo del estrés; si desea, divida ese tiempo en varias sesiones cortas. En cada programa incluimos las exigencias de tiempo para cada tipo de ejercicio y técnica.

Al final del capítulo, le proporcionaremos una hoja de registro para el Programa de desintoxicación del estrés. Si prefiere, cópiela para hacerle un seguimiento a la forma en que incorpora los elementos de este programa en su vida. La lectura de este capítulo le mostrará que en realidad el programa exige poco tiempo. Esperamos que lo empiece sin demoras y que disfrute los beneficios de una forma de aliviar el estrés que tiene bases científicas.

HiperS

Este programa está diseñado para ayudarle a calmarse, pues su cerebro y su sistema nervioso están excitados en forma desmedida. En este caso, la mejor manera de disminuir el estrés es gastar la energía movilizada por los altos niveles de cortisol, por ello, uno de los elementos principales del programa es el ejercicio. Si esa energía no se usa, se almacena como grasa. Una sesión regular de ejercicios al comenzar el día posibilita liberar de manera natural la energía movilizada y calmar la tensión que carga en la mente y el cuerpo. Puede transformar esa sesión en una meditación en movimiento porque su mente también está excitada y vigilante. El ejercicio hará que el cerebro sea más resistente y menos sensible al estrés.

Queremos que también aprenda a relajar la tensión muscular. Recomendamos una serie de técnicas de relajación que serán muy efectivas para usted, en especial la relajación muscular progresiva. Sería recomendable que la practicara al anochecer para relajar la tensión acumulada a lo largo del día. Si sigue el programa descrito en las páginas siguientes, logrará calmar la mente y el cuerpo.

PLAN ESTRATÉGICO DE NUTRICIÓN HiperS

EVITE LA CAFEÍNA

Debe considerar renunciar al café por varias razones: la acidez del café promueve la producción extra de cortisol y la excitación del sistema nervioso simpático, que, en su caso, ya está en extremo activo. Usted ya está lo suficientemente inquieta sin la agitación que genera la cafeína. Si es incapaz de vivir sin esta, más bien tome té, sobre todo té verde y té blanco, pues tienen mucha menos cafeína que el café. La L-teanina del té tiene la ventaja de producir un estado mental alerta, pero a la vez es relajante. El té también es más alcalino que el café. Sin embargo, si sencillamente le es imposible dejar el café, evite tomarse la primera taza antes de haber obtenido los beneficios de un buen desayuno. El café solo no se considera un desayuno. Para evitar los síntomas de abstinencia, deje la cafeína poco a poco, disminuya de cuatro a seis onzas cada tres días la cantidad que se toma.

ALCALINICE EL pH

El equilibrio ácido-base es importante para usted. El estrés oxidativo tiende a ser elevado en los HiperS, por esta razón la acidosis es una afección común en su tipo. Inclusive una acidosis leve incrementa la producción de cortisol, por lo tanto debe balancear la dieta con la inclusión de alimentos que alcalinicen, en cada comida. Revise la tabla en las páginas 159-160 para buscar los alimentos que debe incorporar en las comidas y refrigerios, y los que debe evitar.

AUMENTE EL TRIPTÓFANO Y LA TIROSINA

Para calmar la estimulación desmedida de su sistema nervioso y mejorar el estado de ánimo, es necesario que consuma alimentos que permitan que el triptófano atraviese la barrera sangre-cerebro. El triptófano es fundamental para producir serotonina, el neurotransmisor que equilibra la norepinefrina en el cerebro excitado. Aumentar los niveles de este ayuda a mantener niveles adecuados de serotonina para lograr ese equilibrio. Además, necesita tirosina para producir la norepinefrina que el cerebro excitado utiliza. La tirosina promueve la producción de norepinefrina en las neuronas activas para protegerlas del agotamiento. En la página 166 aparece una lista de alimentos que debe incluir en la dieta.

CONSUMA ALIMENTOS DE BAJO ÍNDICE GLICÉMICO

Es necesario que tenga un suministro regular y constante de glucosa en el cerebro y también que minimice los riesgos asociados a la resistencia a la insulina, la diabetes tipo 2, la obesidad central y las enfermedades cardiacas. Los alimentos con un índice glicémico bajo son los indicados para usted.

Además de la corta lista de índice glicémico de varios alimentos que aparece en la página 166, encontrará muchas fuentes en línea para saber qué tan rápido se convierten diversos alimentos en azúcares.

BUSQUE ESOS ANTIOXIDANTES

El sistema nervioso es capaz de producir una buena cantidad de daño mediado por radicales libres, por lo tanto es necesario contrarrestar este estrés oxidativo con antioxidantes. Como su tipo de estrés está propenso a desarrollar una resistencia a la insulina, que aumenta aún más el estrés oxidativo, es sumamente importante que usted consuma alimentos antioxidantes. Además de las fuentes de antioxidantes que aparecen en la página 171, debe tratar de tomar té blanco, que comparado con otros tipos de té es el que mayores efectos antioxidantes tiene y es bajo en cafeína.

NECESIDADES ESPECIALES DE MICRONUTRIENTES

A menudo los HiperS son susceptibles a resfriados, sinusitis, herpes labial e infecciones de la vejiga. Usted necesita alimentos que contengan vitamina C y zinc para estimular el sistema inmunológico. Debe ingerir, además de un multivitamínico, entre 1000 mg y 3000 mg diarios de vitamina C y entre 10 mg y 30 mg de zinc. En la sección de micronutrientes que empieza en la página 134 encontrará algunas fuentes de vitamina C y de zinc.

SÁLTESE ESA COPITA ANTES DE ACOSTARSE

Le recomendamos limitar la cantidad de alcohol que ingiere. Aunque en principio este tiene un efecto calmante, no es buena idea tomarse más de cinco copas a la semana. Ingerir demasiado alcohol deshidrata y puede alterar el sueño, que en su tipo es ya de por sí problemático.

COMPOSICIÓN Y HORARIO DE LAS COMIDAS

El desayuno debe ser la comida más grande porque la resistencia a la insulina aumenta a lo largo del día; además, usted puede consumir más nutrientes y calorías en la mañana sin tanto riesgo de engordar. Llene el desayuno de alimentos de alta densidad nutricional como huevos, derivados lácteos, frutas, bayas y panes integrales. Si elige comer huevos, prepárelos revueltos con espinacas y tomates, pues estos alcalinizan. La melaza, una base rica en hierro, es magnífica para reemplazar la mermelada o la jalea sobre el pan integral.

Le recomendamos consumir dos comidas pequeñas en el horario habitual del almuerzo y la cena, y dos refrigerios livianos al final de la mañana y en la mitad de la tarde. La ingestión de una comida grande en las mañanas y comidas más pequeñas el resto del día, minimiza los efectos de un estómago irritable en la digestión; y mejor aún, disminuye la probabilidad de aumentar de peso. Las calorías que se consumen en la mañana se metabolizan de manera más eficiente que más tarde en el día cuando se produce más insulina a partir de la misma ingesta calórica.

A usted le conviene tomar kombucha, un té fermentado que se encuentra refrigerado en la sección de alimentos crudos de muchas tiendas de alimentos naturales. La kombucha es una bebida con muy poca cafeína y es rica en probióticos, bacterias que estimulan la inmunidad. La alcalinidad de este té fermentado le ayudará a mantener el equilibrio del pH. No tome demasiada kombucha, más o menos cuatro onzas son suficientes para aprovechar todos sus beneficios. Si se excede, la flora bacteriana que se estimula con cualquier probiótico puede crecer demasiado y provocar distensión abdominal e irritación vaginal.

PLAN DE EJERCICIOS HiperS

El ejercicio es la parte más importante del programa de los HiperS. Como usted tiene una respuesta de luchar o huir activada de manera crónica, el ejercicio es el antídoto natural para su carga alostática. Media hora diaria de ejercicio regular estimulará la producción de serotonina, dopamina, endorfinas y neuropéptidos que protegen las neuronas que participan en el aprendizaje y la memoria. No solo su estado de ánimo mejorará, sino que también evitará el daño cerebral inducido por el estrés. Esto la hará menos susceptible al estrés en el futuro y además protegerá su memoria.

Las metas que tenemos para usted son:

• Utilización de energía
• Reducción del aumento de peso alrededor del abdomen
• Mejorar la sensibilidad a la insulina
• Mejorar el perfil lipídico sanguíneo, el estado de ánimo, la memoria y el sueño

Los niveles elevados de cortisol e insulina que tiene en la mañana hacen que este sea el momento perfecto para hacer ejercicio con regularidad. Como tiende a despertarse lista para la acción y con la mente llena de cosas para hacer, entonces trotar, montar en bicicleta o correr pueden ser para usted una forma de meditación en movimiento. Trate de sudar una vez al día.

El **ejercicio aeróbico** de moderada o alta intensidad es el indicado para usted, según el nivel de acondicionamiento físico que tenga. Cualquier cosa que ponga su corazón a latir funcionará. La caminata rápida, trotar, usar una elíptica o una bicicleta estática o ir a una clase de aeróbicos son solo algunas de las maneras como puede empezar a moverse. Si el horario matutino no le permite hacer ejercicio sino durante unos pocos minutos, le sugerimos saltar la cuerda o correr sin moverse del sitio.

Tiempo: treinta minutos al día, por lo menos cinco veces a la semana.

El **entrenamiento con pesas** o cualquier otro programa aeróbico de entrenamiento de fuerza son apropiados para usted. Las contracciones rítmicas de los grupos musculares grandes estimulan la absorción de glucosa dentro de los músculos y mejoran la utilización de energía y la resistencia a la insulina. El equilibrio en el cuerpo se traslada hacia la oxidación de energía y no hacia el almacenamiento de la misma. Esto le ayudará específicamente a evitar el aumento de peso en la zona del abdomen y le ayudará con el metabolismo general, los niveles de colesterol y el estrés oxidativo.

Tiempo: de quince a veinte minutos, dos a tres veces por semana, no hacerlo en días consecutivos.

Sería aconsejable incorporar algo de **Pilates** en este programa de ejercicio debido a la tendencia del tipo HiperS a ser manzanas. El **Pilates** se enfoca en la fuerza del centro y trabaja los músculos abdominales. Si tiene mucha energía reprimida, quizá sea recomendable practicar *kickboxing* o artes marciales.

Tiempo: de quince a treinta minutos de Pilates de piso, tan a menudo como quiera.

RESTABLECIMIENTO HiperS

El restablecimiento para los HiperS se centrará en cuatro estrategias claves:

- Calmar la mente sobreestimulada
- Relajar los músculos que están demasiado tensos
- Alcanzar niveles de cortisol más bajos
- Restablecer el equilibrio entre el sistema nervioso parasimpático y el simpático

La meta es aumentar la adaptabilidad fisiológica y psicológica. Pruebe técnicas diferentes o una combinación, para encontrar una que funcione bien para usted. Las recomendaciones específicas que damos para su tipo son:

- Utilice el **método** ABCDE (ver capítulo 2) para desmontar patrones de pensamiento y sentimientos negativos o auto-destructivos.
  Tiempo: de diez a quince minutos.

- **Maneje el tiempo** mediante el establecimiento de prioridades y aprendiendo a decir no. No se deje agobiar por la lista de cosas por hacer.
  Tiempo: cinco minutos.

- La **respiración diafragmática** puede serle útil en las noches como preparación para dormir, o a cualquier hora del día en la que sienta que su nivel de estrés aumenta.
  Tiempo: de tres a cinco minutos varias veces al día.

- Practique **meditación de conciencia plena** al despertar en las mañanas o antes de cenar. Como los HiperS tienden a te-ner "mentes de mono" muy activas, esta práctica la hará tomar conciencia de los pensamientos agitados que cruzan su mente constantemente. La meditación de conciencia plena la alejará de la presión interna que ejerce sobre sí misma.
  Tiempo: aumente el tiempo en forma gradual hasta llegar a dos sesiones diarias de veinte minutos, preferiblemente antes del desayuno y de la cena.

- La **relajación muscular progresiva** le ayuda a mitigar la ten-sión característica que usted, como HiperS, carga en el cuerpo, sobre todo en los músculos faciales. Si quiere evitar tener arrugas en la frente, en el entrecejo o en otros sitios, aprenda a detectar con cuidado la tensión en su rostro y a relajar esos músculos. Es aconsejable hacerla al final de la tarde para aflojar la tensión del día.
  Tiempo: cinco minutos, tres veces al día.

- **Llevar un diario** ayuda a darles salida a sus ansiedades y ob-sesiones. Deje separado un momento específico del día para escribir acerca de lo que la perturba. Este ritual despeja las preocupaciones de su mente y evita que siga obsesionándose con cosas. Mantenga además un cuaderno junto a la cama; si despierta en la noche rumiando cosas que la alteran, escríbalas. Organizar los pensamientos para plasmarlos por escrito puede hacerlos menos molestos.

Tiempo: de diez a quince minutos.

- El **masaje de tejido muscular profundo** libera nudos y tensiones en el cuerpo. El contacto estimula la producción de oxitocina y la subsiguiente cascada de neurotransmisores del bienestar.
  Tiempo: de veinte a treinta minutos.

- La **aromaterapia** y la **reflexología** la tranquilizarán mucho. Masajearse los pies con aceite de lavanda antes de acostarse también estimula el circuito de oxitocina. La lavanda estimula el sistema nervioso parasimpático, esto equilibrará la hiperactividad del sistema nervioso simpático. La lavanda también aumenta la evacuación de especies reactivas de radicales libres de oxígeno (ERO) y con ello disminuye el estrés oxidativo.
  Tiempo: de diez a treinta minutos.

- El **tai chi** resulta provechoso para su tipo porque los movimientos de las artes marciales ayudan a controlar la energía.
  Tiempo: de veinte a cuarenta minutos.

- La **oración** o el reconocimiento de un poder superior le reforzará la idea de que usted no es la responsable de todo y de que hay muchas cosas que no puede controlar.
  Tiempo: sin límite.

HipoS

Hay una triada de síntomas asociada a su tipo de estrés: fatiga, dolor y sensibilidad al estrés. El programa que le ofrecemos está diseñado para sincronizar y aumentar los niveles de cortisol. Esto equilibrará el desenfreno del sistema nervioso simpático, aumentará la resistencia al estrés y disminuirá su sensibilidad a este, y calmará la actividad desmesurada del sistema inmune.

La nutrición y el restablecimiento son dos partes igualmente importantes del programa. Las estrategias nutricionales del programa le mostrarán cómo corregir la liberación lenta de cortisol mediante la programación del horario y contenido de las comidas. Las técnicas de restablecimiento fortalecerán los circuitos cerebrales que modulan su intensa respuesta al estrés.

Uno de los tantos roles del cortisol es mantener el sistema inmunológico bajo control. Cuando está estresada, los niveles de cortisol bajan y la actividad del sistema inmune se desenfrena, esto produce inflamación, dolor y enfermedad. Consumir alimentos antiinflamatorios, sobre todo omega-3, y prestarles mucha atención a los niveles de vitamina D ayuda a refrenar el comportamiento agresivo del sistema inmune. El calcio, el folato y la vitamina B12 también son importantes para usted.

Su punto más vulnerable es la excesiva sensibilidad al estrés. Es posible controlar la excitabilidad exagerada de su respuesta al estrés si anticipa y maneja situaciones potencialmente estresantes. Vivir de una manera organizada y estructurada puede evitarle una buena cantidad de estrés. Las técnicas de restablecimiento que promueven el equilibrio entre el sistema nervioso parasimpático y el simpático la harán más adaptable y más resistente al estrés. Con el tiempo, nuestro programa la revitalizará y le devolverá la alegría de vivir.

PLAN ESTRATÉGICO DE NUTRICIÓN HipoS

ESTIMULE LA PRODUCCIÓN DE ENDORFINAS

Como los HipoS con frecuencia deben luchar contra el dolor crónico, es recomendable estimular el cerebro para que produzca más endorfinas. Los alimentos más efectivos para esto son aquellos que son dulces y cremosos: comerse un trocito de chocolate oscuro (70 por ciento de cacao) atenúa el dolor en alguna medida.

CONSUMA MÁS ALIMENTOS QUE CONTENGAN TIROSINA Y TRIPTÓFANO

Como el sistema nervioso simpático y el cerebro se activan con facilidad en su caso, necesita tirosina y triptófano para producir serotonina y dopamina, neurotransmisores que ayudan a equilibrarla. Esta es una buena razón para consumir proteínas en cada comida, pero recuerde incluir también carbohidratos complejos para que el triptófano pueda atravesar la barrera sangre-cerebro. En las páginas 162-164 aparecen unas listas de las fuentes de tirosina y triptófano.

CONSUMA ALIMENTOS DE BAJO ÍNDICE GLICÉMICO

Su sistema nervioso simpático activado favorece la resistencia a la insulina. A pesar de que no hay una elevación del nivel de cortisol, como en el caso de los HiperS, su sistema nervioso está muy excitado y necesita la energía constante y fija que este tipo de dietas proporciona. Usted no tolera la hipoglicemia reactiva. Si se asegura de evitar alimentos con un alto índice glicémico, podrá disminuir el riesgo de sufrir resistencia a la insulina y enfermedades que podrían aparecer como diabetes tipo 2, enfermedades cardiacas y obesidad. En la página 166 encontrará una lista del índice glicémico de varios alimentos. Si quiere una lista más amplia, y que incluya marcas, busque en Internet, en donde hay muchas listas completas disponibles.

NO OLVIDE LOS ANTIOXIDANTES

La actividad desmedida del sistema nervioso y del sistema inmunológico pueden ocasionar daño mediado por radicales libres. Necesitará antioxidantes para contrarrestar este estrés oxidativo. Como los HipoS tienden a desarrollar resistencia a la insulina, será necesario que consuma alimentos ricos en antioxidantes porque estos tienen efectos sensibilizantes a la insulina. En las páginas 171-172 encontrará una lista de este tipo de alimentos.

LOS ALIMENTOS ANTIINFLAMATORIOS SON ESPECIALMENTE IMPORTANTES

Su sistema inmune tiende a trabajar horas extras y puede dañar órganos. Las mujeres con una respuesta HipoS al estrés son proclives a sufrir alergias, asma y síndrome de colon irritable. Combata esta proclividad consumiendo alimentos antiinflamatorios que son ricos en ácidos grasos omega-3, como pescado, aceite de oliva y nueces de Castilla. Sería conveniente que comiera al desayuno huevos de gallinas de campo y tostadas de pan integral, esto le brindará una buena fuente de omega-3 en las mañanas.

NECESIDADES ESPECIALES DE MICRONUTRIENTES

Debe tomar un multivitamínico que contenga todos los suplementos enumerados en la sección de *Protección micronutricional,* que empieza en la página 134. También debe considerar adicionarle a la dieta un suplemento de vitamina D3 (la dosis depende de la exposición solar) por su acción preventiva contra las enfermedades autoinmunes. Los HipoS con problemas de colon irritable pueden tener una necesidad especial de vitaminas liposolubles como la A (de 700 UI a máximo 3000 UI) y la E (de 15 mg -1000 mg) porque quizá no están absorbiendo estos nutrientes de los alimentos.

COMPOSICIÓN Y HORARIO DE LAS COMIDAS

El horario en que come es muy importante porque su ritmo de cortisol está debilitado. Si establece la rutina de hacer cada comida a la misma hora todos los días, contribuye a sincronizarlo. Debe comer más o menos a las horas convencionales, pero es esencial que establezca un horario que funcione para usted. Una dieta rica en fibra, proveniente de frutas y verduras, es particularmente importante para su tipo. Esto le ayudará a mantener una función bacteriana apropiada para su colon sensible y satisfará la necesidad de alimentos de bajo índice glicémico. El repollo y la remolacha crudos le harán mucho bien para esto, al igual que mantenerse bien hidratada.

Como la falta de energía en las mañanas a veces es un problema para usted, una tacita de café le caerá bien de vez en cuando para ponerse en marcha. Debe usar el café solo ocasionalmente cuando necesite un estímulo extra para arrancar. Su sistema nervioso simpático activado no necesita recibir la estimulación extra del café todos los días. En lugar de esto, debe tomar té blanco o té verde que contienen menos cafeína, son alcalinos y tranquilizantes (ver páginas 159-160).

El almuerzo está asociado al mayor aumento de cortisol en el día. Dado que en los HipoS es necesario estimular la producción de esta hormona, hacer la comida principal al mediodía potencia ese incremento de cortisol. Si consume un almuerzo cargado de carbohidratos, corre el riesgo de sufrir un colapso apenas termine. Le recomendamos una comida rica en proteínas y carbohidratos complejos. Un almuerzo ideal para usted sería una ensalada de verduras mixtas y rúgula con una vinagreta a base de cítricos, pescado o pollo asado y verduras. Esta combinación de alimentos es perfecta porque le proporciona los aminoácidos, los ácidos grasos esenciales y los antioxidantes que usted necesita. El desayuno y la cena deben ser comidas más pequeñas que el almuerzo, pero es importante conservar los nutrientes balanceados a lo largo del día. Los refrigerios no son fundamentales para su tipo, siempre y cuando el horario de comidas sea estable.

EJERCICIO HipoS

El ejercicio le ayudará con los achaques y dolores y disminuirá la sensibilidad del cerebro al estrés. Aunque quizá se sienta demasiado cansada y tenga poca energía o nada, el ejercicio mejorará de manera radical su vitalidad y disminuirá el dolor. Tal vez sea difícil para usted moverse en las mañanas, pero hacer ejercicio todos los días a la misma hora le ayudará a reorganizar sus ritmos biológicos. Sería aconsejable hacerlo en un lugar en donde esté expuesta a la luz natural del día, o al menos cerca a una ventana, si es posible.

No esperamos que entrene para una maratón o que empiece a boxear. Lo más importante es que sea constante. Comience despacio, después de que sea capaz de hacer treinta minutos de ejercicio por lo menos tres veces a la semana, aumente la intensidad de manera gradual. Debe empezar lentamente e ir aumentando en forma paulatina la duración e intensidad de las rutinas. Con el movimiento su mejoría será tal que esperará con ansias la hora en que tiene programado el ejercicio. Nuestras metas incluyen:

- Modificar los biorritmos
- Disminuir el dolor y aumentar la energía
- Elevar los niveles de energía
- Mejorar el estado de ánimo y hacer que el cerebro sea menos sensible al estrés
- Estimular los circuitos de oxitocina

REDUCIR EL DOLOR Y AUMENTAR LA ENERGÍA

Los movimientos rítmicos, suaves y de bajo impacto son apropiados para las personas HipoS. Los estiramientos deben formar parte de la rutina diaria, ya que mantener el cuerpo ágil ayuda a atenuar el dolor muscular. Quizá le agrade montar en bicicleta, tomar una clase de hidroaeróbicos, de bailes de salón o de hatha yoga. El hecho es que mientras más energía gaste, más energía tendrá, siempre y cuando no se sobrepase. El mayor obstáculo es simplemente empezar. Una vez que lo haga, será una persona diferente; se le olvidará lo floja que se sentía cuando era una haragana. Recuerde que aquellas personas que tienen un acondicionamiento físico y psicológico bajo son las que más rápido disfrutan los resultados y las que más se benefician con el ejercicio.

MEJORAR EL ESTADO DE ÁNIMO Y LA MEMORIA

La actividad aeróbica regular estimula la producción de endorfinas, serotonina y dopamina; todas ellas la harán sentir mejor. Aunque sus niveles de cortisol son más bajos que los del tipo HiperS, de todas maneras usted tiene un sistema nervioso simpático excitado que necesita manejo. El ejercicio rutinario la protegerá de la hiperactividad recurrente del sistema nervioso simpático y prevendrá o reversará el daño a la memoria y al estado de ánimo causado por el estrés crónico.

CUIDAR Y ENTABLAR AMISTADES

Como la socialización es tan importante en las mujeres para prevenir y manejar la carga alostática, a usted le convendría una rutina regular de caminatas con una amiga. Si su nivel de acondicionamiento físico lo permite, quizá pueda tomar una clase de Pilates o de aeróbicos de bajo impacto con un grupo de amigas.

RESTABLECIMIENTO HipoS

El restablecimiento para los HipoS gira alrededor de cuatro estrategias claves:

- Reducir o eliminar el dolor crónico
- Aumentar los niveles de energía
- Mejorar la función inmune
- Aumentar la respuesta parasimpática y fortalecer el freno vagal

Nuestra meta para su tipo es ayudarle a manejar los síntomas debilitantes. Elija las técnicas que le resulten más atractivas de la lista que le damos a continuación. Primero domine una y luego pruebe otra. Nuestras recomendaciones específicas son:

- Utilice la **terapia cognitiva** y el **modelo** ABCDE para reconocer patrones negativos de pensamiento.
Tiempo: de diez a quince minutos.

- La **respiración diafragmática** puede hacerse varias veces al día. La respiración profunda le dará energía tranquilizante.
Tiempo: tres minutos, varias veces al día.

- La **aromaterapia** es muy relajante. La lavanda aumenta la actividad parasimpática y el romero trae beneficios inmunológicos.
  Tiempo: de quince a treinta minutos.

- La **meditación con mantras** y poner la mente en blanco la liberan de pensamientos desgastadores y le suministran energía fresca.
  Tiempo: aumente en forma gradual hasta llegar a veinte minutos antes del desayuno y veinte antes de la cena.

- El calor y la pesadez empleados en el **entrenamiento autógeno** puede mitigar el dolor muscular.
  Tiempo: de diez a cuarenta minutos, dos veces al día.

- El **masaje Shiatsu y la reflexología** trabajan con puntos de presión y con el flujo de la energía corporal, y le ayudan a soltar todo el cuerpo.
  Tiempo: de veinte a treinta minutos.

- La **biorretroalimentación** es muy provechosa para las personas de su tipo porque necesitan controlar el sistema nervioso simpático. Tendrá que concentrarse en la variabilidad de la frecuencia cardiaca para mejorar el freno vagal.
  Tiempo: veinte minutos.

- El **qigong** le ayuda a centrarse y a calmar la mente.
  Tiempo: veinte minutos.

- La oración la llevará por fuera de sí misma y la ayudará a trascender el dolor y la fatiga.
  Tiempo: sin límite.

HipoP

La respuesta extrema al estrés que usted tiene le dificulta muchísimo efectuar cambios en su vida. Cuando está estresada se agobia y se retrae sobremanera, pero con cambios graduales podrá volverse a conectar con el mundo. El programa que le ofrecemos está diseñado para aumentar la conexión cuerpo–mente, mejorar la percepción de sí misma y traerla de nuevo a la vida.

En su caso, la parte más importante del programa es el restablecimiento. Llevar un diario le ayudará a conectarse con sus sensaciones tanto físicas como emocionales. Si es incapaz de expresar lo que siente, su estrés se intensificará y usted se transformará en espectadora de su propia vida. Su meta es aumentar los vínculos con el mundo y generar una sensación de control.

Aunque el agotamiento profundo tal vez le impide hacer ejercicio, le sugerimos que se comprometa a ejecutar periodos cortos de actividad física todos los días. Al principio, la tolerancia será muy baja, pero no se desanime. Simplemente mueva el cuerpo de manera muy leve. Intente caminar al aire libre cinco minutos al día. Estar afuera en el mundo, bajo la luz natural, le ayudará a conectarse de nuevo. Sus biorritmos están alterados gravemente; un horario fijo de comidas, la exposición a la luz y la actividad física le ayudarán a levantar y a sincronizar sus sistemas desanimados y a restablecer el equilibrio corporal.

PLAN ESTRATÉGICO DE NUTRICIÓN HipoP

ALIMENTOS DE FÁCIL DIGESTIÓN

Muchos HipoP tienen problemas de colon irritable que deben ser tenidos en cuenta a la hora de elegir los alimentos. Los alimentos que consuma deben favorecer la función digestiva. Le recomendamos comer alimentos ricos en fibra como frutas y granos enteros que no distiendan el estómago; las verduras crudas y los productos lácteos pueden ocasionarle problemas gastrointestinales, así que considere las verduras cocidas y la leche o el yogur de oveja como alternativas. Los probióticos servirán para promover una excelente función intestinal. Tomar kombucha, un té fermentado, le suministrará cultivos de bacterias saludables para favorecer un ambiente gastrointestinal óptimo, solo recuerde no beber más de cuatro onzas cada vez.

ALIMENTOS ANTIINFLAMATORIOS

La baja producción de cortisol y la actividad desmedida del sistema inmune hacen que su necesidad de alimentos antiinflamatorios sea mayor. Los alimentos ricos en omega-3 como el aceite de oliva, el salmón y las nueces de Castilla le ayudarán a calmar la inflamación; remítase a la página 168 para ver una lista más completa de esta clase de alimentos. Los alimentos que contienen antioxidantes, enumerados en las páginas 171-172, también son antiinflamatorios. La piña es antiinflamatoria y es un buen tentempié.

NECESIDADES ESPECIALES DE MICRONUTRIENTES

Es aconsejable que tome un multivitamínico con todos los suplementos enumerados en la sección de *Protección micronutricional,* que comienza en la página 134. La vitamina D3 (la dosis depende de la exposición al sol) es particularmente importante para usted porque previene la colitis ulcerativa y la enfermedad de Crohn. Debe tomar las siguientes vitaminas liposolubles: vitamina A (de 700 UI a máximo 3000 UI) y la E (de 15 mg -1000 mg), porque quizá no está absorbiendo estos nutrientes de los alimentos.

COMPOSICIÓN Y HORARIO DE LAS COMIDAS

Como los HipoP tienen una curva lenta de cortisol a lo largo del día, necesitan sincronizar el ritmo circadiano con un horario específico de comidas. Le sugerimos que haga las comidas a las horas convencionales. El almuerzo debe ser la comida más grande para aumentar la liberación de cortisol a esa hora, debe estar compuesto de proteínas y carbohidratos complejos. Un emparedado de pavo y pan integral y una guarnición de fruta es un almuerzo apropiado para usted. No es muy aconsejable que se salte comidas porque su cuerpo, ya de por sí, está luchando con ritmos desorganizados. Para los HipoP, la sincronización es muy importante para fomentar patrones saludables de sueño, temperatura corporal, presión arterial, producción de hormonas, digestión y actividad inmune. No tiene que preocuparse mucho por el índice o la carga glicémica porque el sistema parasimpático, que es el dominante en su caso, es sensibilizante a la insulina. Eso no significa que deba comer alimentos procesados, hechos con harina blanca y azúcar, pues son muy poco nutritivos. Debe enfocarse en carbohidratos que provengan de fuentes de alimentos sin procesar como cereales integrales, frutas y bayas. Su sistema, por estar suspendido, necesita soporte nutricional. Usted puede necesitar más carbohidratos que los otros tres tipos para producir energía.

Un cereal integral, ya sea avena o una mezcla de granos, es una buena opción para el desayuno. Evite variedades rápidas o instantáneas de avena porque carecen de nutrientes, también evite para el desayuno cereales que contengan conservantes y endulzantes. Puede tomar café si no le produce espasmos intestinales. El té verde o el blanco son una mejor opción porque tienen propiedades alcalinas y antioxidantes.

EJERCICIO HipoP

Los HipoP deben empezar a hacer ejercicio a partir de un nivel muy bajo y sería preferible que lo hicieran bajo luz solar natural. Es importante que usted haga ejercicio a la misma hora todos los días para organizar sus ritmos biológicos, así regula la producción de cortisol y sincroniza su sistema.

Las metas de ejercicio que tenemos para el tipo HipoP son:

• Sincronizar los ritmos biológicos
• Ayudarle a comprometerse y a participar en el mundo que lo rodea
• Mejorar la fuerza, la resistencia y la flexibilidad en forma gradual

Como los HipoP tienden a tener la energía muy baja, usted debe hacer el ejercicio en forma progresiva. No espere correr cinco kilómetros en una banda sinfín o hacer veinte minutos en una escaladora. Comience con caminatas diarias de cinco minutos y aumente también el tiempo en que se mueve por el mundo disfrutando la naturaleza y las vueltas y revueltas de las personas a su alrededor. El ejercicio rutinario a la luz natural del día le ayudará a sincronizar sus biorritmos. Hay muchos programas maravillosos disponibles en DVD que traen series de veinte minutos de estiramientos para las mañanas y tardes; trabaje los brazos con pesas de dos libras mientras ve televisión. Hay muchísimas cosas agradables que puede hacer para moverse más, incluso irse a ver vitrinas de un extremo al otro de un centro comercial. No se presione demasiado; debe avanzar en forma lenta y constante. En cuestión de semanas, el ejercicio se habrá convertido en un hábito. Se dará cuenta de que tiene más energía y una actitud más optimista.

RESTABLECIMIENTO HipoP

El restablecimiento es prioritario para usted. Como los circuitos hormonales, inmunológicos y neurológicos de los HipoP están seriamente desequilibrados, nuestra recomendación sobre las técnicas de restablecimiento están dirigidas a mejorar la comunicación entre la mente y el cuerpo. Una mayor conexión con su cuerpo se reflejará en la forma en que usted responde y funciona en el mundo.

A continuación encontrará una lista de técnicas de restablecimiento efectivas para su tipo. Simplemente elija una que le atraiga y experimente con otras cuando esté lista. Las recomendaciones específicas que le damos son:

- El **método** ABCDE (ver capítulo 2) que desmonta reacciones automáticas y pensamientos desacertados que conducen a emociones negativas, puede servirle para comprender que su percepción de los hechos quizá es distorsionada.
  Tiempo: de quince a treinta minutos.

- La **respiración diafragmática** puede hacerse varias veces al día. Le dará energía tranquilizante.

Tiempo: cinco minutos, tres veces al día.

- **Llevar un diario** es muy importante para usted. Registrar lo que experimenta cada día la hace consciente de la forma en que están interconectados sus pensamientos, sentimientos y cuerpo. **Tiempo:** cuarenta y cinco minutos, todos los días.

- El **entrenamiento autógeno** aumenta la actividad del sistema nervioso simpático; el calor y la pesadez generados a partir de esta práctica serán reconfortantes. **Tiempo:** de diez a cuarenta minutos, dos veces al día.

- La **aromaterapia** con lavanda o romero mejora el sistema inmune y mitiga el cansancio. **Tiempo:** de quince a treinta minutos.

- El **masaje Shiatsu** contribuye a restablecer el equilibrio alterado y a sincronizar los sistemas al enfocarse en puntos de los meridianos de acupresión. **Tiempo:** veinte minutos.

- El **masaje sueco** mejora la circulación en los músculos y las articulaciones dolorosas. **Tiempo:** de treinta a cincuenta minutos.

- La **biorretroalimentación** puede traerle muchos beneficios. Aprender a identificar las señales que el cuerpo le envía ayuda a equilibrar el sistema nervioso autónomo y esto a su vez mejora el tono simpático. El aprendizaje de la biorretroalimentación puede darle una sensación de control sobre el cuerpo, necesaria para manejar su respuesta extrema al estrés. **Tiempo:** de veinte a cuarenta y cinco minutos.

- La **oración** la conecta con una fuerza superior a usted, la saca fuera de sí misma y le da una noción de su lugar en el universo. **Tiempo:** sin límite

HiperP

Su programa es doble porque debe aprender a evitar los colapsos y también a restablecerse después de sufrirlos. Para alguien que desempeña tan bien múltiples tareas a la vez, los colapsos periódicos y la incapacidad para funcionar son un mensaje muy urgente del cuerpo. Usted está tan concentrada en equilibrar tantas cosas en su vida que pierde de vista lo que el estrés de tantas ocupaciones le hace en la mente y el cuerpo.

No importa la apariencia externa de otras mujeres, tenga plena certeza de que en el mundo real no existe la mujer maravilla. Para aliviar el estrés revise la idea de lo que debe hacer y lograr y establezca prioridades de una manera que la proteja. La parte preventiva del programa está relacionada con el manejo del tiempo. Debe resistirse a comprometer el tiempo y la energía más de la cuenta. Aprenda a decir no, y evite convertir en una prioridad todo el contenido de su lista de cosas pendientes.

En los momentos en que el estrés la aniquile, se recuperará más rápido si se consiente a sí misma. Música suave, un baño de lujo con aceites aromatizados, un masaje de reflexología o de otro tipo la restablecerán. Si se halla en un estado de agotamiento total, debe abstenerse de hacer ejercicio durante un día o dos para dejar que el cuerpo se relaje y vuelva a equilibrarse. Es esencial para usted reservar tiempo cada día para restablecerse, así sean solo veinte minutos. Esta pequeña inversión diaria de tiempo le evitará quedarse incapacitada un día o dos. Necesita ejercicio vigoroso para balancear la energía que su respuesta al estrés moviliza antes de tener un colapso. Como es propensa a sufrir resfriados e influenza, especialmente cuando se derrumba, debe incluir en la dieta alimentos y suplementos que estimulen la inmunidad.

PLAN ESTRATÉGICO DE NUTRICIÓN HiperP

RECARGA DE TIROSINA

Usted tiene tendencia a derrumbarse porque la norepinefrina se le agota. Es necesario que recargue su dieta con muchas fuentes de tirosina.

Encontrará una lista en las páginas 162–164. Le recomendamos empezar el día con huevos y yogur. La mayoría de las bebidas alcohólicas contienen tirosina, así que, si desea relajarse en las noches, es recomendable que se tome una copita de cualquier cosa. La tirosina se encuentra en la cerveza, el vino (sobre todo en el oporto y el Chianti), el vermut y los licores destilados.

FORTALECER LA INMUNIDAD

Su sistema inmune está en peligro por la elevación de los niveles de cortisol. Durante el estado temporal de colapso, la energía baja tanto que es probable que usted se enferme. Además de tomar un multivitamínico, cerciórese de que en su alimentación haya buenas fuentes de vitamina C y de zinc para ayudar a fortalecer la respuesta inmune. Para este propósito necesitará también antioxidantes. Encontrará una lista de alimentos que son fuente de estas vitaminas y minerales en la sección de *Protección micronutricional,* a partir de la página 134.

COMPOSICIÓN Y HORARIO DE LAS COMIDAS

Una tacita de café en las mañanas le dará energía y la pondrá más alerta; sin embargo, puede agravar la sensibilidad de su estómago que obedece a la dominancia del sistema nervioso parasimpático durante este periodo. No tome café después del mediodía porque probablemente le alterará el sueño y usted debe dormir para restablecerse.

Simplifique las comidas porque necesita tiempo para descansar y recuperar energía. En vez de tres comidas grandes, ingiera a lo largo del día comidas pequeñas y bocadillos cuando sienta hambre, así mantendrá un nivel constante de energía. Las granolas con nueces, endulzadas con un poco de azúcar o miel, son un buen refrigerio en su caso; inclusive puede comerse como postre una bola de helado porque este estimula la energía y tiene efectos calmantes.

EJERCICIO HiperP

Como los HiperP se encuentran en un estado transitorio de agotamiento mental y cerebral que requiere reabastecer los niveles de norepinefrina en el cerebro, le aconsejamos que se abstenga de hacer ejercicio por lo menos uno o dos días, mientras se recupera. La última cosa que debe hacer es forzarse a sí misma, pues fue eso precisamente lo que la llevó a este estado. Una caminata sin prisa bajo el sol o un paseo en bicicleta son suficientes. Considere hacer algunos ejercicios de estiramiento o posiciones de hatha yoga. Oír música alegre mientras hace un ejercicio suave tendrá un efecto benéfico sobre su cerebro agotado.

En los momentos en que no esté pasando por un colapso, deberá hacer ejercicio como un HiperS. Necesita hacer ejercicio con regularidad para evitar el agotamiento que la lleva a sufrir crisis.

RESTABLECIMIENTO HiperP

Las pautas de restablecimiento para este estado pasajero de agotamiento se enfocan en la restitución de la energía, el equilibrio y la vitalidad. A pesar de que la energía ha desaparecido casi por completo, las técnicas de restablecimiento que sugerimos deben ser placenteras. Estas son las recomendaciones específicas para su tipo:

- La **respiración diafragmática** al despertar la ayudará a empezar el día en equilibrio autónomo.
  Tiempo: tres minutos, varias veces al día mientras se recupera.

- El **masaje sueco** es estimulante y hará que su sangre fluya de nuevo.
  Tiempo: de treinta a cincuenta minutos.

- Los movimientos controlados del **tai chi** le ayudan a energizar el cuerpo otra vez.
  Tiempo: veinte minutos.

- **Consiéntase**, pase un día en un spa o dese un día de spa en casa, hágase una manicura y una pedicura, o váyase de compras y gaste un poco de dinero. Necesita un día para concentrarse en sí misma y revitalizarse.
  Tiempo: por lo menos veinte minutos el día antes de sufrir un colapso, y un día completo después de sufrirlo.

- La **oración** puede levantarle el espíritu y devolverle la luz a su vida.
  Tiempo: sin límite.

Programa HiperS

NUTRICIÓN ESTRATÉGICA

- Evitar la cafeína
- El desayuno es la comida más grande
- Alcalinizar el pH
- Aumentar el triptófano y la tirosina
- Alimentos de bajo índice glicémico
- Alimentos ricos en antioxidantes
- Nutrientes que estimulen el sistema inmune, vitamina C y zinc
- Probióticos, preferiblemente en alimentos integrales y no en suplementos
- Minimizar el consumo de alcohol

EJERCICIO

- Hacer ejercicio en las mañanas
- Al menos treinta minutos diarios de ejercicio
- Tratar de sudar una vez al día
- Ejercicio aeróbico de mediana a alta intensidad
- Entrenamiento con pesas
- Pilates

TÉCNICAS DE RESTABLECIMIENTO

- Método ABCDE
- Llevar un registro del tiempo
- Respiración diafragmática
- Meditación de conciencia plena
- Relajación muscular progresiva
- Llevar un diario
- Masaje de tejido muscular profundo
- Aromaterapia
- Tai chi
- Orar

Programa HipoS

NUTRICIÓN ESTRATÉGICA

- La comida principal es un almuerzo balanceado, compuesto de proteínas y carbohidratos complejos
- Horario fijo de comidas todos los días
- Ingerir alimentos que favorezcan la producción de endorfinas
- Consumir más alimentos que contengan tirosina y triptófano
- Bajo índice glicémico
- Antioxidantes
- Antiinflamatorios
- Consumir vitaminas D3, A y E

EJERCICIO

- Hacer ejercicio a la misma hora todos los días
- Tratar de hacer ejercicio bajo la luz natural o cerca de una ventana
- Empezar despacio y aumentar en forma gradual.
- Stretching
- Mejor hacer ejercicio rítmico, suave y de bajo impacto
- Caminar con una mascota o una amiga
- Montar en bicicleta
- Hidroaeróbicos
- Hatha yoga
- Bailes de salón
- Pilates
- Tai chi

RESTABLECIMIENTO

- Terapia cognitiva
- Modelo ABCDE
- Respiración diafragmática
- Aromaterapia
- Meditación con mantras
- Entrenamiento autógeno
- Masaje Shiatsu
- Reflexología
- Orar
- Yoga

Programa HipoP

NUTRICIÓN ESTRATÉGICA

- Cafeína en las mañanas
- La comida más grande es el almuerzo
- Horario fijo de comidas todos los días
- Consumir alimentos de fácil digestión, evitar verduras crudas y lácteos
- El índice glicémico no es tan importante
- Probióticos

EJERCICIO

- A la misma hora todos los días
- Empezar con una caminata diaria de cinco minutos y aumentar el tiempo de manera gradual
- Estiramiento suave

RESTABLECIMIENTO

- Método ABCDE
- Respiración diafragmática
- Llevar un diario
- Meditación con mantras
- Entrenamiento autógeno
- Aromaterapia
- Biorretroalimentación
- Masaje Shiatsu
- Masaje sueco
- Orar
- Yoga

Programa HiperP

NUTRICIÓN ESTRATÉGICA

- Cafeína en las mañanas
- Nada de cafeína en las tardes
- Comidas y refrigerios pequeños a lo largo del día
- Recarga de tirosina
- Antioxidantes

EJERCICIO

- Caminar sin prisa
- Pasear en bicicleta
- Estiramiento suave
- Hatha yoga
- Hacer ejercicio con música

RESTABLECIMIENTO

- Respiración diafragmática
- Masaje sueco
- Tai chi
- Consentirse a sí misma
- Orar

Preparamos esta hoja de registro para que usted lleve un seguimiento de los esfuerzos que hace por cambiar su vida y por recuperar el equilibrio, la calma y la alegría. Sáquele copias a esta página y manténgalas en un lugar visible para recordar su compromiso, darse ánimos y medir los beneficios de seguir el Programa de desintoxicación del estrés.

Registro del programa de desintoxicación del estrés			
Hora del día	Alimentos consumidos	Verduras y frutas consumidas	Comentarios/ Sensaciones

Agua ○○○○○○○○
Cruce cada círculo con una raya por cada vaso de ocho onzas que consuma.

Hora del día	Actividad física	Duración/Intensidad	Comentarios/ Sensaciones antes y después

Hora del día	Restablecimiento	Duración	Comentarios/ Sensaciones antes y después

EPÍLOGO

Esperamos que *¡Qué estrés!* la haya inspirado a llevar a cabo cambios en su forma de vida para reducir el estrés, ese que atormenta a nuestras pacientes, amigas y parientes. Usted tiene la capacidad de manejar su reacción ante circunstancias estresantes, de volverse más adaptable y de hacer que su cuerpo sea resistente al estrés. No le hemos dado soluciones simplistas, que dejan de funcionar a largo plazo. Le hemos dado, hasta donde llega nuestro saber, las recomendaciones más efectivas para su tipo de estrés, con base en nuestra experiencia clínica y en las investigaciones científicas más recientes disponibles; además, un programa flexible que no tiene exigencias del otro mundo, sino que se puede incorporar en la vida diaria. Recuerde, si uno está bajo mucho estrés es humano caer de nuevo en viejos hábitos; sin embargo, también queremos que tenga presente que es precisamente ahí cuando más necesita protegerse a sí misma. Sienta cuándo empieza a inclinarse en esa dirección, y esfuércese al máximo por corregir su disposición mental y comportamiento. Si por cualquier motivo abandona el plan de estrés, simplemente retómelo donde lo dejó.

Estamos ansiosas por conocer sus comentarios sobre los efectos del Programa de desintoxicación del estrés. Esperamos que se comunique con nosotras en nuestra página web *www.sostressedonline.com*. Así como algunas pacientes nos ayudaron con el libro, estamos deseosas de que comparta con nosotras qué cosas le dan resultados para aliviar el estrés. En nuestro sitio web le brindaremos más información, consejos y motivación para animarla a que haga todo lo que pueda para restablecer el equilibrio, la energía y la alegría.

Motivadas por lo que observamos en la práctica diaria y por nuestro aprendizaje sobre el manejo del estrés, estamos en el proceso de ampliar el trabajo que iniciamos con *¡Qué estrés!,* con el establecimiento de un centro para el manejo del estrés, una extensión de nuestra práctica actual.

Nuestro mayor deseo es que haya terminado este libro con un espíritu de esperanza y confianza. Queremos que se comprometa a adoptar las técnicas de alimentación, ejercicio y restablecimiento que sugerimos, y que asuma el control de su respuesta al estrés.

BIBLIOGRAFÍA SELECCIONADA

Como este no es un libro académico, no pusimos notas de pie de página para cada capítulo. En lugar de esto enumeramos las fuentes que consideramos fueron las más valiosas para nosotras durante esta investigación.

Capítulo 2: Psicología del estrés

Aspinwell, L. G., and S. E. Taylor. "A Stitch in Time: Self-Regulation and Proactive Coping". *Psychological Bulletin* 121 (1997): 417-36.

Bergeron, Louis. "Suppression As a Coping Mechanism Increased Stress", *Stamford News Service*. March 24, 2008.

Brennan, Penny L., Kathleen K. Schutte, and Rudolf H. Moos. "Long-Term Patterns and Predictors of Successful Stressor Resolution in Later Life". *International Journal of Stress Management* 13, no. 3 (2006): 253-72.

Burns, David D., MD. *The Feeling Good Handbook*. New York: William Morrow, 1989.

Degangi, Georgie A., Stephen W. Porges, Ruth Z. Sickel, and Stanley I. Greenspan. "Four-Year Follow Up of a Sample of Regulatory Disordered Infants". *Infant Mental Health Journal* 14, no. 4 (February 2006): 330-43.

Doussard-Roosevelt, Jane A., Bonita D. McClenny, and Stephen W. Porges. "Neonatal Cardio-Vagal Tone and School Age Development Outcomes in Very Low Birth Weight Infants". *Developmental Psychobiology* 38, issue 1 (2001): 56-66.

Doussard-Roosevelt, Jane A., Stephen W. Porges, John W. Scanlon, Behjat Alemi, and Kathleen B. Scanlon. "Vagal Regulation of Heart Rate in the Prediction of Developmental Outcome for Very Low Birth Weight Preterm Infants". *Child Development* 68, issue 2 (2008): 173-87.

Ellis, Albert. *Overcoming Destructive Beliefs, Feelings, and Behaviors.* Amherst, New York: Prometheus Books, 2001.

Ellis, Albert, PhD, and Catherine MacLauren, MSW. *Rational Emotive Behavior Therapy: A Therapist's Guide.* San Luis Obispo, CA: Impact Publishers, 1998.

Ellis, Albert, PhD, and Robert A. Hamper, PhD. *A New Guide for Rational Living.* North Hollywood, CA: Wilshire, 1975.

Emery, Gary, PhD. *Getting Undepressed: How a Woman Can Change Her Life through Cognitive Therapy*, revised edition. New York: Touchstone, 1988.

Emotional Analysis-Stress Management Techcniques from MindTools, www.mindtools.com/stress/rt/EmotionalAnalysis.htm.

Folkman, Susan, and Judith Moskowitz. "Stress, Positive Emotion, and Coping". *Current Directions in Psychological Science* 9, issue 4 (August 2000): 115.

Goldberger, Leo, and Shlomo Bretznitz. *The Handbook of Stress: Theoretical and Clinical Aspects,* second edition. New York: Free Press, 1992.

Goleman, Daniel. *Emotional Intelligence.* New York: Bantam Books, 1995.

Greenberger, Dennis, and Christine A. Padesky. *Mind over Mood: Change How You Feel by Changing the Way You Think.* New York: Guilford Press, 1995.

Hammerfeld, K. C. Ebele, M. Grau, A. Kinsperga, A. Zimmerman, V. Ehlert, and J. Gaab. "Persistent Effects of Cognitive-Behavioral Stress Management of Cortisol Responses to Acute Stress in Healthy Subjects-A Randomized Controlled Trial". *Psychoendocrinology* 31, issue 3 (April 2006): 333-39.

Kiuimaki, Mika, Marko Elouainio, Archana Singh-Maroux, Tussi Vahlera, Hans Helenius, and Jaana Pentij. "Optimism/Pessimism as Predictors of Change in Health after Death or Onset of Severe Illness in Family". *Health Psychology* 24, no. 4 (2005): 413-21. Kosaka, Moritaka, "Relationship between Hardiness and Psychological Stress Response". *Journal of Performance Studies* 3 (1996): 35-40.

Lazarus, Richard S. "Why We Should Think of Stress As a Subset of Emotion". *The Handbook of Stress,* eds. Leo Goldenberger and Shlomo Breznitz. New York: Free Press, 1993.

————. *Stress and Emotion: A New Synthesis.* New York: Springer Publishing, 1999.

————, and Bernice N. Lazarus. *Passion and Reason: Making Sense of Our Emotions.* New York: Oxford University Press, 1954.

————, and Susan Folkman. *Stress Appraisal and Coping.* New York: Springer Publishing, 1984.

Monat, Alan, and Richard S. Lazarus. *Stress and Coping: An Anthology,* third edition. New York: Columbia University Press, 1991.

Peterson, Christopher, Martin E. Seligman, and George E. Vaillant. "Harvard Study on Pessimism". *Journal of Personality and Social Psychology* 55, no. 1 (1988): 23-27.

Rafnsson, Fjolvar Darri, Fridrik H. Jonsson, and Michael Windle. "Coping Strategies, Stressful Life Events, Problem Behaviors, and Depressed Affect". *Anxiety, Stress, and Coping* 19, issue 3 (September 2006): 241-57.

Veron, E., T. E. Joier, F. Johnson, and T. Benter. "Gender Specific Gene Environment Interactions on Laboratory Assessed Aggression". *Biological Psychology* 71: 33-41.

Capítulo 3: Anatomía del estrés y
Capítulo 4: Identifique su tipo

Adolphus, Ralph. "Social Cognition and the Human Brain". In *Foundations in Social Neuroscience,* eds. John T. Cacioppo, Gary G. Berntson, Ralph Adolphus, et al. Cambridge, MA: Bradford Books, MIT Press, 2002: 313-32.

Alexander, Joanne Levanthal, Lorraine Dennerstein, Nancy Fugate Woods, Bruce S. McEwen, Uriel Halbreich, Krista Kotz, and Gregg Richardson. "The Role of Stressful Events and Menopausal Stage in Well-Being and Health". *Expert Rev. Neurotherapeutics* 7, no. 11 (2007): S93-S113.

Andeano, Joseph M., and Larry Cahill. "Sex Differences in the Neurobiology of Learning and Memory. *Learning and Memory,* (2009).

Arrone, Louis J., MD, and Alisa Bowman. *The Skinny: On Losing Weight without Being Hungry-the Ultimate Guide to Weight Loss Success.* New York: Broadway Books, 2009.

Baker, Roger A., Stephen Barasi, with Neuropharmacology by M.J. Neal. *Neuroscience at a Glance,* third edition. Malden, MA: Blackwell, 2008.

Bakewell, Dr. S. "The Autonomic Nervous System". http://www.think body.co.uk/papers/autonomic-nervous-system.htm.

Bear, Mark F., Barry W. Cannos, and Michael A. Paradiso. *Neuroscience: Exploring the Brain,* third edition. Baltimore: Lippincott, Williams, and Wilkins, 2007.

Becker, Jill B., Arthur P. Arnold, Karen J. Berkley, Jeffrey D. Blaustein, Lisa A. Eckel, Elizabeth Hampson, James P. Herna, Sherry Marts, Wolfgang Sadea, Meir Steiner, June Taylor, and Elizabeth Young. *Endocrinology* 146 (4): 1650-73.

Becto-Fernandez, Luis, Teresa Rodriguez-Cano, Esther Delayo-Delgado, and Myralys Calaf. "Are There Gender-Specific Pathways from Early Adolescence Psychological Distress Symptoms Toward the Development of Substance Use and Abnormal Eating Behavior?" *Child Psychiatry and Human Development* 37 (2007): 193-203.

Beer, Jennifer S. "The Importance of Emotion-Social Cognition Interactions for Social Functioning: Insights from Orbitofrontal Cortex". *Social Neuroscience: Integrating Biological and Psychological Explanations of Social Behavior.* Eddi Harmon-Jones and Piotr Winkielman. New York: The Guilford Press, 2007.

Bjoprntop, Per, and Roland Rosmond. "The Metabolic Syndrome-a Neuroendocrine Disorder?" *British Journal of Nutrition* 83, Suppl. 1 (2000): S49-S47.

———. "Obesity and Cortisol". *Nutrition* 16, no. 10 (2000): 924-36. *Britannica Guide to the Brain: A Guided Tour of the Brain, Mind, Memory, and Intelligence.* London: Constable and Robinson, 2008.

Cahill, Larry. "His Brain, Her Brain". In *Scientific American* 292, no. 5 (May 2005), 40-47.

———. "Why Sex Matters for Neuroscience". *Nature Reviews Neuroscience,* 7477-84, June 2006.

Carter, C. S., B. Kirkpatrick, and I. I. Lederlender. (eds). *The Integrative Neurobiology of Affliation*. Cambridge, MA: MIT Press, 1999.

Carter, C. Sue. "Neuropeptides and the Protective Effects of Social Bonds". In *Social Neuroscience*, Eddie Harmon-Jones and Piotr Winkielman, eds. New York: Guilford Press, 2007: 425-38.

Charmandari, Evangelia, Constantine Tsigos, and George P. Chrousos. "Endocrinology of the Stress Response". *Annual Review Physiology* 67 (2005): 259-84.

————, Tomoshige Kino, and George P. Chrousos. "Glucocorticoids and Their Actions: An Introduction". *Annals of the New York Academy of Science* 1024 1-8 (2004).

Charney, Dennis S., MD. "Psychobiological Mechanisms of Resilience and Vulnerability: Implications for Successful Adaptation to Extreme Stress. *Focus* 11, no. 3 (summer 2004): 368-91.

Chrousos, George P., and Philip W. Gold. "The Concepts of Stress and Stress System Disorders". *JAMA* 267, no. 9 (March 4, 1992): 1244-51.

————, David J. Torpy, and Philip W. Gold. "Interaction Between HPA Axis and Female Reproductive System" *Annals of Internal Medicine* 129, no. 3 (August 1998): 229-40.

Cohen, Sheldon, Ellen Frank, William J. Doyle, David P. Skover, Bruce S. Rabin, and Jack M. Gwaltney Jr. "Types of Stresses That Increase Susceptibility to the Common Cold in Healthy Adults". In *Foundations of Social Neuroscience* op. cit.: 1229-40.

————, Ronald Kessler, and Lynn Underwood Gordon. *Measuring Stress: A Guide for Health and Social Scientists*. New York: Oxford University Press, 1995.

————, David Tyrell, and Andrew P. Smith. "Psychological Stress and Susceptibility to the Common Cold". In *Psychosocial Processes and Health: A Reader*. Ed. Andrew Steptoe. Cambridge: Cambridge University Press, 1994.

Curtis, Andre L., Thelma Bethea, and Rita J. Valentino. "Sexually Dimorphic Responses of the Brain Norepinephrine System to Stress and CRH. *Neuropsychopharmacology* 31 (2006): 544-54.

Cushing, B. S., and C. S. Carter. "Prior Exposure to Oxytocin Mimics the Effects of Social Contact and Facilitates Sexual Behavior in

Females". in *Foundations in Social Neuroscience,* eds. John T. Cacioppo, et al. Cambridge, Mass.: Bradford Books, MIT Press, 2002: 901-8.

Daese, Andrea, Carmine M. Pariate, Avshalom Caspi, Alan Taylor, and Richi Paulton. "Childhood Maltreatment Predicts Adult Inflammation in a Life Course Study". Proceedings of the National Academy of Sciences (2007), 104, 1319-24.

Damasio, Antonio. *The Feeling of What Happens: Body and Emotion in the Making of Conciousness.* New York: Harcourt, 1999.

Dhabhar, Firdaus S., Andrew H. Miller, Bruce S. McEwen, and Robert L. Spencer. "Effects of Stress and Immune Cell Distribution: Dynamics and Hormonal Mechanisms". *Journal of Immunology* vol. 154, issue 5 (1995): 5511-27.

————, Andrew H. Miller, Maria Stein, Bruce S. McEwen, and Robert L. Spencer. "Diurnal and Acute Stress-Induced Changes in Distribution of Peripheral Blood Leukocyte Subpopulations". *Brain Behavior and Immunity* 8 (1994): 66-75.

————, Andrew H. Miller, Bruce S. McEwen, and Robert Spencer. "Stress Induced Changes in Blood Leukocyte Distribution". *The Journal of Immunology* vol. 157, Is 4 (1996): 1638-44.

Doidge, Norman, MD. *The Brain that Changes Itself: Stories of Persona Triumph from the Frontiers of Brain Science.* New York: Penguin, 2007.

Dunbar, Robin I. "The Social Brain Hypothesis". In *Foundations in Social Neuroscience* op. cit.: 69-84.

Ells, Bruce J., Jenee James Jackson, and W. Thomas Boyce. "The Stress Response Systems: Universal and Adaptive Individual Differences". *Developmental Review* 26, 2 June 2006, 175-212.

Farooqi, I. S., and S. O'Rahilly. "Genetic Factors in Human Obesity". *Obesity Reviews* 8 (suppl. 1) (2007): 27-40.

Ferin, Michael. "Stress and the Reproductive Cycle". *The Journal of Clinical Endocrinology and Metabolism.* 84, no. 6 (1999): 1768-74.

Fox, Nathan A., and Stephen W. Porges. "The Relation between Neonatal Heart Period Patterns and Developmental Outcome". *Child Development* 56 (1985): 28-37.

Friedman, Elliot M., Mary S. Hayman, Gayle D. Love, Heather L. Urry, Melissa A. Rosenkranz, Richard J. Davidson, Burton H. Singer, and Carol D. Ryff. "Social Relationships, Sleep Quality, and Interleukin-6 in Aging Women". *Proceedings of the National Academy of Sciences* 102, no. 51 (December 20, 2005): 1875-62.

Fries, Eva, Judith Hesse, Julianne Hellhammer, and Dirk Hellhammer. "A New View on Hypocortisolism". *Psychoneuroendocrinology* 30 (2005): 1010-16.

Galon, Jerome, Deni Franchimont, Naoki Hiroi, Gregory Frey, Antje Boettner, John J. O'Shea, George P. Chrousos, and Stefan R. Bornstein. "Gene Profiling Reveals Unknown Enhancing and Suppressive Actions of Glucocorticoids on Immune Cells". *The FASEB Journal* 16 (January 2002): 61-71.

Genazzani, Andrea Riccardo, Nicola Pluchino, Stefano Luisi, and Michele Luisi. "Estrogen, Cognition, and Female Aging". *Human Reproduction Update* 13, no. 2, 175-81.

Glaser, Ronald, Bruce Raabin, Margaret Chesney, Sheldon Cohen, and Benjamin Natelson. "Stress Induced Immunomodulation: Implications for Infectious Diseases". *JAMA* 281, no. 24 (June 23, 1999): 2268-70.

Gold, P. W., and G. P. Chrousos. "Organization of the Stress System and Its Dysregulation in Melancholic and Atypical Depression: High vs. Low CRH/NE States". *Molecular Psychiatry* 7 (2002): 254-75.

Greenberg, Neil, James A. Carr, and Cliff H. Summers. "Causes and Consequences of Stress". *Integrative and Comparative Biology* 42 (2002): 508-16.

Greenstein, Ben, and Diane Wood. *The Endocrine System at a Glance*, second edition. Malden, MA.: Blackwell Publishing 2006, 2008.

Hawkins, Brian T., and Thomas A. Davis. "The Blood Brain Barrier/ Neurovascular Unit in Health and Disease". *Pharmacological Review* 57 (2005): 173-85.

Heberlein, Andrea S., and Ralph Adolphus. "Neurobiology of Emotion Recognition: Current Evidence for Shared Substrates". In *Foundations of Social Neuroscience* (op. cit.): 31-55.

Hellhamer, J., E. Fries, O. W. Schweitsthal, W. Scholtz, and A. A. Stone, D. Hagemann. "Several Daily Measurements Are Necessary to Reliably Assess the Cortisol Rise after Awakening: State and Trait Components". *Psychoendocrinology* 32 (2007): 80–86.

Hellhammer, Dirk H., and Juliane Hellhammer. "Stress: The Brain-Body Connection". *Key Issues in Mental Health* 174. Basel, Switzerland: S. Karger, 2008

Henry, James P. "Biological Basis of the Stress Response". *International Physiological and Behavioral Science* 27, no. 1 (January–March 1992): 66–83.

Herbert, Tracy Bennett, PhD, and Sheldon Cohen, PhD. "Stressed Immunity in Humans: A Meta-Analytic Review". *Psychosomatic Medicine* 55 (1993): 364–79.

Jackson, Lisa R., Terry E. Robinson, and Jill B. Becker. "Sex Differences and Hormonal Influences on Acquisition of Cocaine Selfadministration in Rats". *Neuropsychopharmacology* 32 (2006): 129–38.

Johnson, Elizabeth O., Themis C. Kanilaris, George R. Chrousos, and Philip W. Gold. "Mechanisms of Stress: A Dynamic Overview of Hormonal and Behavioral Homeostasis". *Neuroscience and Biobehavioral Review* 16 (1992): 115–30.

Kanakani, Akio, Nobukazu Okado, Kumiko Rokkaku, Kazufumi Hond, Shun Ishibushi, and Tatsushi Onaku. "Leptin Inhibits and Ghrelin Augments Hypothalamic Noradrenaline Release after Stress". *Stress* Sept. 11, 2008 (5): 363–69.

Kennedy, Adele, T. W. Gettys, P. Watson, P. Wallace, E. Ganaway, Q. Pan, and W. T. Garvey. "The Metabolic Significance of Leptin in Humans-Gender Based Differences in Relationship to Adiposity Insulin Sensitivity, and Energy Expenditure". *The Journal of Clinical Endocrinology and Metabolism* 82, no. 4: 1293–300.

Keysus, Christina, and Luciane Fadiga. "The Mirror Neuron System: New Frontiers". In *Foundations of Social Neuroscience* op cit.: 193–98.

Kirschbaum, Clemens, Stefan Wurst, and Dirk Hellhammer. "Consistent Sex Differences in Cortisol Responses to Psychological Stress". *Psychosomatic Medicine* 54 (1992): 648–57.

Klein, Stanley B., and John F. Kihstron. "On Bridging the Gap Between Social-Personality and Neuropsychology". In *Foundations in Social Neuroscience* op. cit.: 47-68.

Koolhaas, J. M. "Coping Style & Immunity in Animals: Making Sense of Individual Variation". *Brain Behavior and Immunity* 22 (2008): 662-67.

Krishnan, Vaishran, Ming-hu Han, and Eric J. Nestler. "Stress: Brain Yields Clues about Why Some Succumb While Others Prevail". *NIH News*, published online in *Cell*, Oct. 18, 2007.

Kudielka, Brigitte M., Angelika Buske-Kirschbaum, Dirk H. Hellhammer, and Clemens Kirschbaum. "Differential Heart Rate Reactivity and Recovery after Psychosocial Stress (Tsst) in Healthy Children, Younger Adults, and Elderly Adults: The Impact of Age and Gender". *The International Journal of Behavioral Medicine* 11, no. 2 (2004): 116-21.

Kudielka, Brigitte M., and Clemens Kirschbaum. "Sex Differences in HPA Axis Responses to Stress: A Review". *Biological Psychology* 69 (2005): 113-32.

Kumsta, Robert, Sonja Entringer, Jan. W. Koper, Elisabeth F. C. van Rossum, Dirk H. Hellhammer, and Stefan Wurst. "Sex Specific Associations between Common Glucocorticoid Receptor Gene Variants and HPA Axis Responses to Psycho-Social Stress". *Biological Psychiatry* 67 (2007): 863-69.

Landsberg, Lewis, and James B. Young. "The Role of the Sympathetic Nervous System and Catecholamines in the Regulation of Energy Metabolism". *The American Journal of Clinical Nutrition* 38 (December 1983): 1018-24.

Epel, E., R. Lapidus, B. McEwen, and K. Brownell. "Stress May Add Bite to Appetite in Women: A Laboratory Study of Stress-Induced Cortisol and Eating Behavior". *Psychoneuroendocrinology* (2001): 26, 37-49.

Li, Linu, Jianmin Su, and Qifa Xie. "Differential Regulations of Key Signaling Molecules in Innate Immunity and Human Diseases". *Medical Library PO* (December 10, 2007): 174.

Liu, Dong, Josie Diorio, Beth Tannenbaum, Christian Caldji, Darlene Francis, Alison Freedman, Shakti Sharma, Deborah Peason, Paul

M. Plotskin, and Michael J. Meaney. "Maternal Care, Hippocampal Glucocorticoid Receptors and HPA Responses to Stress". In *Foundations in Neuroscience* op. cit.: 755-62.

Livine, Victoria, Miria Villegas, Carlos Martinez, and Bruce S. McEwen. "Repeated Stress Causes Reversible Impairments of Spatial Memory Performance". *Brain Research* 639 (1994): 167-70.

Loo, Ja Woo, and Ronald S. Duma. "IL—1 Beta Is an Essential Mediator of the Antineurogenic and Hedonic Effects of Stress". *PNAS* 105 no. 2 (1/15/08): 751-56.

Lupien, Sonia J., and Martin Lepage. "Stress Memory and the Hippocampus: Can't Live with It, Can't Live without It". *Behavioral Brain Research* 127, issue 102 (December 14, 2001): 137-58.

—————, and Bruce S. McEwen, "The Acute Effects of Cortico-Steroids on Cognition: Integration of Animal and Human Model Studies". *Brain Research Reviews* 24, issue 1 (June 1995): 1-27.

—————, Mony De Leon, Susan De Santi, Antonio Conuit, Chaim Tarshish, N. P.V. Nair, Mira Thakur, Bruce S. McEwen, Richard L. Hanger, and Michael J. Meaney. "Cortisol Levels During Human Aging Predict Hippocampal Atrophy and Memory Deficits". *Nature Neuroscience* 1 (1998): 69-73.

—————, Alexandra Fiocco, Nathalie Wan, Francoise Maheu, Catherine Lord, Tania Schramek, Mai Thanh Tu. "Stress Hormones and Human Memory Function across the Lifespan". *Psychoneuroendocrinology* 30 (2005): 225-42.

Macky, Fabrienne, PhD. "Stress and Immunity: From Starving Cavemen to Stressed Out Scientists". In *Cerebrum-Ideas Brain Science*. Dana Press, Washington, DC (2008): 125-34.

Maier, Steven F., ed. Linda R. Watkins. "Cytokines for Psychologists: Implications for Understanding Behavior, Mood, and Cognition". In *Foundations in Social Neuroscience*. MIT Press, Cambridge, Mass. (2002): 1141-181.

Martínez, Manuel. "Biology and Therapy of Fibromyalgia Stress, Stress Response System, and Fibromyalgia". *Arthritis Research Therapy* 9, issue 4 (2007): 216.

May, Eneran A., MD. "The Neurobiology of Stress and Emotions". UCLA Mind Body Collaborative Research Center. Winter 2001.

McEwen, Bruce. "Sex Differences in the Brain: The Estrogen Quandary". The Dana Foundation. www.dana.or/printerfriendly. aspx?id=4260.

————, and Dean Krahm. "The Response to Stress". http://www. the doctorwillseeyounow.com/articles/behavior/stress_3/index. shtml.

————, and Teresa Seeman. "Allostatic Load and Allostasis". August 1995: www.macses.ucsf.edu/research/Allostatic/notebook/ allostatic .html.

————. "Estrogen Actions throughout the Brain". *Recent Progress in Hormone Research* 57 (2002): 357-84.

————. "Estrogens' Effects on the Brain: Multiple Sites and Molecular Mechanisms. *Journal of Applied Physiology* 91 (2001): 2785-2801.

————. "Physiology and Neurobiology of Stress and Adaptation: Central Role of the Brain". *Physiological Review* 87 (2007): 873-94.

————. "Protective and Damaging Effects of Mediators". *JAMA* vol. 338, 3 (1/15/1998): 171-79.

————, and Stephen E. Alves. "Estrogen Action in the CNS". *Endocrine Reviews* 20, no. 3 (1999): 279-307.

————, and Elizabeth Norton Lasley. "The End of Sex as We Know It". In *Cerebrum*, The Dana Forum on Brain Science 7, no. 4, Fall 2005.

————, Christine A. Biron, Kenneth W. Brunson, Karen Bulloch, William H. Chamters, Firdaus S. Dhabhar, Ronald H. Goldfarb, Richard P. Kitson, Andrew H. Miller, Robert L. Spencer, and Jay M. Weiss. "The Role of Adrenocorticoids as Modulaters of Immune Function in Health and Disease: Neural, Endocrine, and Immune Interactions". *Brain Research Review* 23 (1997): 79-133.

————, with Elizabeth Norton Lasly. *The End of Stress As We Know It*. Washington, DC: Joseph Henry Press, 2002.

————, Karen Bulloch, and Judith Stewart. "Parasympathetic Function". July 1999. http://www.macses.ucsf.edu/researchAllostatic/note-book/ parasym.html.

Meczekkkalski, Blazej, and Alina Warenik-Szymankiewicz. "Hypothalamic Pituitary Regulation of Reproductive Functions". *Medical Science Monitor* 5, no. 6 (1999): 1268-79.

Millan, Mark J. "The Neurobiology and Control of Anxious States". *Progress in Neurobiology* 70 (2003): 83-244.

Need, J. Matthew. *How the Endocrine System Works*. Malden, MA: Blackwell Science, 2002.

Nelson, Rudy J., Gregory E. Demas, Sabra L. Klein, and Lane J. Kriegfeld. *Seasonal Patterns of Stress, Immune Function, and Disease*. Cambridge: Cambridge University Press, 2002.

Nepomnaschy, Pablo A., Eyal Sheiner, George Mastorakos, and Petra C. Ark. "Stress Immune Function, and Women's Reproduction". *Annals of New York Academy of Science* 1113 (2007): 350-64.

Norris, Catherine J., and John T. Cacioppi. "I Know How You Feel: Social and Emotional Information Processing in the Brain". In *Foundations in Social Neuroscience* op. cit.: 84-105.

Ochsman, Kevin N. "How Thinking Controls Feeling: A Social Cognitive Neuroscience Approach". In *Foundations in Social Neuroscience* op. cit.: 106-36.

Orrstein, Robert, and Richard F. Thompson. *The Amazing Brain*. Boston: Houghton Mifflin, 1984.

Pedgelf, David A., and Ronald Glase. "How Stress Influences the Immune Response". *Trends of Immunology* 24, no. 8 (2003): 444-48.

Playfour, J. H. L. *Immunology at a Glance,* ninth edition. Oxford: Wiley/Blackwell, John Wiley & Sons, Oxford, 2009.

Porges, Stephen W. "A Phylogenetic Journey through the Vague and Ambiguous Xth Cranial Nerve: A Comment on Contemporary Heart Rate Variability Research". *Biological Psychology* 74, no. 2 (February 2007): 301-7.

———. "Emotion: An Evolutionary By-Product of the Neural Regulation of the Autonomic Nervous System". In *The Integrative Neurobiology of Affiliation*, eds. C. S. Carter, B. Kirkpatrick, and I. I. Lederhendler. Cambridge, MA: MIT Press, 1999: 35-79.

Ratey, John J., MD. *A User's Guide to the Brain: Perception, Attention, and the Four Theaters of the Brain*. New York: Vintage, 2002.

Rohleder, Nicolas, Nicole C. Schommer, Dirk H. Hellhammer, Renate Engel, and Clemens Kirschbaum. "Sex Differences in Glucocorticoid Sensitivity of Pro-Inflammatory Cytokine Production after Psychosocial Stress. *Psychosomatic Medicine* 63 (2001): 966-72.

Roitt, Juan M., and Peter Delves. *Roitt's Essential Immunology*, tenth edition. Oxford: Blackwell Science, 2001.

Sapolsky, Robert M. *Why Zebras Don't Get Ulcers*, third edition. New York: An Owl Book, Henry Holt, 2004.

Schilbach, Leonhard, Wimon B. Eickhoff, Andreas Moziach, and Kai Vogeley. "What's in a Smile? Neural Correlates of Facial Embodiment During Social Interaction". In *Foundations of Social Neuroscience* op. cit.: 37-50.

Schonner, Nicole C., Dirk H. Hellhammer, and Clemens Kirschbaum. "Dissociation between Reactivity of the HPA Axis and the Sympathetic Adrenal Medullary System to Repeated Psychosocial Stress". *Psychosomatic Medicine* 65 (2003): 450-60.

Seeman, Mary V., MD. "Psychopathology in Women and Men: Focus on Female Hormones". *American Journal of Psychiatry* 154, no. 12 (December 1997).

Segerstran, Suzanne C., Shelley E. Taylor, Margaret E. Kemey, and John L. Fahey. "Optimism Is Associated with Mood, Coping and Immune Changes in Response to Stress". *Journal of Personality and Social Psychology* 74, no. 6 (1998): 1646-55.

Seyle, Hans. *The Stress of Life*. Revised edition. New York: McGraw Hill, 1956, 1976, 1984.

Sternberg, Estele M. "Neural Reduction of Innate Immunity: A Coordinated Non-Specific Host Response to Pathogens". *National Review of Immunity*. Author ms available in *PNC*, January 25, 2007.

Taylor, Shelley E. "Tend and Befriend: Biobehavioral Bases of Affiliation under Stress". *Current Directions in Psychological Science* 15, no. 6 (2006): 273-76.

———, and Gian C. Gonzaga. "Affiliative Responses to Stress: A Social Neuroscience Model". In *Foundations of Social Neuroscience* op. cit.: 454-73.

———, Laura Cousins Klein, Brian P. Lewis, Tara L. Gruenwald, Regan A. R. Gurung, and John A. Updegraff. "Biobehavioral Responses to Stress in Females: Tend-and-Befriend, Not Fight-or-Flight". *Psychological Review*, 107, no. 13. (2000): 411-29.

————, Gian C. Conzaga, Laura Cousin Klein, Peifeng Hu, Gail A. Greendale, and Teresa E. Seeman. "Relation of Oxytocin to Psychological Stress Responses and HPA Axis Activity in Older Women". *Psychosomatic Medicine* 68 (2006): 238-45.

Tops, Mattie, Maarten A. S. Boksen, Albertus A. Wijers, Hiske van Duinen, Johan A. Den Boeer, Theo F. Meijman, and Jakob Korf. "The Psychobiology of Burnout: Are There Two Different Syndromes?" *Neuropsychobiology* 55 (2007): 143-50.

Wadhwa, Pathik D., Christine Dunkel-Schetter, Aleksandra Chicz-DeMet, Manuel Porto, and Curt A. Sandman. "Prenatal Psychosocial Factors and the Neuroendocrine Axis in Human Pregnancy". *Psychosomatic Medicine* 58 (1996): 432-46.

Wang, Jiongjiong, Marc Korczykowski, Hengyi Rao, Yong Fan, John Pluta, Ruben C. Gur, Bruce S. McEwen, and John A. Detre. "Gender Difference in Neural Response to Psychological Stress". *Social Cognitive and Affective Neuroscience* 2, no. 3 (2007): 227-35.

Weiss, Tamara, Kerry J. Ressler, D. Jeffrey Newport, Patricia Brennan, Alicia K. Smith, Rebekah Bradley, and Zachery N. Stowe. "The Impact of Maternal Childhood Maltreatment on Obstetrical Outcome: Evidence of Early Transgenerational Effects". *American College of Neuropsychopharmacology Abstract* 13, 47th Annual Meeting, vol. 33, 12/2008.

Wust, Stefan, Elisabeth F. C. van Rossum, Ilona S. Federenko, Jan W. Kopper, Robert Kumsta, and Dirk H. Hellhammer. "Common Polymorphisms in the Glucocorticoid Receptor Gene Are Associated with Adrenocortical Responses to Psychosocial Stress". *The Journal of Clinical Endocrinology and Metabolism* 89, no. 2 (2004): 565-73.

Yun, Anthony J., and John D. Doux. "Stress Dysfunctions as a Unifying Paradigm for Illness: Repairing Relationships Instead of Individuals as a New Gateway for Medicine". *Medical Hypothesis* 68 (2007): 697-704.

Capítulo 5: Fundamentos del alivio del estrés
Antoijevic, Irine. "HPA Axis and Sleep: Identifying Subtypes of Major Depression". *Stress* 11, no. 1 (January 2008): 15-27.

Baria, Ana, and Phyllis C. Zee. "A Clinical Approach to Circadian Rhythm Sleep Disorders". *Sleep Medicine* 8 (2007): 566–77.

Barrenetxe, J. P., and J. A. Martinez Delagrange. "Physiological Metabolic Functions of Melatonin". *Journal of Physiology and Biochemistry* 60, no. 1 (2004): 61–72.

Basta, Marcia, MD, George P. Chouros, MD, Antonio-Vela Bueno, MD, and Alexandros N. Vgontzas, MD. "Chronic Insomnia and the Stress System". *Sleep Medicine Review* 2, no. 2 (June 2007): 279–91.

Benson, Herbert, MD with Miriam Z. Klipper. *The Relaxation Response.* New York: William Morrow: 1975. Revised foreword, 2000.

Buckley, Theresa M., and Alan F. Scatzberg. "Review on the Interactions of the HPA Axis Activity and Circadian Rhythm, Exemplary Sleep Disorders". *Journal of Clinical Endocrinology and Metabolism* 90, no. 5 (2005): 3106–14.

Duffy, Jeanne F., and Kenneth P. Wright, Jr. "Entrainment of Human Circadian Rhythms". *Journal of Biological Rhythms* 20 (2005): 326–38.

Francis, Darlene, and Michael J. Meaney. "Maternal Care and the Development of Stress Responses". In *Foundations of Social Neuroscience* op. cit.: 763–74.

Greenberg, Jerrold S. *Comprehensive Stress Management*, fifth edition. New York: McGraw Hill, 2004.

Ko, Caroline H., and Joseph S. Takahashi. "Molecular Components of the Mammalian Circadian Rhythm". *Human Molecular Genetics* 15, Review Issue 2 (2006): R271–R277.

Lehrer, Paul M., Robert L. Woolfolk, and Wesley E. Sime. *Principles and Practice of Stress Management*, third edition. New York: Guilford Press, 2007.

McGrady, Angela. "Psychophysiological Mechanisms of Stress". *A Foundation for Stress Management Theories*". In *Principles of Stress Management* op. cit.: 16–37.

Merrow, Martha, Kamel Spoelstra, and Jill Roenneberg. "The Circadian Cycle: Daily Rhythms from Behavior to Genes". First in the Cycles Review Series. *European Molecular Biology Organization Reports* 6, no. 10 (2005): 930–36.

Morin, Charles M., James P. Culbert, and Steven M. Schwartz. "Non-Pharmacological Interventions for Insomnia: A Meta-Analysis of Treatment Efficacy". *American Journal of Psychiatry* 151, no. 8 (1994): 1172-80.

Schible, Francis Levi-Veli. "Circadian Rhythms: Mechanisms and Therapeutic Implications". *Annual Review of Pharmacology and Toxicology* 47 (2007): 593-628.

Siegel, Jerome M. "The Reasons That We Sleep Are Gradually Becoming Less Enigmatic". *Scientific American*. November 2003: 92-97.

Smith, Jonathan C. "The Psychology of Relaxation". In *Principles and Practice of Stress Management*, third edition, edited by Paul M. Lehner, Robert L. Woodfolk, Wesley E. Sine. New York: Guilford Press, 2007, 38-50.

————. *ABC Relaxation Therapy: An Evidence-Based Approach*. New York: Springer 2007.

————, ed. *Advances in ABC Relaxation Applications and Inventories*. New York: Springer, 2001.

Smith, Jonathan C. *Relaxation, Meditation, and Mindfulness: Essential Self-Training Guide*. Charlotte, NC: LuluPress, 2007. Retrieved September 2009.

Srinivasan, Venkataramanujan, Marcel Smits, Warren Spencer, Alan D. Lowe, Seithhikuprippa R. Pandi-Perumal, Barbara Parry, and Daniel P. Cardinalo. "Melatonin in Mood Disorders". *World Journal of Biological Psychiatry* 7, no. 3 (2006): 138-51.

Van Cauter, Eve, Ulf Holmbach, Kristen Knutson, Rachel LeProult, Annette Miller, Arlet Nedleltcheva, Silvana Pannain, Planaem Penev, Esra Rasali, and Karine Spiegel. "Impact of Sleep and Sleep Loss on Neuroendocrine and Metabolic Function". *Hormone Research* 67, supplement 1 (2007): 2-9.

Van Cauter, Eve, Karine Spiegel, Esra Tasali, and Leproult Rachel. "Metabolic Consequences of Sleep Loss". *Sleep Medicine* 9, supplement 1 (2008): 523-28.

Van Someren, E. J. W., and Rixt F. Riemensma-VanDerLek. "Live to the Rhythm, Slave to the Rhythm". *Sleep Medicine Review* 11, 2007: 465-84.

Wiebke Arlt, MD. "Junior Doctor's Working Hours and the Circadian Rhythm of Hormones. *Clinical Medicine Journal* (March/April 2006): 127-9.

Woolfolk, Robert L., Paul M. Lehrer, and Lesley A. Allen. "Conceptual Issues Underlying Stress Management". In *Principles and Practice of Stress Management* op. cit.: 3-16.

Capítulo 6: Nutrición

Adam, Tanja C., and Elissa S. Epel. "Stress, Eating, and the the Reward System". *Physiology and Behavior* 91, issue 4 (July 24, 2007): 449-58.

Akabas, Sharon R., and Karen R. Dolins. "Micronutritional Requirements of Physically Active Women: What Can We Learn from Iron?" *American Journal of Clinical Nutrition* 81 (supplement): 12465-515.

Angell-Anderson, E., S. Tretli, B. Jerknes, T. Foren, T. I. A. Sorensen, J. G. Eriksson, L. Rasame, and T. Grotmol. "The Association between Nutritional Conditions During World War II and Childhood Anthropometric Variables in the Nordic Countries". *Annals of Human Biology* 31, no. 3 (May-June 2004): 342-55.

Bourre, J. M. "Effects of Nutrients (in Food) on the Structure and Function of the Nervous System: Update on Dietary Requirements for Brain. Part 1: Micronutrients". *Journal of Nutrition, Health & Aging* 10 (November 5, 2006): 377-85.

Bourre, J. M. "Effects of Nutrients (in Food) on the Structure and Function of the Nervous System: Update On Dietary Requirements for Brain. Part 2: Macronutrients". *The Journal of Nutrition Health & Aging* 10 (November 5, 2006): 386-99.

Brummer, Robert J. "Nutritional Modulation of the Brain-Gut Axis". *Scandinavian Journal of Nutrition* 49, no. 3 (2005): 98-105.

Calder, Philip C., Samantha Kew. "The Immune System: A Target for Functional Foods". *British Journal of Nutrition* 88 (2002): 5165-76.

Challem, Jack, *Feed Your Genes Right*. Hoboken, NJ: Wiley, 2005.

————. *The Food-Mood Solution*. Hoboken, NJ: Wiley, 2007.

Chandra, Ranjit Kumar. "Nutrition and the Immune System". *Proceedings of the Nutrition Society* 52 (1993): 77–84.

Counsel, David, PhD. "Body Chemistry: Acid Alkaline Imbalance: The Root Cause of All Illness". *Wealth & Wellness*, October 17, 2003.

Cousens, Gabriel, MD. *Conscious Eating.* Berkeley, CA: North Atlantic Books, 2000.

Dinneen, S., A. Alzaid, J. Miles, and R. Rizza. "Metabolic Effects of the Normal Nocturnal Rise in Cortisol on Carbohydrate and Fat Metabolism", *AJP Endocrinology and Metabolism* 268 (1995): E 595–E 603.

Epel, Elissa, Rachel Lapidus, Bruce McEwen, and Kelly Brownell. "Stress May Add Bite to Appetite in Women: A Laboratory Study of Stress-Induced Cortisol and Eating Behavior". *Science Direct,* draft (November 3, 2000).

Esch, Tobias, Jae Wan Kim, and George B. Stefano. "Neurobiological Importance of Eating Healthy and Its Association with Pleasure". *Neuroendocrinology Letters* 27 (2006): 21–32.

Fernstrom, John D., and Madely H. Fernstrom, "Tyrosne, Phenylalanine, and Catecholamine Synthesis and Function in Brain". *Journal of Nutrition*, November 11, 2008. "50/fifty Glycemic Food Index". http://www.lowglycemicdiet.com.

"Glycemic Index", www.cbn.com/health/nationalhealth/drsears_mind bodydiet.aspx and "Judging Supplement Quality", www.supplement quality.ram/z_askexpert/judging_quality.html.

Grimble, R. F. "Nutrition and Cytokine Action". *Nutrition Research Resources* 3 (1990): 193–210.

Hamer, Mark, Gail Owen, and Joris Kloek. "The Role of Functional Foods in the Psychobiology of Health and Disease". *Nutrition Research Reviews* 18 (2005): 77–88.

Herbert, Victor, MD, Subak-Sharpe, Genell J., *Total Nutrition: The Only Guide You'll Ever Need.* Mount Sinai School of Medicine. New York: St. Martin's Press, 1995.

Katz, David L., MD. "Do Diet Drinks Actually Cause Weight Gain". www.oprah.com/article/omagazine/20092_omag_katz-diet_drinks.

Klein, Johannes, Mathias Fasshauer, H. H. Klein, Manuel Benito, and C. Ronald Kahn. "Novel Adipocyte Lines from Brown Fat: A Model System for the Study of Differentiation, Energy, Metabolism, and Insulin Action". *BioEssays* 24: 382-88.

Leal, A.M.O., and A.C. Moreira. "Food and the Circadian Activity of the HPA Axis". *Brazilian Journal of Medicine and Biology* 30 (1997): 1391-1405.

Lopez-Varela S., M. Gonzalez-Gross, and A. Marcos. "Functional Foods and the Immune System: A Review". *European Journal of Clinical Nutrition* 56, supplement 3S (2002): 29-33.

Lovallo, William R., Noha H. Fara, Andrew S. Vincent, Terrie L. Thomas, Michael F. Wilson, "Cortisol Responses to Mental Stress, Exercise and Meals Following Caffeine Intake in Men and Women". *Pharmacological and Biochemical Behavior* 83, no. 3 (2006): 441-47.

Mazza, Mariana, Massimiliano Pomponi, Luigi Janiri, Pietro Bria, and Mazza Salvatore. "Omega-3 Fatty Acids and Anti-Oxidants in Neurological and Psychiatric Diseases: An Overview". *Progress Neuro- Psychopharmacology & Biological Psychiatry* 31, #1 (2006): 1-15.

Mendosa, David. "Revised International Table of Glycemic Index (GI) and Glycemic Load". www.mendosa.com/gilists.htm.

Morrison, Christopher P., PhD, Hans-Rudolf Berthoud, PhD. "Neurobiology of Nutrition and Obesity", *Nutrition Reviews* 65, no. 12 (2008): 512-32.

Moskowitz, D.S., Gilbert Picard, David C. Zuroff, Lawrence Annable, Simon N. Young, "The Effect of Tryptophan on Social Interaction in Everyday Life". *Neuropsychopharmacology* 25, no. 2 (2001): 277-89.

Neuhouser, Marian L., PhD, Sylvia Wassertheil-Smoller, PhD, Cynthia Thomson, PhD, RD, Aaron Aragaki, MS, Garnet L. Anderson, PhD, JoAnn E. Manson, MD, DrPH, Ruth E. Patterson, PhD, Thomas E. Rohad, MD, PhD, Linda van Horn, MD, PhD, James M. Shikany, DrPH, Asha Thomas, PhD, Andera LaCroix, PhD, and Ross L. Trentice, PhD. "Mulitvitamin Use and Risk of Cancer and Cardiovascular Disease in the Women's Health Initiative Cohorts". *Archives of Internal Medicine* 169, no. 3 (2009): 294-304

Nobre, Anna C., PhD, Anling Rao, PhD, Owen, Gail N., PhD. "L-theanine, a Natural Constituent in Tea, and Its Affect on Mental State. *Asian Pacific Journal of Clinical Nutrition* 17, no. 51 (2008): 167-68.

Oliver, Georgia, Jane Wardle, E. Leigh Gibson. "Stress and Food Choice: A Laboratory Study". *Somatic Medicine* 62 (2000): 853-65.

Parker, Gordon, Isabelle Porter, and Heather Brotchie. "Mood State Effects of Chocolate". *Journal of Attention Disorders* vol. 92, issue 2, 2006.

Penev, Plamen, Karina Spiegel, Teresa Marcinkowski, and Eve Van Cauter. "Impact of Carbohydrate-Rich Meals on Plasma Epinephrine Levels: Cysregulation with Aging". *Journal of Clinical Endocrinology and Metabolism* 90, no. 11 (2005): 6198-6206.

Pick, Morcelle. "Reducing Inflammation, the Natural Approach". www.womentowomen.com/inflammation/naturalanti-inflammories.aspx ?id=1ampcamp.

Pitchford, Paul. *Healing with Whole Foods: Asian Traditions and Modern Nutrition*, third edition. Berkeley, CA: North Atlantic Books, 2002.

Pollan, Michael. *In Defense of Food: An Eater's Manifesto*. New York: Penguin, 2008.

———. *The Omnivore's Dilemma: A Natural History of Four Meals*. New York: Penguin, 2006.

Rogers, Peter J. "A Healthy Body a Healthy Mind: Long-Term Impact of Diet on Mood and Cognitive Function". *Proceedings of the Nutrition Society* 60 (2001): 135-43.

Rogers, Peter J., and Helen M. Lloyd. "Nutrition and Mental Performance". *Proceedings of the Nutrition Society* 53 (1994): 443-56.

Romero, Javier, Julia Warnberg, Sonia Gomez-Martinez, Esperanza Ligia Diaz, and Ascensia Marcos. "Neuroimmune Modulation by Nutrition in Stress Situations". *Neuroimmunology* 15 (2008): 165-67.

Sjostrad, Mikaeta, and Jan W. Eriksson. "Neuroendocrine Mechanisms in Insulin Resistance". *Molecular and Cellular Endocrinology* 297 (2009): 104-11.

Sommer, Elizabeth, MA, RD. *Food & Mood: The Complete Guide to Eating Well and Feeling Your Best*, second edition. New York: Henry Holt, 1999.

Stanhope, Kimber L., and Peter J. Havel. "Fructose Consumption: Potential Mechanisms for Its Effects to Increase Visceral Adiposity and Induce Dyslipidemia and Insulin Resistance". *Current Opinions in Lipidology* 19 (2008): 16-24.

Takeda, Eiju, Junj Teraco, Yutaka Nakaya, Ken-ichi Miyamoton, Yoshinobu Baba, Hiroshi Chuman, Ryu Kaji, Tetsuro Ohmori, and Kazahito Rokuta. "Stress Control and Human Nutrition". *Journal of Medical Investigation* 51, August 2004: 139-45.

Tamashiro, Kellie L. K., Maria A. Hegman, and Randall R. Sakai. "Chronic Social Stress in a Changing Dietary Environment". *Physiology and Behavior* 89, no. 4 (2006): 536-42.

Taylor, Shelley E., Laura Cousino, Brian P. Lewis, Tara L. Gruenwald, Regan A. R. Gurung, and John A. Updegraff. "Biobehavioral Responses to Stress in Females: Tend and Befriend, Not Fight or Flight". *Psychological Review* 107, no. 3 (2000): 411-29.

Vasanti, Malik S., Matthias B. Schulze, and Frank B. Hu. "Intake of Sugar Sweetened Beverages and Weight Gain: A Systematic Review". *American Journal of Clinical Nutrition* 84 (2006): 274-88.

Vicennati, Valentina, Luana Ceroni, Lorenza Gagliardi, Allessandra Gambineri, and Renaldo Pasquali. "Response to the HPA Axis to High-Protein/Fat and High Carbohydrate Meals in Women with Different Obesity Phenotypes". *Journal of Clinical Endocrinology and Metabolism* 87 (no. 8): 3984-88.

Waladkhani, A.R., and J. Hellhammer. "Dietary Modification of Brain Function: Effects of Neuroendocrine and Psychological Determinants of Mental Health and Stress Related Disorders". *Advances in Clinical Chemistry* 45 (2008): 99-138.

Willett, Walter C., MD, with Patrick J. Slerrat. *Eat, Drink and Be Healthy: The Harvard Medical School Guide to Eating*. New York: Free Press, 2001.

Wilson, Paul. *Instant Calm: Over 100 Easy to Use Techniques for Relaxing Mind and Body*. New York: Plume, 1995.

Wurtman, R. J., and J. J. Wurtman. "Brain Serotonin Carbohydrate-Craving, Obesity and Depression". *Obesity Research* 4, supplement 4 (November 3, 1995): 4775-4805.

Wurtman, Richard J., Judith J. Wurtman, Meredith M. Regan, Rita H. Tsay, Jamie M. McDermott, Jeff J. Brue. "Effects of Normal Meals Rich in Carbohydrates and Proteins on Plasma Tryptophan and Tyrosine Ratios". *American Journal of Clinical Nutrition* 77 (2003): 128-32.

————, F. Larin, S. Mostafapoun, J. D. Fernstrom. "Brain Catechol Synthesis: Control by Brain Tyrosine Concentration". *Science* 185, no. 4146 (July 12, 1974): 183-84.

Capítulo 7: Ejercicio

Aganoff, Julie A., and Gregory J. Boyle. "Aerobic Exercise, Mood States, and Menstrual Cycle Symptoms". Based on a paper presented at 28th Annual Conference of Australian Psychological Society, Bond University, 1994.

American College of Sports Medicine. *The American College of Sports Medicine Fitness Book*, third edition. Champaign, IL: Human Kinetics, 2003.

Andersson, Bjorn, Xuefan Xu, Mariell Rebuffe-Scrine, Kerstin Terning, Marcia Krotkiewski, Per Bjorntop. "The Effects of Exercise Training on Body Composition and Metabolism in Men and Women". *International Journal of Obesity* 15 (1991): 175-81.

Bergland, Christopher. *The Athlete's Way: Training Your Mind and Body to Experience the Joy of Exercise.* New York: St. Martin's Press, 2007.

Chatzi Theodoru, Dimitris, Kabitsis Chris, Malliou Paraskevi, Vassilis Mougios. "A Pilot Study of the Effects of High Intensity Aerobic Exercise versus Passive Interventions on Pain, Disability, Psychological Strain, and Serum Cortisol Concentrations in People with Chronic Low Back Pain". *Physical Therapy* 87, no. 3 (March 2007): 304-12.

Cox, Richard H., Tom R. Thomas, Pam S. Hinton, and Owen M. Donahue. "Effects of Acute Bouts of Aerobic Exercises of Varied Intensity on Subjective Mood Experiences in Women of Different Age Groups Across Time". *Journal of Sport Behavior* 24, issue 1 (March 2006): 40-55.

Crone, D., A. Smith, and B. Gough. "I Feel Totally at One, Totally Alive, And Totally Happy: A Psycho-Social Explanation of the Physical

Activity and Mental Health Relationship". *Health Education Research* 20, no. 5 (2005): 600-11.

Dahm, Diane, MD, and Jay Smith, MD, editors-in-chief. *Mayo Clinic Fitness for Everybody.* Rochester, MN: Mayo Clinical Health Information, distributed by Kensington Publishing, 2005.

Dupree-Jones, Kim, and Sharon R. Clark. "Individualizing the Exercise Prescription for Persons with Fibromyalgia". *Rheumatic Disease Clinics of North America* 28 (2002): 419-38.

Editors of *Fitness* magazine, with Karen Andes. *The Complete Book of Fitness.* New York: Three Rivers Press, 1999.

Friedman, M. J. "Women, Exercise and Aging". *JAMA* 285, no. 11: (March 21, 2001): 1429-31.

Gleeson, Daniel, David L. Nieman, and Berte K. Pedersen. "Exercise, Nutrition of Immune Function". *Journal of Sports Sciences* 22, (January 2004): 115-25. www.optimalhealthconcepts.com/exercise stress.html

Jackson, Allen W., James R. Morrow, Jr., David W. Hill, and Rod K. Dishman. *Physical Activity for Health and Fitness*, updated edition. Champaign, IL: Human Kinetics, 2004. Kanale, Jill A., Judy Y. Weltman, Karen S. Pieper, Arthur Weltman, and Mark Li Hartmen. "Cortisol and Growth Hormone Responses to Exercise at Different Times of Day". *Journal of Clinical Endocrinology and Metabolism* 86, no. 6 (2001): 281-88.

Leppamaki, Sami, Jari Haukkon, Jonko Lonnquist, and Tino Patonea. "Drop Out and Mood Improvement: A Randomized Controlled Trial with Light Exposure and Physical Exercise. *BMC Psychiatry* 4.22 (2004): 1-11.

Nabkasorn, Chanudda, Nobuyuki Miyai, Anek Sootmongkil, Suwanna Junpraset, Hiroichi Yamamoto, Mikio Arita, and Kazuhisa Miyashita. "Effects of Physical Exercise on Depression, Neuroendocrine Stress Hormones and Physiological Fitness in Adolescent Females with Depressive Symptoms". *European Journal of Public Health* 16, no. 2: 179-84.

Pedersen, Berte Klarlund, Heller Bruunsgaard, Marianne Jensen, Karen Krzywkowski, and Kenneth Ostrowski. "Exercise and Immune

Function: Effect of Ageing and Nutrition". *Proceedings of the Nutrition Society* 58 (1999): 733–42.

Randolfi, Ernesto, PhD. "Exercise and Stress Management". www .optimalHealthconcepts.com/exercisestress.html.

Roth, David L., Ph D, and David S. Holmes, PhD. "Influence of Aerobic Exercise Training and Relaxation Training on Physical and Psychological Health Following Stressful Life Events". *Psychosomatic Medicine* 49 (1987): 355–65.

Sandoval, Darlene A., and Kathleen S. Mott. "Gender Differences in the Endocrine and Metabolic Responses to Hypoxic Exercise". *Journal of Applied Physiology* 92 (2002): 504–12.

Silver, Julie K., and Christopher M. Morin. *Understanding Fitness: How Exercise Fuels Health and Fights Disease*. Westport, CT: Praeger Publishers, 2008.

Teas, Jane, Thomas Hurley, Santosh Ghumare, and Kisito Ogoussan. "Walking Outside Improves Mood for Healthy Postmenopausal Women". *Clinical Medicine: Oncology* (2007): 35–43.

Transtadottir, Tinna, Pamela R. Bosch, and Kathleen S. Matt. "The HPA Axis Response to Stress in Women: Effects of Aging and Fitness". *Psychoneuroendocrinology* 30 (2005): 392–402.

———, Pamela R. Bosch, TimaSue Cantu, and Kathleen Matt. "HPA Axis Response Recovery from High Intensity Exercise in Women: Effects of Aging on Fitness". *Journal of Clinical Endocrinology and Metabolism* 99, no. 7 (2004): 3248–54.

Tsatsoulis, Agathocles, and Stelios Fountoulakis. "The Protective Role of Exercise on Stress System Dysregulation and Comorbities". *Annals of New York Academy of Science* 1083 (2006): 196–213.

Wallman, Karen E., Alan R. Morton, Carmel Goodman, and Robert Grove. "Exercise Prescription for Individuals with Chronic Fatigue Syndrome". *Medical Journal of Australia* 183 (August 2005): 142–43.

Capítulo 8: Restablecimiento: técnicas para des-estresarse

Atsumi, Toshiko, and Keiichi Tonosaki. "Smelling Lavender and Rosemary Increases Free Radical Scavenging Activity and Decreases Cortisol Level in Saliva". *Psychiatry Research* 150 (2007): 89–96.

"Biofeedback: Using Your Mind to Improve Your Health". www. mayo clinic.com/print/biofeedback/SA00083/method=print.

Carrington, Patricia. "Modern Forms of Mantra Meditation". In *Principles and Practice of Stress Management* op. cit.: 363-92.

Chen, Keren. "Qigong Therapy for Stress Management". In *Principles and Practice of Stress Management* op. cit.: 428-48.

Cho, Yvonne, and Hector W. Tsang. "Biopsychosocial Effects of Qigong as a Mindful Exercise for People with Anxiety Disorders: A Special Review". *The Journal of Alternative and Complementary Medicine* 13, no. 8 (2007): 831-35.

Daakeman, Timothy P., MD. "Religion, Spirituality and the Practice of Medicine". *Journal American Board Family Practice* no. 5 (September/October 2004): 370-76.

Gay, Marie-Claire, Pierre Philippot, and Olivier Luminet. "Differential Effectiveness of Psychological Interventions for Reducing Osteoarthritis: A Comparison of Erikson Hypnosis and Jacobson Relaxation". *European Journal of Pain* 5 (2001): 1-17.

Ghoncheh, Shahyad, and Jonathan D. Smith. "Progressive Muscle Relaxation, Yoga Stretching and ABC Relaxation Theory". *Journal of Clinical Psychology* 80, no. 1 (2004): 131-38.

Greenberg, Jerrold S. *Comprehensive Stress Management*. New York: McGraw-Hill, 2004. www.About.Com.

Klein, P. J., and W. D. Adams. "Comprehensive Therapeutic Benefits of Tai Chi: A Critical Review". *American Journal of Physical Medical Rehabilitation* 83 (2004): 735-45.

Koenig, Harold G., MD. "Religion, Spirituality and Medicine: How Are They Related and What Does It Mean?" *Mayo Clin Proc.* 76 (2001): 1189-91. Issue 12.

Koopman, Cheryl, Tasneem Ismailji, Danielle Holmes, Catherine C. Classen, Oxana Palesh, and Talor Wales. "The Effects of Expressive Writing on Pain, Depression and PTSD Symptoms in Survivors of Intimate Partner Violence". *Journal of Health Psychology* 10, no. 2 (2005): 211-21.

Kristeller, Jean L. "Mindfulness Meditation". In *Principles and Practice of Stress Management* op. cit.: 393-424.

Lee, M. S., M. H. Pittler, R. E. Taylor-Piliae, E. Ernst. "Tai Chi for Cardiovascular Disease and Its Risk Factors: A Systematic Review". *Journal of Hypertension* 25 (2007): 1974-77.

Lehrer, Paul M. "Biofeedback Training to Increase Heart Rate Variability". In *Principles and Practice of Stress Management* op. cit.: 227-48.

Lehrer, Paul M., Robert L. Woolfolk, and Wesley E. Sine. *Principles & Practice of Stress Management,* third edition. New York: Guilford Press, 2007.

Liden, Wolfgang. "Autogenic Method of J. H. Schultz". In *Principles and Practice of Stress Management* op. cit.: 151-71.

McGrady, Angela. "Psychophysiological Mechanisms of Stress: Foundation for Stress Management Therapies". In *Principles and Practice of Stress Management* op. cit.: 16-37.

McGuigan, F. J., and Paul M. Lehrer. "Progressive Relaxation Origins: Principles and Clinical Applications". In *Principles and Practice of Stress Management* op. cit.: 57-87.

Moraska, Albert, Robin A. Pollini, Karen Boulanger, Marissa Z. Brooks, and Lesley Teitlebaum. "Physiological Adjustments to Stress Measures Following Massage Therapy. A Review of the Literature". *ECAM* (2008) 1-10 doi: 10.10931/eca-/n-029.

Mueller, Paul S., MD, David J. Pleuck, MD, and Teresa A. Rummans, MD. "Religious Involvement, Spirituality and Medicine, Implications for the Clinical Practitioner". *Mayo Clinic Proceeding* 76 (2001): 1125-1235.

Norris, Patricia A., Steven L. Fahrion, and Leo O. Oikawa. "Autogenic Biofeedback Training in Psychophysiological Therapy and Stress Management". In *Principles and Practice of Stress Management* op. cit.: 175-208.

Rey, Oakly. "How the Mind Hurts and Heals the Body". *American Psychologist*, January 2004: 29-40.

Khalsa Sat Birs. "Yoga as a Therapeutic Intervention". In *Principles and Practice of Stress Management* op. cit.: 449-64.

Smith, Jonathan C. *ABC Relaxation Theory: An Evidence Based Approach.* New York: Springer, 1999.

————. "The Psychology of Relaxation". In *Principles and Practice of Stress Management* op. cit.: 38-56.

Taylor, Shelley E. "Tend and Befriend: Biobehavioral Bases of Affiliation under Stress". *Current Directions in Psychological Science* 15, no. 6: 273-77.

Turner, Rebecca A., Margaret Altemus, Denise N. Ypi, Eve Kupferman, Debora Fletcher, Alan Bostron, David M. Lyons, and Janet A. Amico. "Effects of Emotions on Oxytocin, Prolactin, and ACTH in Women". *Stress* 5, no. 4 (2002): 269-76.

Wolfgang, Linden. "Autogenic Training Method of J. H. Schultz", in *Principles and Practice of Stress Management* op. cit.: 151-71.

Woolfolk, Robert L., Paul M. Lehrer, and Lesley A. Allen. "Conceptual Issues Underlying Stress Management". In *Principles and Practice of Stress Management* op. cit.: 3-15.

AGRADECIMIENTOS

Debido a que este libro fue escrito con la idea de trasladar la ciencia del laboratorio a la práctica clínica, nos gustaría en primer lugar agradecer el brillante e innovador trabajo de algunos científicos que fue la base de los tipos y programas que desarrollamos. Cada investigador y autor incluido en la bibliografía seleccionada contribuyó a nuestra comprensión de los efectos del estrés en el cuerpo y moldeó nuestras recomendaciones sobre lo que debe hacerse para contrarrestar esas respuestas. Nos gustaría agradecerle en particular a Juliane y Dirk Hellhammer, Bruce McEwen, Larry Cahill, Meier Stein, Doug Granger y Nicole Gage, que fueron generosos con su tiempo y sus ideas.

Algunos otros leyeron el manuscrito o nos sirvieron de inspiración, entre ellos: Steven Kunkes, M.D.; Claudette Kunkes, Ph.D., y Alexis Johnson, Ph.D. Sus aportes y discusiones profesionales fueron útiles y alentadores. Barbara Garside, bibliotecaria del Hoag Hospital, nos brindó una ayuda inconmensurable con nuestra enorme investigación. Anna Miller y Rachel Miller trabajaron desde la Costa Este y descubrieron aún más artículos científicos. Susan Cohen nos dio un apoyo técnico y emocional inestimable.

El personal de nuestra oficina trabajó incansablemente y con buen ánimo incluso en ocasiones en que nosotras mismas trabajamos sin ánimo y humor, en esta que fue nuestra segunda ocupación de tiempo completo durante los últimos dos años. Apreciamos el apoyo y el ánimo de Susan Ermatinger, Rebecca Jansen, Raquel Richards, Cheyenne Chavez, Ashley Sylvan, Ana Alfaro, Brenda Cabrera, Annette Heath y George Nichols.

Este proyecto resultó más desafiante y exigente de lo que imaginamos inicialmente. Seguimos nuestros propios consejos y nos aseguramos de comer bien y de hacer ejercicio. Natalie Sebag, Marta Cuervo-

Ostrow, Adam Zickerman y Dorota Knyswzewska se encargaron de mantenernos en forma y de energizarnos.

Queremos agradecerles a todas las eminencias de Free Press por su compromiso con el libro: a Martha Levin, editora, y a Dominick Anfuso, editor jefe, gracias por reconocer que teníamos un libro importante para escribir; a Leslie Meredith, nuestra editora, y a Leah Miller, editora auxiliar, por su edición rigurosa e incansable; a Donna Loffredo, editora auxiliar, por su atención esmerada; a Suzanne Donahue, Carisa Hays, Christine Donnelly y al personal de mercadeo, publicidad y ventas por la firmeza con que nos apoyaron desde el principio.

Este libro no se habría escrito sin la visión y dedicación de Diane Reverand, que nos acompañó en cada paso del camino. Queremos también agradecerle a su esposo, Sol V. Slotnik, por hacernos reír y acogernos en su hogar para procesar ideas y montañas de información que por poco no ocuparon toda su casa.

Nuestros amigos y familiares tuvieron que sobrellevar, durante casi dos años, una enorme alteración en nuestras vidas. Por su paciencia y apoyo, Beth les da las gracias a sus padres, Max y Valerie Hampton, que siempre mostraron interés en el desarrollo del proyecto y estuvieron disponibles para darle una mano. Les da un agradecimiento especial a Jack y Mary Ann Hamilton por su amor y apoyo permanentes. También les agradece a sus queridos amigos Tiffanny Brosnan, Cammie Cassiano y Susan y Robert Beall. Su esposo, Jeff, y sus hijos, Jake y Asher, siempre tenían ideas a la mano y toleraron de buena gana la agenda tan ocupada que ella tenía. Jeff siempre estuvo ahí presente para cubrirla de tal modo que el proyecto pudiera salir adelante sin que la vida familiar sufriera. El amor y comprensión de todos ellos se hizo más evidente que nunca.

A Stephanie le gustaría agradecerles a su madre y a su padre, Bee y Bud Nichols, por su influencia imperecedera y por su ejemplo de perseverancia y trabajo duro. Sus tres hermanas, Paula, Lesley y Beatrice, son mujeres fuertes y competentes, que han enfrentado la adversidad de un modo que la inspira. Todos los miembros de la familia Nichols y de la familia McClellan le dieron apoyo y ánimo, que fue tanto necesario como valorado. Sus hijos, Michael, Tyler y Gunnar, se cercioraron de que Stephanie hiciera pausas para comer bien y sacara tiempo para la familia y la diversión; contribuyeron a la investigación y sostuvieron